REFORMAS DA SAÚDE
O FIO CONDUTOR

ANTÓNIO CORREIA DE CAMPOS

REFORMAS DA SAÚDE
O FIO CONDUTOR

REFORMAS DA SAÚDE
O FIO CONDUTOR

AUTOR
ANTÓNIO CORREIA DE CAMPOS

EDITOR
EDIÇÕES ALMEDINA, SA
Av. Fernão Magalhães, n.° 584, 5.° Andar
3000-174 Coimbra
Tel.: 239 851 904
Fax: 239 851 901
www.almedina.net
editora@almedina.net

PRÉ-IMPRESSÃO | IMPRESSÃO | ACABAMENTO
G.C. GRÁFICA DE COIMBRA, LDA.
Palheira – Assafarge
3001-453 Coimbra
producao@graficadecoimbra.pt

Setembro, 2008

DEPÓSITO LEGAL
281471/08

Os dados e as opiniões inseridos na presente publicação
são da exclusiva responsabilidade do(s) seu(s) autor(es).

Toda a reprodução desta obra, por fotocópia ou outro qualquer
processo, sem prévia autorização escrita do Editor, é ilícita
e passível de procedimento judicial contra o infractor.

Biblioteca Nacional de Portugal – Catalogação na Publicação

CAMPOS, António Correia de, 1942-

Reformas da saúde : o fio condutor. - (Olhares sobre a saúde)
ISBN 978-972-40-3604-5

CDU 614
    32
    304

ÍNDICE

PREFÁCIO 11

   I. O Fio Condutor 19

  II. Justiça social, equidade e Serviço Nacional de Saúde 47

 III. Cumprir o programa 65

 IV. Três objectivos centrais do programa do Governo 89

     IV-A. As Unidades de Saúde Familiar, peça central da reforma dos Cuidados de Saúde Primários 89
     IV-B. Cuidados Continuados a Idosos e a Cidadãos com Dependências 107
     IV-C. Boas contas no SNS 127

   V. A combinação público-privado no sistema de saúde 143

  VI. Quatro importantes reformas 165

     VI-A. Programa Nacional de Promoção da Saúde Oral 167
     VI-B. Saúde Mental 171
     VI-C. Saúde Sexual e Reprodutiva da Mulher 177
        1. Interrupção Voluntária da Gravidez 177
        2. Vacina contra o vírus do papiloma humano (VPH) 190
        3. Procriação medicamente assistida (PMA) 192
     VI-D. Protecção contra o fumo do tabaco 198

 VII. Três reformas controversas 211

     VII-A. Medicamentos, farmácias e despesa pública 211
     VII-B. Taxas moderadoras 237
     VII-C. Maternidades, urgências e serviços de atendimento permanente 255

VIII. Dimensão internacional da saúde 271

  IX. O quarto poder na governação 291

ÍNDICE DE QUADROS

Quadro IV-A. 1	– Cuidados de Saúde Primários – situação de partida	92
Quadro IV-A. 2	– USF: Fases e Metedologia de Implementação.......................	93
Quadro IV-A. 3	–	97
Quadro IV-A. 4	–	98
Quadro IV-A. 5	– Internos de MGF	104
Quadro IV-C. 1	– Determinantes do crescimento da despesa pública em saúde....	128
Quadro IV-C. 2	– Projecção, a 2050, da despesa pública em saúde, OCDE e Portugal	129
Quadro IV-C. 3	– Universo de hospitais EPE – Início de 2007	138
Quadro V. 1	– Portugal – Tendências dos gastos em Saúde, de 1990 ao último ano disponível...	145
Quadro V. 2	– Estrutura da despesa directa em saúde por adulto equivalente, 1980, 1990 e 2000	146
Quadro V. 3	– Evolução das comparticipações e dos encargos por receita médica, 2003 a 2005	147
Quadro V. 4	– Mercado total, SNS, encargos do utente e receitas médicas, crescimento 2003 a 2007	149
Quadro V. 5	– Importância relativa das consultas privadas (%) nas consultas totais dos cidadãos com outros subsistemas ou apenas com o SNS, 2005...	150
Quadro V. 6	– Matriz da combinação público-privada do financiamento e da prestação, no sistema de saúde português, 2004 e (2000)	152
Quadro VI-C. 1.1	– IVG – Panorama na Europa	184
Quadro VI-C. 3.1	– Encargos totais, para o SNS e para as Famílias, com diversas alternativas de apoio à PMA, milhões de euros.......................	197
Quadro VI-D. 1	– Evolução da percentagem de ex-fumadores, segundo o sexo, nos inquiridos com mais de 15 anos. INSA/INE, 3.º e 4.º Inquéritos Nacionais de Saúde – 1998/99 e 2005/06........................	203
Quadro VII-A. 1	– Despesas com medicamentos em % do PIB	215
Quadro VII-A. 2	– Evolução das despesas com medicamentos *per capita* ($US PPC)...	216
Quadro VII-A. 3	– Evolução da % das despesas medicamentos no total das despesas em saúde	217
Quadro VII-A. 4	– N.º de embalagens prescritas *per capita*................................	218

Quadro VII-A. 5 – Evolução da % das despesas públicas em medicamentos no total de gastos com medicamentos 219

Quadro VII-A. 6 – Evolução recente do orçamento do SNS e da despesa pública com a comparticipação de medicamentos vendidos em ambulatório em Portugal 221

Quadro VII-A. 7 – Evolução recente da despesa pública com a comparticipação de medicamentos vendidos em ambulatório em Portugal 229

ÍNDICE DE FIGURAS

Figura IV-B. A – Estimativa de receita dos Jogos Sociais – Estimativa 2007 109

Figura IV-B. B – Custo Anual segundo a Fase de Desenvolvimento do Modelo 110

Figura IV-B. C – População com 65 ou mais anos – Crescimento em relação a
2001 111

Figura IV-B. D – Onde morrem os portugueses? (2005) 114

Figura IV-B. E – Impacto da Velhice nos Hospitais Portugueses 115

Figura IV-B. F – Linhas de Cuidados Continuados 119

Figura IV-B. G – Adequação dos Cuidados Hospitalares 120

Figura IV-B. H – Reequilibrar e completar recursos 121

Figura IV-B. I – Modelo de CCI – Recursos necessários até 2005 122

Figura IV-B. J – Modelo de Financiamento – Participação Saúde e Segurança
Social 126

Figura IV-C. A – Evolução do peso dos gastos com a saúde no PIB, 1980-2004 127

Figura VI-D. A – Proporção do peso da doença expresso em DALY atribuíveis a
15 factores de risco conhecidos, na Região Europeia da OMS,
2000 198

Figura VI-D. B – Evolução do consumo diário de tabaco, por sexo e grupos de
idade. Análise comparativa entre os resultados obtidos nos INS
1998/99 e 2005/06 202

Figura VII-A. A – Quota de Mercado dos Medicamentos Genéricos (%) 228

PREFÁCIO

Este livro é sobre política. Política da saúde. Sobre as reformas necessárias para que as políticas correspondam às aspirações da maioria dos portugueses, a única forma de definir o interesse público. A política é a escolha entre diferentes e por vezes opostas vias de acção, uma escolha que deve ser ditada pelo interesse público.

Algumas escolhas nem sequer são possíveis, são impostas pela dignidade, pelo progresso, pelos direitos dos cidadãos. Outras foram já decididas desde há muito tempo, como a do modelo do sistema de saúde. Outras que foram diferidas no tempo, devido à indecisão de decisores, incapazes ou impossibilitados de escolherem em tempo útil ou, tendo escolhido, não ousaram decidir e passar à acção. Procurámos enfrentá-las. Finalmente outras ainda, em parte foram agora decididas, em parte estão por fazer. Todas são por vezes dolorosas, mas necessárias. Sem elas o sistema ficaria entregue a si próprio, à sua dinâmica interna e à ingovernabilidade caótica, raramente coincidente com o interesse público. Implicam risco, sacrifício e impopularidade temporária e localizada; implicam coragem em seguir um rumo, em lançar o fio condutor que as una de modo coerente.

A escolha do modelo de Serviço Nacional de Saúde (SNS) para o nosso sistema de saúde foi fixada na Constituição de 1976, na fase madura da transição para a democracia. Podia ter-se optado por um sistema de seguro terceiro-pagador, que contrata ou convenciona a prestação de serviços com fornecedores de estatutos vários, público, particular ou privado. Um sistema de saúde convencionado, financiado pela segurança social, através de quotizações retiradas da produção nacional, indexadas sobre a massa salarial, quer na parte a cargo do trabalhador, quer na parte a cargo das entidades patronais. Um sistema do tipo dos vigentes em França, na Alemanha, na Bélgica, onde persistiu o modelo dito "bismarckiano", caracterizado pela separação nítida entre quem financia ou paga os cuidados e quem os presta. Um sistema que garantia direitos originários a quem previamente descontou para o sistema segurador da segurança social, em função da sua situação perante o trabalho e direitos derivados dos primeiros, para toda a restante população. Um sistema que crescia mais e mais depressa onde houvesse clientes com capacidade de pagar, embora o pagamento principal se faça por prémio de seguro, mas onde resta sempre uma pequena parte a cargo do doente, no ponto de encontro com os serviços, muitos dos quais não são públicos, mas privados, ou particulares, com ou sem fim de lucro. Um sistema onde os recursos crescentemente a descoberto tendiam a ficar cada vez mais a cargo do Estado, à medida que os encargos cresciam e a cobertura inicialmente limitada aos trabalhadores por conta de outrem se alargava aos que não têm esse passado laboral. Um sistema que progressivamente se transformou em universal, pelo financiamento misto que progressivamente implicou.

Optou-se, entre nós, e bem, pelo modelo SNS que se caracteriza por beneficiar todos os cidadãos e residentes, independentemente da sua situação perante o emprego. Por ser pago por impostos e não por quotizações indexadas sobre rendimentos do trabalho. Um sistema como os vigentes no Reino Unido, Países Nórdicos, Itália, Espanha e Grécia, de matriz dita "beveridgeana". Um sistema que visa cobrir todos ou quase todos os riscos e eventualidades. Um sistema que se alarga a todo o território, quer haja ou não clientes com capacidade de pagar. Um sistema onde a maioria das prestações ficam a cargo de serviços públicos, cabendo ao sector privado um papel complementar, com grande liberdade de prática (e enorme tolerância do sistema público perante conflitos de interesse entre servidores de dois, ou até de três amos: o público, o privado e combinatórias de ambos, ilustrando o efeito de "porta giratória" entre o público e o privado).

Esta escolha, com as suas qualidades e defeitos, está feita desde há trinta anos. É por isso que se torna enganador, para não dizer pueril, admitir-se que um SNS possa funcionar sobre a forma dominante de medicina e hospitalização convencionadas, como pretendem aqueles que julgam poder fruir do que de melhor tem cada sistema, sem compreenderem as incompatibilidades a que levaria a adopção cumulativa das suas lógicas internas mutuamente exclusivas.

Outra escolha desnecessária, por inexistente também desde há décadas, é a do papel do sector privado prestador. No nosso SNS, desde o seu início, tal como em outros, a prática pública é claramente dominante, mas coexiste com muita prática privada. Desde logo, através de prestadores contratados para serviços que não estão suficientemente desenvolvidos no SNS, como foi o caso dos meios de diagnóstico e terapêutica nas décadas de setenta e oitenta, ou mais recentemente, das cirurgias electivas praticadas por contrato. Mas que tendem a diminuir no mercado, à medida que os serviços públicos se desenvolvem e ganham competência e qualidade, servidos pela infraestrutura de actividades diversificadas de investigação e desenvolvimento. Ou quando se torna evidente que o predomínio do mercado se aproxima de uma perda de soberania, com submissão a regras oligopolistas crescentemente intoleráveis, como acontece em certas áreas de diagnóstico e terapêutica.

O papel do sector privado no SNS está claramente definido na Constituição: é um papel complementar do sector público, o que significa que será bem vindo quando ajuda a cobrir lacunas, mas não pode esperar uma competição com a esfera pública, sob forma convencionada, directa ou disfarçada, que redundaria sempre em perda para o sector público, por ser impossível transferir para o concessionário privado as servidões públicas, como os cuidados de emergência, o ensino e a investigação, os cuidados mais sofisticados e permanentes como os transplantes, os cuidados intensivos de longa duração e, claro está, o pessoal excedentário. O que nada tem a ver com o espaço aberto aos prestadores privados dentro das áreas exteriores ao SNS, cobertas por subsistemas e seguros de saúde que, entre nós, abrangem mais de vinte por cento da população. O que também não obsta a que o SNS possa contratar por inteiro serviços de gestão ou de construção e gestão de unidades de saúde, em parceria, desde que devidamente reguladas.

Se há diferenças entre a organização dos fluxos financeiros que pagam a saúde num sistema de tipo SNS e num sistema de tipo convencionado, elas já diminuem consideravelmente quanto ao montante global do gasto público e do gasto privado, tal como quanto ao pagamento no acto do serviço. Estas diferenças eram mais visíveis no início da construção dos sistemas, nos anos cinquenta a setenta, mas esbateram-se com o tempo. No início, os sistemas de tipo SNS custavam sempre menos que os de tipo convencionado, e os pagamentos dos doentes no acto do serviço eram nulos ou simbólicos. Com o decorrer dos tempos, novas necessidades e a equalização económica entre países europeus, o que se pode considerar uma forma de "harmonização", determinaram crescimentos paralelos de gastos, colocando os dois modelos a par, no que respeita ao seu desempenho financeiro. Nem poderia ser de outro modo, quando a mobilidade dos doentes no espaço europeu espelha a sua maior integração económica e social.

O mesmo se passou com os co-pagamentos: se a França teve desde sempre um elevado co-pagamento (taxa moderadora de 20% nos internamentos), a Alemanha veio agora, recentemente, instituir taxas moderadoras no internamento hospitalar. No Reino Unido, na Suécia e na Finlândia, países de modelo SNS, desde há muito existem taxas moderadoras. Nada as distingue das dos sistemas convencionados, e o seu valor, simbólico em qualquer dos modelos, mais as aproxima.

Trinta anos depois da criação do SNS, mudar de sistema não faz sentido. Deixá-lo evoluir ao sabor das dinâmicas dos interesses instalados, ou organizar a sua evolução no sentido de melhor utilização dos crescentes recursos, respondendo a crescentes necessidades, com qualidade e garantia de equidade, aí sim, aí residem as escolhas que enfrentamos. E são muitas. Vejamos alguns exemplos:

- A escolha entre, de um lado, manter o SNS sem qualquer alteração, sabendo que as variações conjunturais destroem a sua eficiência, sapam a sua universalidade, qualidade e equidade ou, em alternativa, adoptar reformas que ampliem a eficiência e abram espaço para novas prestações e novos serviços. Se não for possível conter a despesa dentro de limites aceitáveis, não será viável criar novas prestações como os cuidados continuados, a procriação medicamente assistida, um moderno programa de vacinação, ou um sistema oncológico moderno e internacionalmente credível;
- A escolha entre, de um lado, oferecer tudo a todos, ricos e pobres, como se fez no passado pela simples situação etária e epidemiológica ou, em alternativa, diferenciar os apoios em função das necessidades, atribuindo mais alta prioridade a quem está mais vulnerável, como os idosos do complemento solidário de pensão que passaram a dispor de apoio diferenciado em medicamentos, próteses dentárias e auditivas;
- A escolha entre, de um lado, deixar rolar a despesa sem a tentar controlar, nos aspectos onde o desperdício é visível, como aquisições mal planeadas e mal negociadas, horas extraordinárias desnecessárias e medicamentos a preço exorbitante, beneficiando infractores que devem ser punidos ou, em alternativa, poupar para

Prefácio 15

investir em novos programas como a saúde oral, com prioridade para crianças, grávidas, idosos e, mais tarde, diabéticos;
- A escolha entre, de um lado, oferecer médico de noite a populações que quase o não utilizam ou, em alternativa, dotar os centros de saúde de unidades de saúde familiar que aumentem a cobertura médica a mais famílias e ofereçam cuidados de maior qualidade;
- A escolha entre, de um lado, prolongar artificialmente o internamento hospitalar de idosos e cidadãos com dependência, descartando-os para a família, quando ainda acamados, tenha esta ou não tenha recursos para dele cuidar, ou em alternativa, oferecer cuidados continuados, dentro do SNS, a estes cidadãos, passada que foi a necessidade de hospitalização dispendiosa;
- A escolha entre, de um lado, a introdução acrítica de novos medicamentos no circuito hospitalar, impulsionada por um marketing agressivo ou, em alternativa, a sua selecção rigorosa, depois de provas prestadas perante a comunidade científica, admitindo-os em função da segurança, eficácia terapêutica e sustentabilidade financeira de quem os paga;
- A escolha, em situações de emergência, entre, de um lado, ter apenas um médico e um enfermeiro ao pé da porta, sem meios de suporte de vida ou, em alternativa, participar em uma rede coerente e hierarquizada de serviços de urgência onde cada cidadão tenha acesso a cuidados ou a transportes que o levem com rapidez onde será assistido com a qualidade adequada;
- A escolha entre, de um lado, uma rede restrita de farmácias com o triplo monopólio de propriedade, de localização e de produto ou, em alternativa, a completa disponibilidade de medicamentos sem receita, em centenas de pontos de venda a distância conveniente, farmácias de venda a público nos hospitais do SNS, horários de abertura semanal alargados, sem sobretaxas por atendimento tardio e mais três centenas de novas farmácias em todo o território;
- A escolha entre, de um lado, o descontrolo financeiro, acumulando dívidas em fornecedores que se habituaram a capturar o devedor ou, em alternativa, o rigoroso controlo da despesa que devolve liberdade ao Estado, disciplina o cumprimento dos seus deveres e amplia a sua margem de governabilidade.

Em todas estas e outras escolhas existe um só critério de selecção: o interesse público, o interesse da maioria que legitima o poder sobre quem recai o encargo da escolha. Jamais o interesse exclusivo dos grupos de interesses, profissionais ou económicos.

Sem que seja necessário o Estado opor-se aos interesses sectoriais de forma sistemática. Pode até acontecer estarmos perante situações de conjugação de interesses, como são muitas daquelas onde o principal objectivo é o ganho de eficiência. Melhor ainda, em tais situações todos ganham. Mas, atenção, o interesse público, em saúde mede-se por ganhos específicos em saúde, para toda a população. Menos mortes e doenças, mais anos de vida, maior qualidade nos anos de vida ganhos. É este o critério último de uma política de saúde.

Este livro documenta uma governação de quase três anos, orientada por um fio condutor de escolhas guiadas pelo interesse público. Em difícil contexto de restrição das contas públicas pelo ajustamento estrutural. O que foi conseguido sem trauma. O que abriu a oportunidade de reformar o nosso SNS, ampliando a sua universalidade, alargando-o a novas prestações, melhorando a sua qualidade, continuando o caminho da equidade crescente. Estes ganhos estão profusamente ilustrados ao longo do livro.

Esta política teve de vencer muitas oposições: as internas, dos seus executantes directos que aos poucos foram entendendo a reforma e, de relutantes e desconfiados actores passaram, muitas vezes, a militantes de causa. Depois, a objecção dos interesses instalados à sombra protectora do SNS e do seu generoso orçamento de quase nove mil milhões de euros. Objecção nem sempre explícita, algumas vezes disfarçada e diplomática, mas que não ficou inerme, sobretudo quando as suas expectativas de contínuo crescimento de receita, no passado recente a dois dígitos, foi reduzida à dimensão do possível, embora de crescimento sempre positivo.

De uma direita momentaneamente paralisada, contradizendo-se a cada seis meses, nada há a assinalar. Da esquerda conservadora, desapareceram os sinais distintivos iniciais, "bonnet blanc, blanc bonnet". Distinguem-se apenas pelos mitos, pela agressividade ruidosa, na certeza de que nunca serão chamados pelo povo a escolher e decidir. Num caso, os inimigos são o capital, o sector privado, todos os que criam trabalho e multiplicam riqueza. No outro caso, a agressividade orienta-se cada vez mais para ataques pessoais, com a óbvia intenção de desmoralizar o baluarte governativo, na covardia de quem sabe não poder haver resposta pública proporcional ao grau da afronta. Desta esquerda conservadora que se tornou tão trauliteira como a antiga direita, não restam mais surpresas. Cada vez mais longe de responsabilidades do poder, mesmo que ganhe adeptos fugazes, a distância do real multiplica-lhes a agressividade e a irracionalidade da crítica. Poderia ser de enorme utilidade se a crítica fosse pertinente, acutilante, lógica e enquadrada numa teoria racional. Acontece que a crítica é, em um caso, fogo de barragem, em outro de atiradores furtivos. Ambos provocam vítimas, mas não conquistam terreno e menos ainda os corações.

Objecções dificilmente aceitáveis vieram de supostos parceiros de causa, paladinos da liberdade, férteis em arroubos de lirismo solidário, mas incapazes de estudar uma questão, fazer uma proposta; refractários a ler um gráfico, a interpretar um número, a acompanhar uma tendência com indicadores quantitativos, de que foram generosamente municiados. Tempo perdido. Pessoas há que entendem terem já estudado tudo o que tinham para saber. Refugiam-se em mitos, em ideias feitas e no acolhimento enganador dos media que os embalam em canto de sereia, sempre à espera de uma declaração dissonante que os coloque nas primeiras páginas.

O autor foi muito criticado por se preocupar com os custos da saúde. Durante toda a sua vida e em especial nas suas passagens pelo governo. O neologismo de significado ambíguo e certamente inverificável, de "economicista" terá sido tantas vezes contra ele utilizado que perdeu já um pouco da sua agressividade inicial. Mas a verdade é que se torna cada vez mais difícil governar contra a verdade dos números. Nas últimas décadas, sobretudo, tornou-se cada vez mais clara a existência de um largo espectro de eventos cuja dinâmica não pode ser prevista, nem com rigor nem, certamente, nas suas consequências.

Recordamos que as crises do sistema financeiro das últimas décadas (América Latina 1982, imobiliário 1989/91, crise asiática 1997 e recentemente a crise do crédito imobiliário "suprime" 2007) bem como a crise em curso, das matérias primas e do petróleo não foram, sequer, previstas com alguns meses de antecedência, tendo efeitos devastadores nas economias. Sabemos que nestes casos os modelos dos peritos não fornecem resultados mais perfeitos que modelos mais simples e estatisticamente menos rigorosos. Tal como os investidores profissionais, sabemos que bons desempenhos passados, não garantem bons desempenhos futuros. As consequências destes factos, para quem tem de gerir os riscos em sistemas complexos e altamente difusos como o da saúde, são severas.

Esta problemática levanta uma questão central à política da saúde. O que podemos fazer de um modo pragmático, racional onde a solidariedade impera e a compaixão pelo próximo deve ser a regra, para enfrentar com sucesso um futuro incerto, gerindo a incerteza e o risco, de modo a propor e aplicar soluções práticas e eficientes, sem ficarmos paralisados pela hesitação ou sermos vitimas da ilusão do controlo absoluto, acreditando, erradamente, que podemos prever o futuro e que a incerteza não existe?

Na idade da "globalização" é inútil pensar em gerir subsistemas da nossa economia, como se fosse possível isolá-los do contexto externo. A dependência da economia nacional desses factores é quase total. Nessas circunstâncias parece avisado seguir um conselho trivial de gestão, isto é, controlar os encargos e as suas causas e obter ganhos concretos de eficiência. Provamos aqui que deles também resultam ganhos em saúde. São inevitáveis os gastos crescentes em saúde, excepto quando são desnecessários. E não nos parece que o interesse público se defenda protegendo os desnecessários e poupando nos essenciais.

Este livro beneficiou de informação para a qual muita gente contribuiu. Alguns textos, embora tenham sido tornados públicos sob o nome e responsabilidade do signatário por força das funções que desempenhou, tiveram outros autores materiais, que para sempre permanecerão anónimos. Todavia, parece-me ser meu dever lembrá-los genericamente. Acrescento também, sem qualquer preocupação de ordem, alguns dos meus amigos que acederam colaborar na revisão de todo o livro, de alguns capítulos ou até através de pequenas informações factuais. Assim, considero-me em dívida para com Ana Sofia Ferreira, Cármen Pignatelli, Emília Nunes, Fernando Bello Pinheiro, Francisco George, Francisco Ramos, Hélder Mota Filipe, Graça Freitas, Helena Marteleira, Inês Guerreiro, João D. Cruz, Jorge Almeida Simões, José Caiado, José Caldas de Almeida, Luís Pisco, Manuel Sá Correia, Manuel Teixeira, Maria José Laranjeiro, Miguel Rodrigues, Nuno Brederode Santos e Vasco Maria. Os contributos de uns e de outros foram inestimáveis, todavia, os erros e omissões deste livro serão exclusivamente da minha responsabilidade.

Lisboa, Setembro de 2009

António Correia de Campos

I. O FIO CONDUTOR

> *"(...) Deixai-me repetir e acentuar o asserto (...):*
> *todos os fundamentos documentais do ensaio os*
> *tomei eu dos historiadores e buscadores de fontes*
> *– em dependência absoluta, em reprodução total –*
> *e no que toca à matéria de erudição do livro, não há*
> *nele cousa alguma que não seja "plágio": apenas me*
> *pertence o que chamarei a "forma", o pensamento*
> *da obra, o seu plano crítico, **o fio que liga as alheias***
> ***pérolas e que serve a ensartá-las como um colar;***
> *a traça do casebre é que é minha, as pedras não;*
> *(...)".*
>
> **António Sérgio**, Divagações Proemiais,
> *Introdução Geográfico-Sociológica à História de Portugal,*
> Sá da Costa Ed., 5.ª edição, 1982 (4)

A criação do SNS

Em 1978, o segundo governo constitucional decidiu universalizar o acesso à saúde: todos os portugueses, fossem ou não trabalhadores por conta de outrem e beneficiários da segurança social, passavam a poder ser assistidos de forma universal e gratuita nos postos dos então Serviços Médico-Sociais da Previdência e seriam assistidos gratuitamente nos hospitais públicos ou nos antigos hospitais das misericórdias, os quais, entretanto, haviam sido oficializados em 1975.

Era uma novidade. Até então os Portugueses que não estivessem cobertos pela Previdência, pela ADSE, ou por um dos diversos subsistemas de saúde – forças militares e militarizadas, Ministério da Justiça, bancários e grandes empresas – só podiam ser assistidos nos hospitais depois de se submeterem a um "inquérito assistencial" que os classificava como pensionistas, porcionistas ou gratuitos – estes últimos os indigentes – de acordo com a sua situação económica e social.

Pela primeira vez se consagrava o direito universal à defesa e protecção da Saúde, previsto na Constituição de 1976. No ano seguinte, em Setembro de 1979, com um Governo de iniciativa presidencial (V.º Governo Constitucional, com Maria de Lurdes Pintasilgo como Primeira-Ministra), por iniciativa do Partido Socialista e com o apoio dos partidos à sua esquerda, a Assembleia da República aprovava a Lei de Bases do Serviço Nacional de Saúde, com a abstenção do PSD e o voto contra do CDS. O V.º Governo (1979) preparou e fez publicar um extenso conjunto de diplomas regulamentares para execução da Lei de Bases[1]. O Governo seguinte, presidido por Sá Carneiro, revogou parte desses diplomas, para de novo os aprovar, já em 1980 e alguns mais tarde, em 1982, ligeiramente modificados. Pelo meio ficou uma tentativa da Aliança Democrática, coligação das direitas, de revogar por decreto-lei a Lei de Bases do SNS, frustrada pelo organismo de apreciação da constitucionalidade que antecedeu o Tribunal Constitucional.

Entre 1978 e 2008, o progresso na saúde dos portugueses foi enorme e está factualmente documentado. Uma parte desse progresso deveu-se ao Serviço Nacional de Saúde (SNS).

Desde logo pela melhoria da acessibilidade. O atributo constitucional da universalidade significava que toda a gente poderia utilizar o SNS, sem discriminação de idade, sexo, religião, classe, profissão, ou sistema de protecção social. Hospitais, centros de saúde da "primeira geração", criados após 1971 em cumprimento da primeira reforma dos cuidados de saúde primários, e postos dos Serviços Médico-Sociais, passaram a assistir toda a gente. Dois factores foram instrumentais para garantir a universalidade e sobretudo para que as populações do interior, então escassamente medicalizado, passassem a dispor de recursos semelhantes aos do litoral: o primeiro foi a longa série de investimentos em hospitais distritais[2] e novos

---

[1] Por iniciativa do autor, então Secretário de Estado da Saúde, sendo Ministro dos Assuntos Sociais Alfredo Bruto da Costa.

[2] Durante os anos de cinquenta e sessenta, além dos dois grandes hospitais de ensino de Lisboa (Hospital de Santa Maria) e do Porto (Hospital de São João) o regime autoritário havia definido a prioridade de construir mais de uma centena de pequenos hospitais

centros de saúde[3], que permitiram fixar médicos e enfermeiros recém-diplomados.

O segundo factor consistiu nas carreiras médicas, de enfermagem, de administração, de técnicos superiores e das demais profissões da saúde, que permitiram atrair e estabilizar trabalhadores especializados no SNS. Nos quinze anos que decorreram entre 1990 e 2004, o número de médicos em exercício por mil habitantes cresceu de 2,8 para 3,4 (à volta de mais seis mil médicos), sobretudo à custa dos da carreira hospitalar onde passaram de 0,9 para 2,0 (mais 11 mil), tendo os médicos de medicina geral e familiar passado de 0,4 para 0,5, ou seja, apenas mais mil. O maior aumento de recursos humanos em exercício deu-se no pessoal de enfermagem, com a subida de 28 mil para 44 mil (mais 16 mil efectivos). Mas mesmo fora das carreiras se verificou um forte aumento de recursos humanos naqueles quinze anos. O número de médicos dentistas triplicou, de 2 mil para 6 mil e os farmacêuticos subiu de 6 mil para 9 mil[4].

O atributo constitucional da generalidade consistia na cobertura dos assistidos em todos as valências da Saúde – cuidados preventivos, curativos e de reabilitação – a cargo de um só sistema de cobertura, o SNS.

---

concelhios, normalmente em terrenos de Misericórdias, com financiamento maioritariamente público. Estes edifícios permaneceram até hoje na propriedade das Misericórdias, às quais o Estado paga uma renda. A prioridade aos hospitais distritais só surgiu na segunda metade dos anos sessenta. Antes do 25 de Abril haviam sido construídos e postos a funcionar pelo Estado, em propriedade pública, os hospitais distritais de Bragança, Beja, Portalegre, Setúbal e Funchal. Depois de 1974 foram construídos de raiz e inaugurados os hospitais distritais de Faro, Chaves, Aveiro, Macedo de Cavaleiros, Viana do Castelo, Abrantes, Leiria, Almada, Santarém, Castelo-Branco, Matosinhos, Viseu, Torres Novas, Tomar, Santa Maria da Feira, Portimão, Covilhã, Santiago do Cacém, bem como um grande hospital central, os Hospitais da Universidade de Coimbra. No Porto foram consideravelmente ampliadas e modernizadas as instalações do único hospital central pertencente a uma Misericórdia, o Hospital Geral de Santo António. Em Lisboa antigas clínicas privadas foram adaptadas a hospitais públicos, como Santa Cruz e S. Francisco de Xavier. Foram ainda construídos dois hospitais especializados na luta contra o cancro, em Coimbra e Porto. Outros estabelecimentos de longa estadia foram adaptados a hospital geral, em Guarda, Vila-Real, Torres Vedras e Lisboa (Egas Moniz e Pulido Valente).

3 Além de centros de saúde, instalados em todas as sedes de concelho, foram construídas centenas de extensões de saúde, em quantidade que se veio a revelar difícil de dotar com recursos humanos permanentes, sobretudo nas regiões Norte e Centro.

4 Barros, P. P. e Simões, J. A., 2007, Portugal, Health System Review, *European Observatory on Health Systems and Policies, Health Systems in Transition*, vol. 9, N.º 5.

Até 1978, os cuidados preventivos e a promoção da saúde estavam a cargo da Direcção-Geral da Saúde e os cuidados médicos em ambulatório a cargo dos antigos postos da Previdência. Entre 1980 e 1984 procedeu-se à integração destes dois tipos de unidades em centros de saúde ditos da "segunda geração", a qual culminou, a nível central, em 1984, com a criação da Direcção-Geral dos Cuidados de Saúde Primários[5].

Mais e melhores instalações e mais e mais bem treinado pessoal, disseminado por todo o País, geraram um forte efeito equalizador na utilização dos cuidados de saúde e na melhoria da sua qualidade, a partir da criação do SNS.

Tecnologia e inovação

A qualidade foi objectivo que sempre acompanhou as reformas da saúde. Os novos hospitais distritais e centrais foram equipados com o mais moderno equipamento, mas a situação em ambulatório era diferente. As novas tecnologias médicas, sobretudo as relativas a meios auxiliares de diagnóstico e terapêutica, levaram tempo a ser endogeneizadas e generalizadas no início do SNS. A iniciativa do sector privado, sob a forma convencionada, supriu aqui o sector público, com rapidez, mas com enormes conflitos de interesse, devido à reunião nos mesmos especialistas de responsabilidades públicas, mesmo ao nível dirigente, com iniciativas empresariais privadas. Daqui resultou o domínio quase completo pelo sector privado prestador em meios de diálise na insuficiência renal crónica, em imagiologia, sobretudo radioterapia, em medicina física e reabilitação, em cuidados dentários, em patologia clínica e em boa parte das especialidades médicas em ambulatório[6].

---

[5] Alguns anos depois, terminada a integração, este serviço central regressou ao seu antigo nome de Direcção-Geral da Saúde.

[6] Esta liberdade de iniciativa do sector privado, embora mais tarde regulada por dispositivos legais de densidade populacional, ocasionou o que especialistas consideram um sobre-equipamento em meios de diagnóstico. O País dispõe hoje, para dez milhões de habitantes, de 128 aparelhos de TAC, 39 de Resonância Magnética Nuclear, 116 mamógrafos, 33 aparelhos de radioterapia e 4 aparelhos tomografia por emissão de positrões (Barros P. P. e Simões, J. A., 2007).

I. O Fio Condutor 23

Para o sector público ficaram as intervenções de tecnologia dispendiosa e grande exigência organizativa e de recursos humanos, como a cardiologia de intervenção, a cirurgia torácica, os transplantes, os cuidados intensivos. Merece relevo, no sector dos cuidados primários, a modernização constante do programa nacional de vacinação que foi acompanhando, com sucesso, toda a inovação tecnológica e que culminou recentemente com a penta vacina, a vacina contra a meningite C e, em breve, a vacina contra o vírus do papiloma humano. Portugal mantém e reforça o seu alto desempenho na vacinação, com valores de imunização quase todos acima dos 90%: 89% na tuberculose, 93% na difteria, tétano, pertussis, polio, hemophilius influenza tipo B e sarampo, 94% em hepatite B e 96% em varicela e rubéola (WHO 2007)[7].

Ganhos em Saúde

A longa prática de vacinação contra as doenças infecciosas e transmissíveis trouxe, durante os últimos trinta anos, enormes ganhos em saúde, consolidando os ganhos iniciados com a criação do Programa Nacional de Vacinação, a partir da segunda metade dos anos sessenta. Mas também se verificaram ganhos importantes nas doenças crónicas e degenerativas. Nos dez anos que decorreram entre 1995 e 2004 verificou-se um declínio nas taxas de mortalidade padronizadas nas doenças cérebro-vasculares, de 180 para 110, na doença isquémica cardíaca de 71 para 57, nas neoplasias malignas do estômago, de 24 para 16, no cancro da mama, de 25 para 18, no cancro da próstata de 29 para 23, apenas crescendo as neoplasias do pulmão de 22 para 24. A mortalidade por doenças do aparelho respiratório, no mesmo período, baixou de 62 para 53, e as do sistema digestivo, de 39 para 35, tendo subido as causas de morte atribuíveis à diabetes, de 23 para 29. A taxa de mortalidade atribuível a acidentes de estrada também baixou, de 23 para 14 e todo o sistema de registo de mortalidade melhorou no período, tendo-se reduzido para metade as mortes por causa indefinida, de 95 para 46[8].

---

[7] Barros e Simões, 2007.
[8] Barros P. P. e Simões, J. A., 2007.

Os resultados mais brilhantes observaram-se na saúde da mãe e da criança: nos vinte e cinco anos entre 1980 e 2004[9], o declínio da mortalidade reduziu a menos de metade as mortes maternas, por 100.000 nados vivos, de 19,6 para 8,2, e nas crianças até um ano (mortalidade infantil) de 24,2 para 3,8, atingindo 3,4 em 2005. A mortalidade neonatal (ocorrida na primeira semana de vida) acompanhou a infantil, baixando de 15,6 para 2,6, e a perinatal (ocorrida entre a 28.ª semana de gestação e os primeiros oito dias de vida) baixou de 23,9 para 4,4 por mil nados-vivos. Estes ganhos em saúde traduziam-se em aumento de esperança de vida à nascença, nos vinte e cinco anos referidos, de 67,7 para 74,5 nos homens e de 75,2 para 81,0 anos nas mulheres.

Além dos ganhos em saúde importa conhecer os ganhos em equidade nos resultados, a qual pode ser analisada na vertente territorial e na vertente de classe social. Como afirmámos em outro local[10], entre 1972 e 1982 a razão entre os indicadores correspondentes aos distritos do Continente com valores extremos, reduziu-se em 45% na mortalidade infantil, 52% na perinatal, 70% nas pós neonatal (a mais sensível às mudanças sócio-económicas) e 13% na neonatal (a menos sensível às mudanças sócio-económicas e a mais sensível ao atendimento da grávida e puérpera). É provável que o declínio destas diferenças inter-distritais tenha continuado a acentuar-se entre 1982 e os nossos dias. Mas se este progresso social é indiscutível na comparação inter-regiões, já o mesmo se não pode dizer da análise por classes sociais. Um estudo (Pereira 1995)[11] comparando os índices de concentração (GINI) em algumas taxas de mortalidade associadas ao primeiro ano de vida, confirmou a redução de todos os índices, com redução dos coeficientes de concentração entre 1976 e 1985. Porém, a partir desse ano, a concentração na mortalidade pós-neonatal (indicador "proxy" de agravamento de desigualdades) voltou a aumentar até 1991, lançando a suspeita de que a deterioração de condições sócio-económicas pudesse estar na origem deste retrocesso. As restantes taxas de mortalidade – infantil, neonatal e perinatal – tiveram uma estagnação da sua melhoria distributiva entre 1985 e 1989, recuperando-a posteriormente.

---

[9] ECO-SANTÉ, 2007, OCDE Paris, Octobre 2007.

[10] Campos, A. C.,1997, Administrar Saúde em Escassez de Recursos, *Comunicação às X Jornadas de Administração Hospitalar*, Lisboa, mimeo.

[11] Pereira, João A., Inequity in infant mortality in Portugal, 1971-1991,(1995), APES, Doc de trabalho 4/95

Já na área da saúde dos adultos, da aplicação da lei de controlo do uso do tabaco e da prevenção primária e secundária na luta contra o cancro resultarão, certamente, acrescidos ganhos em saúde nas próximas décadas.

Encargos com a Saúde

Estes enormes sucessos devem-se a múltiplos factores: a melhorias das condições de vida das populações, com a generalização do saneamento básico, do abastecimento domiciliário em água potável, a alimentação mais rica em proteínas, utilizando alimentos mais bem conservados e em geral mais saudáveis, às melhorias da habitação, do ensino, do acesso à informação e à cultura, das acessibilidades no território, das condições de salubridade ambiental e ao forte incremento da urbanização. Durante os primeiros anos da democracia, o efeito positivo da emigração, impulsionado pelas remessas de emigrantes, a fixação de cerca de 600 mil deslocados das antigas colónias, em idade activa, com forte iniciativa empresarial, e depois de 1986 a adesão às Comunidades Europeias foram factores indiscutíveis de rápido desenvolvimento económico e social. Os serviços de saúde integrados no SNS acompanharam e potenciaram esta dinâmica.

Mas a melhoria do SNS e os grandes aumentos na acessibilidade, equidade e qualidade tiveram importantes implicações financeiras. Ao longo dos vinte e cinco anos que decorreram entre 1980 e 2004[12] os gastos totais em saúde, *per capita*, medidos em dólares americanos, padronizados internacionalmente por paridade de poder de compra (PPP) quase triplicaram, subindo de 674 para 1813. A importância relativa dos gastos totais em saúde (públicos e privados) medida no interior do Produto Interno Bruto (PIB), passou de 6,2% para 10,0%, tendo atingido 10,2% em 2005, o quarto valor mais elevado da União Europeia, tendo à nossa frente apenas a Alemanha, a França e a Noruega. A parte pública destes gastos não cessou de aumentar, passando de 65,5% em 1990, para 72,0% em 2004.

---

[12] Fonte: ECO-SANTÉ, 2007, OCDE, Paris, Octobre 2007.

Centrando a análise nos últimos dez anos do século XX a despesa em saúde aumentou, em termos reais (deduzida da componente derivada da inflação), a um ritmo médio anual de 5,3%. No mesmo período, o crescimento médio anual da economia portuguesa foi de 2,4%. A despesa em saúde cresceu, assim, em termos reais, três pontos percentuais acima da economia[13].

Estes resultados têm um aspecto positivo, certamente, mas a sua muito rápida evolução feita à custa das finanças públicas coloca o problema da sustentabilidade.

Uma política de saúde responsável, em Portugal, não deve procurar gastar menos em saúde, mas gastar melhor. Isto é, com os já muito elevados recursos disponíveis devemos interrogar-nos sobre se é ou não possível ganhar eficiência, equidade e qualidade com o que a sociedade já hoje disponibiliza para a saúde. Este problema revela características cruciais quando se reconhece que muito falta ainda para dispormos de um SNS moderno, garantindo cobertura na generalidade das necessidades. Basta pensarmos nos défices de cobertura em cuidados primários e nas ausências de apoio em saúde dentária e em cuidados a idosos, onde só agora o SNS se alargou, para vermos o que falta realizar. Se olharmos à continuada omissão de cobertura integral de qualidade em saúde mental, à muito recente iniciativa de luta contra o aborto clandestino através do alargamento das condições legais na interrupção voluntária da gravidez, ao escasso apoio à procriação medicamente assistida, aos esforços de criação de uma rede nacional de apoio aos doentes sofrendo de acidentes vasculares cerebrais e de enfarte, incluindo a sua reabilitação para a vida quotidiana, e ainda à escassez de visitas médicas domiciliárias, verificamos como estamos distantes de uma cobertura moderna de cuidados de saúde. Razão de sobra para não desperdiçarmos recursos, para definirmos prioridades e aproveitarmos com mais eficiência os meios disponíveis. Em vez de sermos campeões de gasto público, devemos ser campeões da mais inteligente, equitativa e qualificada utilização dos recursos públicos.

---

[13] Campos, A. e Ramos, F., 2005, Contas e Ganhos na Saúde em Portugal, Dez anos de Percurso, *Desafios para Portugal*, Seminários da Presidência da República, Casa das Letras, (159-223).

Políticas de Saúde induzidas pela despesa

Ao longo dos últimos dez anos muito se tem escrito sobre a ineficiência no SNS. Não interessa culpabilizar actores nem vilipendiar omissões ou criticar prioridades, de resto quase nunca explicitamente assumidas. Como em outro local assinalámos, ao longo de muitos anos a despesa pública em saúde não foi decidida de forma voluntária, racional, baseada em prioridades comummente sufragadas. Pelo contrário, ela foi arrastada por forças internas e externas do sistema, colocando os decisores perante actos consumados[14].

O processo de tomada de decisão política nacional é insuficientemente planeado, errático, incompleto, talvez mesmo incoerente. A evolução do crescimento da despesa depende mais de factores exógenos (regime remuneratório e garantias de carreira da função pública, tecnologias, marketing de consumíveis, serviços adquiridos ao exterior, ritmos de formação de especialistas, pressão de autarquias em matéria de investimento) que de factores endógenos, como seria o volume e orientação do investimento público no sector, correctamente planeados. A margem de liberdade decisória em relação aos grandes agregados de despesa, era praticamente nula, na Saúde. Não havendo preparação da decisão política sobre o gasto público do sector, baseada em objectivos, metas, programas e resultados esperados, em Portugal, durante muitos anos, a política da saúde foi arrastada pela despesa, muitas vezes decidida fora do "locus" governamental.

Alguns exemplos poderão ajudar-nos a conhecer essas causas.

Por força de um agressivo marketing farmacêutico e por falta de informação própria e dos pacientes, nos serviços públicos de saúde prescrevem-se em excesso medicamentos e meios de diagnóstico, levando a um crescimento excessivamente rápido destas rubricas de despesa. Foi assim que Portugal se transformou no paraíso dos operadores na área farmacêutica.

Contrariamente à tendência observável na generalidade dos restantes países da UE15, em Portugal, o peso da despesa com **medicamentos** no PIB, já comparativamente elevado em 1980, mais do que duplicou em 25 anos, e tornou-se o maior daquele grupo de países, em 2004.

---

[14] Campos e Ramos, 2005.

Uma situação semelhante ocorreu com os gastos em convenções com prestadores de **meios complementares de diagnóstico e terapêutica**. Este mecanismo convencionado está encerrado desde a publicação do Estatuto do SNS em 1993, proporcionando desde então um mercado fechado, limitado aos que conseguiram tomar posições em tempo útil. A evolução da despesa em convenções, essencialmente meios complementares de diagnóstico tem um pico em 1997, ano em que se verificou, por escassos meses, a reabertura da possibilidade de adesão à convenção com o SNS. A tendência dos últimos anos revela um evidente abrandamento do ritmo de crescimento. Explicações definitivas não são conhecidas, mas a barreira à entrada de novas entidades (com a breve excepção de meses em 1997), o cerrado controlo administrativo de preços que, em algumas áreas os degradou a tal ponto que se tornou desinteressante para as entidades privadas manterem o estatuto de convencionadas e a progressiva consciencialização de alguns hospitais públicos em rentabilizar o seu parque de equipamentos, são prováveis razões explicativas. Foi assim criada uma situação de irracionalidade e injustiça. O "numerus clausus" de prestadores gerou manipulação no universo dos operadores e não permitiu a concorrência de novos operadores que trouxessem inovação, mais qualidade e mais eficiência. A existência de tabelas fixas para todo o território, qualquer que fosse a dimensão do operador, beneficiou os grandes prestadores que podem facilmente recorrer a tecnologias que gerem economias de escala e incentivou a concentração de operadores, muitos dos quais passaram a ser empresas multinacionais. Mesmo assim o congelamento apenas serviu para controlar o ritmo de crescimento da despesa, mas não a reduziu.

Os cuidados de saúde primários têm sido uma permanente fonte de gasto duvidoso: os **regimes de trabalho** dos médicos de família não os incentivavam a práticas eficientes; pelo contrário, induziam-nos, a recorrerem desnecessariamente a horários extraordinários, para atender doentes que poderiam ser atendidos no horário normal. A criação de um mau sucedâneo do correcto conceito de medicina familiar levou à proliferação, muitas vezes redundante e desnecessária, de serviços de atendimento permanente (SAP), de baixa resolutividade e escassa procura nocturna, com enorme despesa em trabalho extraordinário. A abertura inconsiderada e indisciplinada de SAP por todo o território, com o falso argumento da proximidade e conforto, conduziu à despersonalização de parte dos cuidados primários e à sua inevitável baixa de qualidade. O oportunismo político e o eleitoralismo fizeram o resto. Foi assim que o País se encontrou a braços com uma rede de supostos cuidados de urgência sem correspondência com as reais necessidades, tanto em dimensão, como sobretudo em qualidade. Uma rede irregular que deixava quase meio milhão de Portugueses a mais de uma hora de uma verdadeira urgência.

As despesas com pessoal foram crescendo sempre a ritmo superior ao do crescimento da economia. Ao longo dos anos que decorreram entre 1998 e 2002 o seu crescimento médio anual, a preços constantes, foi de 5,7%.

Parte desse crescimento deveu-se ao aumento de efectivos do SNS. Mas nem sempre os acréscimos de efectivos eram apenas determinados por necessidades reais de alargamento dos serviços e aumento da sua produção, como não é possível determinar com rigor se esses acréscimos internalizam ganhos de efectividade. Nas principais categorias de pessoal, médicos, enfermeiros, administradores e técnicos superiores de saúde, os acréscimos de pessoal correspondem quase sempre a uma preocupação implícita de garantir emprego a todos os novos diplomados, na assunção acrítica de que continua a escassear pessoal em todas as profissões, em todos os serviços e em todas as regiões. Uma parte considerável desses acréscimos deveu-se a pagamentos extra-salariais, sob a forma de horas extraordinárias, horários prolongados, serviços nocturnos ou mesmo simples majoração das regras de cálculo do trabalho extraordinário como aconteceu com o pessoal médico, entre 2001 e 2006, quando todas as horas extra passaram a ser pagas pela tabela retributiva do regime de trabalho de tempo inteiro prolongado, mesmo que não fosse esse o regime contratual do funcionário.

No **sector hospitalar** as situações de ineficiência eram imensas. Desde logo, pela atomização dos estabelecimentos. Cada hospital, grande ou pequeno tinha um conselho de administração e uma estrutura funcional independente dos restantes. Replicava-se nos pequenos, em miniatura, a estrutura funcional dos maiores. Desconhecia-se o conceito e a prática da especialização produtiva. Durante muitos anos, abriam-se concursos para pessoal médico e de enfermagem e técnico superior nos hospitais de menor dimensão e menor diferenciação, mais para abrir possibilidades de emprego e movimentar as carreiras, que para racionalização dos estabelecimentos, grandes ou pequenos e melhor qualidade dos serviços, cada um funcionando isoladamente dos restantes. Foram muito reduzidos os casos de criação de centros hospitalares integrando estabelecimentos de diferentes dimensões, capacidades e especializações.

A gestão de pessoal médico e de enfermagem foi, até 2002, com um intervalo entre 1988 e 1995, totalmente comandada por órgãos de direcção controlados pelos próprios profissionais, com escassa capacidade de se libertarem do peso das corporações que os elegiam. A gestão do respectivo pessoal tornou-se, durante longos anos, porventura mais determinada por pressões dos pares, que por imperativo de satisfação de necessidades dos doentes, ou por regras objectivas de procura de eficiência. Os quadros hospitalares inflacionaram-se, não só com os efectivos estatutários, como ainda pelos contratados com vínculo precário. Com a securização dos primeiros e a pressão dos segundos para a sua estatutarização, a margem de manobra de governos e administrações estreitava-se. O sistema de avaliação em vigor para toda a função pública, servia apenas de simulacro formal, sem qualquer efeito no aperfeiçoamento do desempenho, gerando injustiças graves e ineficiências difíceis de combater. A formação e treino dos prestadores de serviços era inverificável, escassa e nem sempre continuada.

Os **encargos em pessoal** documentam a ausência de política coerente de recursos humanos dentro do sector público. Numa análise a preços constantes, realizada para o período entre 1991 e 2002, em anterior trabalho de co-autoria[15] observou-se sempre um crescimento muito acima da inflação, com excepção dos anos de 1993 e 1994. Entre 1991 e 1992 o crescimento de encargos a custos constantes (+6,1%) reflecte ainda a generosidade com que foi criado e executado o novo sistema retributivo (NSR) para a Função Pública, datado de 1991. A recessão de 1993 e 1994 (-0,9 e -0,3, respectivamente) traduz o refluxo dessa generosidade, agravado pela crise económica. A generosidade regressa a partir de 1995 (+2,6) e atinge o seu ponto máximo no ano eleitoral de 1999 (+10,6), devido às medidas de revisão das carreiras da administração pública determinadas pelo Decreto-Lei n.º 404-A/98 de 18 de Dezembro, mantendo-se ainda elevada no ano seguinte, 2000 (+7,5). Os valores a custos constantes tendem a baixar a partir de então (+5,6% em 2001 e +4,7% em 2002).

Fortes aumentos no número de efectivos em algumas carreiras, progressões automáticas e rápidas em outras (enfermagem e tecnologias de saúde, por exemplo), aumento exponencial das horas extraordinárias, sobretudo em médicos e enfermeiros, em virtude de escassez de oferta de

---

[15] Campos A. C. e Ramos, F., 2005.

mão-de-obra para garantir a abertura de novos serviços e assegurar crescentes exigências de qualidade, são algumas razões que explicam esta evolução. Ela foi ainda agravada pela reduzida oferta de médicos internos, devido às políticas corporativas restritivas de formação médica, adoptadas entre 1985 e 1995. Com efeito, o número de vagas abertas pelas Faculdades de Medicina, no primeiro ano dos estudos médicos, fixado em 805, em 1979 e 1980, foi baixando progressivamente até atingir o número inacreditável de 190 vagas em 1986 (cinco faculdades), subindo lentamente até 475, número que se manteve de 1995 a 1997, só então crescendo verdadeiramente, atingindo 945 em 2001 (sete faculdades), 1195 em 2004 e 1614 em 2008[16].

Dada a baixa retribuição regular, sobretudo nos médicos, entrou-se na via errada de a compensar através de horas extraordinárias, tornadas artificialmente necessárias para assegurar modelos arcaicos da organização das urgências hospitalares com excesso de oferta de emprego nesses serviços, quer em número de "portas abertas", quer em número de profissionais médicos. De forma análoga, o trabalho de enfermagem mais qualificado passou a ser realizado com horários prolongados de enfermeiros de categoria elevada, dificultando a criação de novos postos de trabalho que dessem emprego a jovens enfermeiros.

A força dos lobbies organizados no sector do **transporte de doentes** criou um foco de irracionalidade difícil de combater, gerando graves implicações financeiras. Em estudo elaborado em 2006 sobre o sector de transporte terrestre de doentes[17], a Entidade Reguladora da Saúde (ERS) estimava que o total da despesa nacional em transporte de doentes, em 2005, terá rondado os 135 milhões de euros, dos quais 73% foram suportados pelo SNS[18]. O serviço de transporte de doentes corresponde à grande

---

[16] Amaral, A., 2005, Revisão do Plano Estratégico para a Formação nas Áreas da Saúde, *Grupo de Missão para a Saúde*, p. 56. O aumento de 151 vagas nas admissões em Medicina, elevando as vagas totais para 1614, para o ano que se inicia em 2008, é uma boa notícia.

[17] *Entidade Reguladora da Saúde (ERS)*, 2006, Estudo e Avaliação do Sector do Transporte Terrestre de Doentes, mimeo, p. 115.

[18] Os bombeiros têm um papel central enquanto prestador dos serviços de transporte urgente. 81% das activações pela Central de Orientação de Doentes Urgentes (CODU), em 2005, resultaram em pagamento de serviços aos bombeiros, enquanto 16% foram cobertas pelo Instituto Nacional de Emergência Médica (INEM). A Cruz Vermelha Portuguesa (CVP) tem um peso reduzido de apenas 3%.

parcela da actividade das corporações de bombeiros (cerca de 90%). O peso deste sector para os bombeiros, é significativo não só em termos de número de serviços, mas também em termos de receitas e de alocação de meios físicos e humanos.

Não existe, na prática, uma fiscalização eficaz no transporte de doentes. Esta ausência de fiscalização constata-se na verificação do tipo de ambulância utilizada (com os respectivos equipamentos), e da sua tripulação, em ambos os casos muitas vezes em desconformidade com as regras a que imperativamente está submetido este transporte. Existem insuficiências e deficiências nos mecanismos de controlo da facturação dos serviços de transporte de doentes que permitem irregularidades ao nível da documentação comprovativa do transporte, facturação de transportes efectuados sem necessidade clínica confirmada, facturação de serviços não realizados e até duplicações de facturação[19].

O sector necessita urgentemente de menos e melhor estado e mais e mais livre mercado. Com a actual configuração do sector de transporte de doentes em ambulância, existe mercado apenas para o transporte não urgente e urgente secundário[20]. O transporte urgente primário é um sector administrado pelo INEM, não havendo sequer concorrência no acesso ao mercado No transporte urgente predomina a activação pelas CODU de ambulâncias do próprio INEM. Enquanto organizador do mercado, o INEM escolhe preferencialmente meios próprios para cobrir as necessidades de meios de transporte urgente terrestre, desvalorizando a sua função fiscalizadora e privilegiando o seu papel de organizador. Pode compreender-se que não controlando o INEM o nível de qualidade das ambulâncias dos bombeiros e da CVP, privilegie a activação das suas próprias ambulâncias, cujos níveis de qualidade controla[21].

A construção de **novos hospitais** e a ampliação dos já existentes havia perdido a racionalidade do planeamento cuidadoso da primeira vaga

---

[19] ERS, 2006.

[20] A contratação por concurso público ao nível regional proporcionaria um melhor ajustamento dos preços às condições locais, evitando preços excessivos ou demasiado baixos, e potenciaria os ganhos resultantes de um ambiente concorrencial. Nesse contexto, a adopção de concursos públicos para a contratação de prestadores de transporte de doentes, poderia permitir reduzir os custos do SNS com este transporte. Os preços que resultariam desses concursos seriam, provavelmente, inferiores aos actuais.

[21] *Ibidem*

dos hospitais distritais nos anos setenta e oitenta. O dimensionamento não tinha em conta as mudanças demográficas e tecnológicas entretanto observadas, continuando a incluir maternidades por mera rotina, mesmo quando o número de partos já não o justifica, dedicando uma dimensão excessiva aos casos pediátricos de doentes acima de um ano, cujo perfil epidemiológico há muito havia mudado, ignorava quase por completo a revolução organizativa da cirurgia ambulatória, tendia a não considerar os problemas da infecção hospitalar e sobretudo omitia qualquer tipo de cuidados continuados, nomeadamente os paliativos. Dois exemplos eloquentes podem ser dados com um novo hospital distrital com 25 leitos de maternidade, numa pequena cidade do interior, onde o número de nascimentos justificaria apenas cinco leitos, mas sem dispor de cuidados continuados e o caso de um enorme e dispendioso hospital especializado em pediatria, desligado do correspondente hospital de ensino, numa sede de região já com excesso de leitos e com os hospitais distritais lutando precariamente para manter os serviços de pediatria, face à escassez de especialistas e à concorrência absurda do grande estabelecimento central. Um ministério que não renovara especialistas e práticas de planeamento hospitalar encontrava-se altamente vulnerável às pressões do regionalismo, das corporações e do eleitoralismo.

Os graves problemas do SNS no início do novo milénio

Já em 2002 havíamos declarado que *"(...) a evolução legislativa [da Saúde] não resultou de políticas previamente desenhadas. Ela plasma a pressão das forças económicas e sociais que actuam no sector – profissionais, indústria, distribuição, instituições e função pública – e apenas em pequena parte os cidadãos destinatários. O sector da saúde foi evoluindo e configurando-se de modo irregular e incoerente. Hoje, poucos se reconhecem no sistema, embora nenhuma dessas forças internas deseje que ele seja alterado, ainda que o seu discurso possa ser o oposto. Governo que disponha de escassa iniciativa não consegue controlar a despesa, não pode reorientar o sistema para soluções mais eficientes. Este bloqueio, que não admite intervenção exterior, necessita de ser estudado. (...) Se antecipadamente se reconhece a perda quase total de controlo do Estado sobre o SNS, pode ser estudada a direcção e o modo de encami-*

nhamento dos fluxos financeiros. Esse encaminhamento indica indirectamente quem tem o poder e como o exerce."[22]

O SNS, passados os seus anos iniciais de grande desempenho, encontrava-se em grave crise em 2005. Os principais contornos dessa crise tinham a ver com um vasto conjunto de factores, difíceis, mas não insusceptíveis de controlo: a mudança no contexto demográfico e social; as falhas de acessibilidade e cobertura apesar da generosidade de propósitos; as falhas de qualidade cada vez mais visíveis, tornadas patentes pela exigência acrescida de utilizadores e profissionais; uma caótica gestão financeira; e uma enorme erosão das condições de governabilidade. O programa do XVII Governo descrevia a situação desta forma:

> *"A maior parte do sistema de saúde é de modelo público, o Serviço Nacional de Saúde (SNS). Tem o crédito extraordinário de, em trinta anos, ter conseguido harmonizar resultados em saúde entre Portugueses e restantes Europeus. Todavia, o SNS tornou-se pesado, pouco ágil, desarticulado, relutante em acolher a inovação, presa fácil de interesses particulares, gastador sem controlo útil. O SNS tem que ser reforçado na sua competência estratégica e para isso tem que ser modernizado, centrado em prioridades".*

O **contexto demográfico e social** mudou profundamente desde a criação do SNS. Analisando alguns indicadores entre 1980 e 2004 observam-se algumas dessas mudanças: os nascimentos reduziram-se em cerca de 60%, com a taxa bruta de natalidade a passar de 16,2 para 10,4 nados-vivos por mil habitantes. A taxa bruta de fecundidade total reduziu-se de 2,19 para 1,42 nados-vivos por mulher em idade fértil. Correspondentemente, a população envelheceu, não apenas na base da pirâmide, por via da redução da fecundidade, mas também no seu topo, pelo aumento das condições de vida e saúde que prolongam a existência, elevando a esperança de vida à nascença, em ambos os sexos, de 71,2 (1980) para 78,2 anos (2005). Temos hoje mais 540 mil pessoas acima dos 65 anos do que tínhamos há vinte e cinco anos atrás, tendo a percentagem de idosos na população total passado de 10,5 para 16,9%. Subjacente a esta evolução demográfica está a mudança do quadro de vida dos Portugueses com uma

---

[22] Campos, A. C., 2002, Despesa e défice na Saúde: o percurso financeiro de uma política pública, *Análise Social*, 161, volume XXXVI, Inverno, (1079-1104).

evolução considerável no número de pessoas que vivem em agregados populacionais acima de dez mil habitantes. A percentagem de população urbana passou no período, de 29,4 para 55,1%.

Com a urbanização surgiu um outro fenómeno, ligado à **acessibilidade aos cuidados de saúde**. Devido à progressiva obsolescência do planeamento da rede de cuidados, mantiveram-se quase inalteradas as dotações de recursos, ao longo desses vinte e cinco anos. Os locais que perderam população, o centro das duas grandes cidades de Lisboa e Porto, mantiveram os mesmos recursos em unidades e pessoal de saúde, quer em hospitais, quer em centros de saúde e as periferias dessas duas cidades bem como as cidades de dimensão média e as vilas em crescimento demográfico, sobretudo no litoral, não conseguiram atrair recursos humanos e materiais correspondentes ao seu crescimento populacional, o qual se ampliou, nos quinze anos mais recentes, com a imigração do Leste Europeu e de África.

Daqui resultou um elevado número de cidadãos sem médico de família, sobretudo na periferia Norte de Lisboa, no distrito de Setúbal, ao Sul do Tejo e nos distritos de Porto e Braga onde se tinha verificado grande atracção populacional. Estimava-se, em 2005, que houvesse 700 a 750 mil residentes sem médico de família e o afluxo às urgências hospitalares caracterizava-se por cerca de 40% de atendimentos que apenas necessitavam de cuidados de saúde primários. Mas se a cobertura no interior Norte e Centro se mantinha em bons níveis, ou até se ampliava, sobretudo nas zonas trans-fronteiriças, devido ao recrutamento fácil de médicos e enfermeiros de Espanha, no Alentejo, devido às longas distâncias e isolamento e no Algarve devido a rápido aumento populacional e à sazonalidade do turismo, as condições de cobertura em serviços de saúde e de acessibilidade tornavam-se cada vez menos favoráveis.

Entretanto, estava longe de ser cumprida a obrigação de generalidade de cuidados a cargo do SNS. Áreas importantes de necessidades de saúde continuavam sem cobertura ou com cobertura muito desigual. No primeiro caso a lacuna mais gritante dizia respeito aos **cuidados continuados**. Os hospitais estavam sobrecarregados com internamentos prolongados para além do clinicamente necessário, apenas pela inexistência de lugares de retaguarda onde, passada a fase aguda da doença, o cidadão pudesse ser assistido com qualidade e de forma personalizada, nas situações onde a devolução para o domicílio não pudesse ser recomendada. O mesmo acontecia com os cuidados paliativos, mas aí com mais grave carência de serviços. A completa separação entre cuidados de saúde e apoio social agravava o problema e acrescentava burocracia à ineficiência e ao desconforto.

A área da **saúde oral** era outra onde a carência de organização já não tinha atrás de si a justificação de falta de meios. Havia já um número suficiente de médicos dentistas para, no âmbito do SNS, se poder criar um bom e eficiente programa de saúde oral, organizado de acordo com prioridades de intervenção.

Um terceiro exemplo de uso ineficiente de recursos era o da **saúde mental**. A concentração no modelo asilar, limitado ao litoral, apesar de haver médicos e enfermeiros em número suficiente, impedia a execução de uma política comunitária de saúde mental, de há muito sufragada e até criada em forma legal.

A **qualidade dos cuidados**, dantes passivamente aceite pelos utilizadores, começava a ser por eles questionada, criando uma interacção negativa com o desagrado das condições de trabalho expresso por muitos profissionais. Um estudo recente relativo aos anos 1996, 1998 e 1999[23], colocava Portugal em um dos últimos lugares da UE, em termos de percentagem da população que se declara muito ou razoavelmente satisfeita. Abaixo de nós encontrava-se, apenas a Grécia e colada a nós a Itália.

Existia visível insatisfação no **tempo de espera** por consultas de especialidade (em especial, oftalmologia e otorino) e de clínica geral, por acolhimento inicial pouco satisfatório, por elevados tempos de espera para cirurgias electivas (241 mil em listas de inscritos para cirurgia, em 2004 e 8,6 meses de mediana de tempo de espera, em 2005), a par de elevados índices de satisfação após o internamento hospitalar. Um indicador de qualidade anteriormente não colhido, a taxa de infecção hospitalar, dava sinais de que cerca de 10% dos internados adquiriam uma infecção hospitalar e dentre eles, cerca de 10% com carácter mortal. O programa voluntário de controlo da infecção hospitalar sentia grandes dificuldades em se implantar, devido a fortes resistências de administrações e profissionais pouco informados.

---

[23] Van der Zee, J. e Kroneman, M. W., Bismarck or Beveridge: a beauty contest between dinosaurs, *BMC Health Services* Research 2007, 7:94.

A gestão financeira

O momento essencial de decisão política orçamental, na Saúde, não coincidia com a discussão e aprovação do Orçamento de Estado (OE) na Assembleia da República. Na verdade, o orçamento inicial pouco tinha a ver com o orçamento final e quase nunca coincidia com o gasto total. Existiam assim mais dois momentos decisórios, de natureza não periódica, conjuntural: a aprovação do orçamento rectificativo, que ocorria em fase adiantada, quase final, de muitas das execuções anuais; e as regularizações do défice, episódicas, de montante muito variável, associáveis à combinação de pelo menos três factores: dívidas de anos anteriores por liquidar, insuficiências de dotação inicial, facilmente identificáveis "a posteriori" e acréscimos extraordinários, embora esperados, devido a medidas administrativas de aumento do custo de factores (aumento de efectivos, acréscimos de vencimentos, revisões de carreiras, novas regras estatutárias com incidência remuneratória, revisão das comparticipações, ou liberalização da prescrição em meios de diagnóstico e medicamentos).

A dotação inicial da Saúde, ao longo de dez anos, entre 1993 e 2002, a preços correntes, aumentou 115 %, com variações erráticas e conjunturais, em quatro vezes de mais de um dígito. A média das variações nominais anuais no período foi de 8,9%. Os orçamentos iniciais da Saúde, elaborados ao longo do período em contexto de grande contenção orçamental, tanto para fins domésticos como para fins externos, foram cronicamente insuficientes. As dotações iniciais para a saúde, claramente secundarizadas em 1995, 1996 e 1997, melhoraram um pouco em 1998, certamente como tentativa de correcção de anteriores sub orçamentações e voltam a melhorar em 2000, no segundo governo do ciclo de maioria relativa socialista, para baixarem de novo nos dois orçamentos seguintes[24].

Comparando as taxas de crescimento anual dos orçamentos inicial e final com as taxas do orçamento final acrescido das regularizações da dívida, obtemos um espectro errático do financiamento da Saúde. Errático mas real, o que dá bem conta das vicissitudes por que ele passou naqueles dez anos. Em termos estratégicos, este percurso é duplamente

---

[24] Campos, 2002.

prejudicial: para o controlo orçamental, como objectivo conjuntural prioritário e para a gestão planeada do sector e do seu desenvolvimento equilibrado a médio prazo.

Difícil governabilidade

As circunstâncias descritas criaram enormes dificuldades de governo ao sector da Saúde.

Pessoal em excesso em algumas áreas e em falta em outras, com formação especializada deficiente, regulado por regras excessivamente rígidas, implicava despesa elevada e produtividade inferior ao desejável e possível.

Défices de cobertura nos cuidados essenciais, os cuidados de saúde primários, perpetuavam lacunas e perdas de qualidade, sempre com custos elevados. A situação era tão mais grave quanto o sistema deveria priorizar investimentos e estratégias de acção nos cuidados universais, naqueles que o cidadão mais frequenta e que marcam o ritmo e o método dos seus contactos futuros com o sistema.

A errática gestão financeira observada até 2005, com crónica sub-dotação inicial, completada por dotações adicionais posteriores, reduziam os graus de liberdade dos gestores, obrigando-os a dispensar esforços, vazios de conteúdo, na gestão difícil da tesouraria e descredibilizavam o sistema perante os fornecedores externos, conduzindo aos poucos a parte convencionada a uma medicina de duas qualidades. A qualidade a que tinham direito os beneficiários de subsistemas solventes e pontuais no pagamento e a qualidade dos cuidados prestados à generalidade dos cidadãos, onde o atraso de pagamento implicava, não poucas vezes, linhas de acesso mais desfavoráveis.

O sistema encontrava-se prisioneiro de um conjunto de prestadores e de corporações que adquirira força crescente, proporcional ao desprestígio do sistema público, no cumprimento dos seus deveres perante os parceiros titulares de convenções ou acordos de prestação de serviços. O caso extremo das farmácias não é único; em menor escala, o mesmo se passava com as entidades e prestadores convencionados de meios complementares de diagnóstico e tratamento, e com os fornecedores de medicamentos hospitalares e de dispositivos médicos. Mas a captura pelas corporações de pessoal de saúde, médicos, enfermeiros, administradores, técnicos superiores de saúde e mesmo os sindicatos generalistas, retirava margem de manobra ao Estado, enredando o estatuto da função pública em uma série de condicionamentos, isenções e excepções que tornavam dificilmente gerível a complexa malha de recursos humanos. A pesada centralização do sistema, mal servida por múltiplas e deficientes aplicações informáticas cuja integração tardava a concretizar-se, facilitava o controlo de corporações e sindicatos e a forte cobertura mediática, quase sempre mais favorável aos supostamente considerados mais fracos, os trabalhadores, enfraquecia, quase sempre, o estado patrão.

Finalmente, a complexidade do sistema tornava-o pouco sensível à inovação e a ganhos de produtividade, a não ser por iniciativa dos fornecedores de moderna tecnologia, interessados em a colocar. Escasseava a investigação sobre o sistema de saúde com vista ao seu aperfeiçoamento, tornando as mudanças menos necessárias por não existir evidência sobre a sua necessidade ou utilidade.

Objectivos essenciais da reforma

Havia que definir objectivos claros para a reforma. Eles estavam já propostos no Programa de Governo. Nem sequer era difícil, tanto se havia escrito e dito ao longo da década anterior sobre a necessidade de reformar o SNS. Os objectivos poderiam sintetizar-se nos seguintes pontos:

- Cumprir a Constituição que determina o SNS como o modelo de serviço público de saúde. Um SNS universal, geral e, tendo em conta as condições sociais e económicas dos portugueses, tendencialmente gratuito.
- A forma mais lógica de reforçar um SNS que havia já prestado notáveis serviços seria valorizar os cuidados de saúde primários, os cuidados de primeiro contacto do cidadão com o sistema de saúde. O que focava a parte mais importante da reforma no centro de saúde e nos cuidados de saúde familiares. Daqui decorreu a ênfase atribuída às unidades de saúde familiares (USF).
- Alargar o SNS aos cuidados continuados a idosos e a cidadãos com dependência e a outras áreas pouco ou nada cobertas, reforçando o

atributo da generalidade: cuidados de saúde oral, procriação medicamente assistida, luta contra o aborto clandestino, acolhimento de modernas vacinas no plano nacional de vacinação.

- Promover a equidade vertical nos resultados em saúde, atribuindo especial atenção a patologias mais relevantes (doenças cardio e cérebrovasculares, cancro, SIDA, diabetes, saúde mental, tóxico--dependências e doenças respiratórias), reforçando práticas de prevenção primária e secundária.
- Procurar manter a tendência crescente para o financiamento público da saúde, mas admitir, sem preconceitos ideológicos nem complexos de esquerda, o importante papel complementar do sector privado prestador, competentemente regulado nas suas práticas.
- Conferir alta prioridade aos esforços de modernização da gestão da saúde na luta contra a ineficiência, o desperdício e a fraude.
- Recuperar a independência e o sentido de serviço público através do reforço das condições de governabilidade do sector, prevenindo conflitos de interesse, exigindo cumprimento dos deveres básicos associados ao desempenho como a qualidade, a assiduidade, a pontualidade, o tratamento cortês e humanizado dos doentes, a promoção dos seus direitos e deveres.
- Prestar boas contas com regularidade e transparência para que todos possam acompanhar o uso dos dinheiros públicos, a qualidade dos serviços prestados e a produtividade de cada unidade de saúde.
- Ampliar a qualidade das prestações em todo o território, aperfeiçoando a rede de serviços de atendimento (maternidades, urgências, emergência e transportes de doentes), planeando cuidadosamente a sua implantação na malha dos serviços existentes ou a criar.
- Ampliar os meios e condições para estudo e investigação sobre o sistema de saúde, com vista ao seu aperfeiçoamento constante.
- Publicar com regularidade, actualidade e transparência, através de meios electrónicos, a informação mais relevante sobre o desempenho do sistema e das suas instituições, para conhecimento público, de forma a permitir aos cidadãos aumentar a sua literacia sobre o sistema de saúde e realizar escolhas informadas.

O fio condutor

Durante os primeiros tempos do mandato governativo era frequente a crítica de não se identificar um fio condutor nas políticas de saúde. Sem se discutir a fundamentação das medidas mais disciplinadoras ou restritivas, comentava-se desfavoravelmente a forma como eram anunciadas ou comunicadas, não só pela forma aparentemente isolada como era feita, como pela alegada ausência de cuidado na sua apresentação.

Não há forma que possa ser vista sem a discussão do conteúdo. Medidas necessárias tidas como desfavoráveis por alguns dos que se sentiam prejudicados geram inevitável insatisfação e impopularidade. Não há adoçar de pílula que possa fazer engolir suavemente um encerramento de uma sala de partos ou o encerramento nocturno de um SAP. A racionalidade da medida, por muito bem que seja aceite por aqueles a quem ela não toca, nunca consegue gerar a adesão dos que se julgam prejudicados. E a explicação de que a melhoria da qualidade distanciada é sempre melhor que a falsa segurança da proximidade não consegue convencer os que se julgam directamente afectados. Há sempre uma dose de desagrado que ninguém consegue evitar.

Cada medida positiva de reforma tinha sempre o seu reverso, em uma só moeda. A lógica que as unia era o **fio condutor das reformas**, a sua inevitabilidade e a convicção de que o seu adiamento conduziria a despesa acrescida. Vejamos alguns exemplos:

- A reforma dos cuidados de saúde primários, pela criação de unidades de saúde familiar, devido à falta de médicos de clínica geral, era indissociável do encerramento de serviços de atendimento permanente, pelo menos no período nocturno, pela redução de horário diurno provocada por cada noite de serviço médico para atender escasso número de doentes;
- A governabilidade do sector de farmácias e medicamentos seria inatingível sem uma drástica reforma da legislação sobre propriedade farmacêutica, uma baixa forçada de preços e a garantia de pagamento pontual dos compromissos do Estado. A reforma, apesar de ser uma das mais contestadas, ficou ainda a meio do caminho, devido à forte cartelização do sector;
- O revigorar da medicina geral e familiar, ampliando consideravelmente o número de internos, não seria possível sem uma revisão

da lei dos internatos. Também aqui a reforma ficou incompleta. Dentro em breve novas decisões serão necessárias;

- A luta pela eficiência na gestão dos hospitais não seria possível sem uma forte concentração de unidades, permitindo ganhos de escala, especialização produtiva e qualidade, bem como a revisão do estatuto das unidades, transformando-as em entidades públicas empresariais (EPE) para ganhos de responsabilização e autonomia gestionárias;
- O desenvolvimento da rede pública de transporte de urgência e emergência (INEM) não teria sido possível sem afrontar interesses corporativos e empresariais de outros transportadores históricos que chegaram a "exigir", em manifesto irrealismo, o controlo da central de orientação de doentes urgentes;
- A luta contra a acumulação de doentes em espera de cirurgia não seria possível sem a garantia do cumprimento das obrigações regulares de prestação de trabalho no meio hospitalar;
- A reconversão de pequenos hospitais distritais de nível I, de "hospitais miniatura" em estabelecimentos especializados nos serviços mais adequados à população, como cirurgia ambulatória, consultas de especialidades e cuidados continuados, não seria possível sem a requalificação do seu impropriamente chamado "serviço de urgência" pelo menos no período nocturno;
- O planeamento da construção de um vasto conjunto de novos hospitais não seria possível sem cuidadosa hierarquia de prioridades e demorada programação, a partir de necessidades reais baseadas na procura expectável e não em dimensões de puro prestígio local. A gama das suas especialidades deve atender, com a mais moderna tecnologia, às novas necessidades: cirurgia de ambulatório, consultas de várias especialidades e alta resolutividade, cuidados continuados e reabilitação, prevenção da infecção hospitalar, o que implica mudar o padrão dominante de internamento pela urgência, reduzir leitos, encerrar serviços ao fim de semana, reduzir acessos e circulações excessivas para controlo da infecção, e ainda incluir cuidados paliativos e apoio domiciliário para prevenir reinternamentos;
- As unidades de saúde familiares (USF) só conseguirão estender-se a todo o território se forem associadas em agrupamentos de centros de saúde (ACS), onde possa existir uma direcção clínica que incen-

tive e oriente a excelência da prática clínica, o que se revelou impossível ao nível do centro de saúde;

- Os cuidados continuados a idosos e a cidadãos com dependência (CCI) só serão eficientes e de qualidade se existir boa articulação com os hospitais e se estes estiverem abertos a cumprir o seu papel na rede desses cuidados, criando unidades para doentes com acidentes vasculares cerebrais (AVC), unidades de reabilitação, e de cuidados paliativos e organizando um sistema de visitas de apoio domiciliário aos seus antigos doentes;

- Os instrumentos de regulação pública do sistema não podem ser entregues a terceiros, por mais bem intencionados que sejam; devem ficar sempre sob controlo público: o CODU não pode ser transferido para as organizações de bombeiros, os pagamentos às farmácias não devem ficar sob controlo da respectiva associação, a construção e gestão de novos hospitais não deve ser toda entregue a privados por não haver financiamento público disponível, os meios complementares de diagnóstico não devem ser deixados, em sectores estratégicos, totalmente na mão de operadores privados, os internamentos da luta contra a toxico-dependência não devem ser todos entregues a operadores particulares ou privados, por muito generosos que sejam os seus propósitos, os sistemas de informação e de comunicações não devem ser entregues apenas a um único operador;

- Finalmente, sempre que se monte um novo benefício com a cooperação de operadores privados, como por exemplo, as listas de inscritos para cirurgia (SIGIC), o apoio à procriação medicamente assistida, o apoio à interrupção voluntária da gravidez, os cuidados de saúde orais, deve desde logo instalar-se o sistema de informação que permita acompanhar o respectivo desempenho e intervir correctivamente sempre que necessário. A história dos anos oitenta e noventa regista o crescimento indisciplinado de prestadores privados de meios complementares e de transporte de doentes que revelam hoje complexo entrosamento com o SNS e forte dificuldade em aceitar controlos e reformas. Tais prestadores foram acolhidos no SNS sem um sistema de informação que permitisse uma regulação eficaz. Sem controlo do SNS sobre o que fazem e como fazem, não é possível ao SNS responder aos cidadãos pela qualidade, eficácia e em certos casos, até pela integridade desse cuidados.

Agarrar a oportunidade

Todo o sistema se encontrava profundamente carecido de reestruturação e só múltiplas reformas, em várias áreas poderiam desbloquear a situação. O risco da forte instabilidade financeira observada em 1995, no início do XVII Governo, facultou condições únicas, para a realização de profundas reformas. Um bom programa de governo, sufragado por múltiplas forças sociais e também por boa parte dos profissionais do sector, serviu de linha de orientação.

Os capítulos seguintes documentam a reforma.

Começaremos pela teorização da **justiça social na saúde**, (*Capítulo II*) reconduzida ao conceito de equidade. Analisaremos as posições seminais de John Rawls e de Amartya Sen e procuraremos explicar como se pretendeu e foi possível promover equidade vertical (diferentes cuidados para diferentes necessidades) através de velhos e novos programas também eles de concepção vertical, como a luta contra a SIDA e as toxicodependências, a promoção da saúde mental, a luta contra as doenças cardiovasculares e o cancro, a par de antigos programas verticais como a luta contra a tuberculose, a diabetes e a promoção da saúde da mãe e da criança.

Depois, iremos comparar o programa do Governo com o executado: **cumprir o programa**, (*Capítulo III*). Os resultados são impressionantes, mas não dão razão para descanso. A reforma avançou quase 80% do previsto, mas facilmente pode regredir. Pelo menos é essencial saber em que ponto estamos.

Seguidamente trataremos com pormenor dos três objectivos centrais do programa de governo (*Capítulo IV*): a promoção dos cuidados de saúde primários através de **unidades de saúde familiares**, a criação e desenvolvimento de um importante sector de **cuidados continuados** a idosos e cidadãos com dependência e a análise do **desempenho financeiro** do SNS nestes dois anos, os únicos onde não foi necessário nenhum orçamento rectificativo.

O sector privado na saúde é um tema de forte debate ideológico. Em todos os sistemas de tipo SNS existe um importante sector privado que funciona em articulação com o sector público. É assim que a nossa Constituição considera essa convivência: articulada mas sob controlo público. O *Capítulo V* destina-se a analisar a situação dessa **combinação público-privado**.

Abordaremos quatro importantes e inovadoras reformas do governo (*Capítulo VI*): um programa novo de apoio à **saúde oral** dos portugueses, começando pelos jovens em idade escolar, pelas grávidas e pelos idosos; a reforma da **saúde mental;** três intervenções na saúde sexual e reprodutiva da mulher: a luta contra o aborto clandestino, através da organização da **interrupção voluntária da gravidez** dentro dos limites da lei aprovada no seguimento do referendo popular, a **vacina contra o vírus do papiloma humano** (VPH), e a criação de apoios novos à **procriação medicamente assistida.** Terminaremos com o relato da reforma sobre **a protecção contra o fumo do tabaco.**

Dedicaremos um capítulo (*Capítulo VII*) a três reformas controversas: a política de **medicamentos** e a reforma da propriedade farmacêutica; a questão das **taxas moderadoras**; e a concentração de **salas de partos, requalificação de urgências e encerramento de serviços de atendimento permanente** no período nocturno.

A **dimensão internacional da gestão da saúde** (*Capítulo VIII*) não pode ser omitida, especialmente quando o autor teve a responsabilidade política de assegurar a presidência do conselho de ministros da saúde durante a Presidência Portuguesa ocorrida no segundo semestre de 2007. Daí que se publique, nesta edição, o relatório que contém a análise política das iniciativas que Portugal tomou durante esse período.

Finalmente terminaremos o livro com um capítulo dedicado aos problemas de comunicação, **o quarto poder na Constituição,** (*Capítulo IX*) analisando as questões do relacionamento mútuo entre o poder e os media, com base na experiência de governo.

II. JUSTIÇA SOCIAL, EQUIDADE E SERVIÇO NACIONAL DE SAÚDE

Abordar a equidade em saúde a partir do conceito de justiça social implica destrinçar os vários dilemas que se colocam entre a universalidade e a diferenciação positiva.

A procura da justiça, em termos gerais, e da justiça social, em particular, têm sido objecto de preocupação permanente dos politólogos, da mesma forma que a equidade ganha relevância como critério de implementação das políticas sociais. Dos princípios orientadores das políticas sociais, em geral, e das políticas da saúde em particular, é a equidade aquele que conseguiu alcançar o maior consenso nas últimas décadas. No entanto, em muitos casos, as políticas implementadas nem sempre garantem o seu exercício efectivo, restringindo a sua validade à definição formal do direito.

O ponto central de referência na elaboração de propostas de justiça social está relacionado com a necessidade de definir que igualdade procuramos, que desigualdades são aceitáveis e quais serão completamente indesejáveis.

Até ao aparecimento de Rawls (1971)[25] com a sua teoria da justiça, importante contributo da filosofia analítica para o pensamento moral e político contemporâneo, os contributos neste campo de conhecimento limitaram-se a exemplos de injustiças permitidas na aplicação da concepção teórica utilitarista, de acordo com a qual uma sociedade está correctamente ordenada e, portanto, é justa, quando obtém a maior soma global de satisfação, independentemente da sua distribuição entre os indivíduos. Trata-se da pura aplicação social do óptimo de Pareto. Desta forma, justi-

---

[25] Rawls, John, 1999, A Theory of Justice, Revised edition, Cambridge, Massachusetts: Belknap Press.

fica-se a penalização e exclusão de alguns indivíduos, tendo como meta a obtenção da maior soma de satisfação, mesmo sabendo-se que os benefícios serão mais facilmente apropriados por aqueles que se encontrem em situação favorável ao incremento da utilidade marginal a obter.

Sendo a maximização da satisfação uma área da livre actuação dos indivíduos e dos mercados, para os utilitaristas, a igualdade derivaria exclusivamente da liberdade.

Rawls e a teoria da justiça

Rawls, tentando opor-se ao pensamento utilitarista, considera que a sociedade é um sistema cooperativo cujo objectivo é a obtenção de vantagens mútuas. Propõe partirmos de uma hipotética posição inicial, na qual seria estabelecido um contrato, já não como resultado de uma opção política, mas como a discussão de uma questão filosófica. Na posição inicial, as pessoas livres e iguais deverão abandonar simpatias e ódios, colocando--se em situação de imparcialidade, como se fossem protegidas por um "véu de ignorância", dentro do qual desconhecem a sua posição social original com as suas capacidades e preferências. Todavia, actuam segundo princípios da teoria económica, as opções políticas, as bases da organização social e as leis da psicologia humana. De acordo com Rawls, as pessoas livres, iguais e racionais assumindo o véu da ignorância como ponto de partida, chegariam a definir, na carta fundadora da sua actividade, os seguintes princípios:

> "Cada pessoa deve ter um direito igual ao sistema mais amplo possível de liberdades básicas";
> "As desigualdades económicas e sociais devem permitir:
> a. facultar maior benefício aos mais desfavorecidos, dentro dos limites de um justo princípio de repartição;
> b. relacionar as funções e posições abertas a todos, de acordo com o princípio de justa igualdade de oportunidades".

Para Rawls a garantia de que os princípios escolhidos são equitativos está determinada pelas circunstâncias especiais da posição original, na qual devem existir relações simétricas entre as partes. No entanto, para a efectiva realização dos critérios de justiça é necessária a intervenção

II. Justiça social, equidade e Serviço Nacional de Saúde 49

governamental através das instituições do Estado, no sentido de garantir um mínimo social, a partir da distribuição dos bens primários. Sem o que não haverá relação simétrica entre as partes.

A teoria da justiça de Rawls aduz elementos fundamentais para a conceitualização do termo "equidade". Basta destacar a incorporação de interesses colectivos como resultado do contrato original entre indivíduos, o papel do Estado na distribuição dos bens básicos e a preocupação com a diminuição das desigualdades por meio de políticas que melhorem a situação dos menos favorecidos.

Sen e a teoria das capacidades, condição da igualdade

Outro importante contributo no campo da justiça social deve-se a Amartya Sen (1992)[26] que considera como valores centrais a igualdade e a liberdade, esta última em sentido lato, muito para além da possibilidade de escolha individual, por incluir o requisito da segurança social e económica.

Sen considera que a vida pode ser vista como um conjunto de condições interrelacionadas e as realizações ou os resultados pessoais podem ser entendidos como o vector resultante dessas condições ou funções. Como exemplos de funções relevantes, identifica: boa condição nutricional, boa saúde, assim como algumas mais complexas como ser feliz, ou dispor de auto-estima. No entanto, o ponto central está na capacidade de os indivíduos exercitarem essas funções, de acordo com a capacidade de transformarem bens e serviços em funções. O conjunto das capacidades do indivíduo representa a efectiva oportunidade de consecução do bem-estar, garantindo a liberdade de escolha entre formas de vida.

A igualdade na distribuição dos bens primários proposta por Rawls, de acordo com Sen, não é suficiente para garantir um tratamento equitativo, uma vez que a desigualdade de capacidades é o princípio primordial de ajustamento para a obtenção da equidade. De pouco vale a igualdade inicial na distribuição de bens primários se as capacidades de os manter e desenvolver forem muito diferentes.

---

[26] Sen, Amartya. 1992. *Inequality Reexamined*. Oxford: Clarendon Press.

Importa distinguir capacidades em bens primários e capacidades de realização; por exemplo, uma pessoa pode ter mais bens primários que outra, medidos, tanto em recursos como em liberdade, mas ser portadora de algum tipo de incapacitação. Duas pessoas com iguais capacidades podem alcançar estados de bem-estar diferentes, apenas como resultado de diferente uso da sua liberdade de escolha.

Aplicando estes conceitos à saúde, o estado de saúde depende da capacidade de funcionar ou actuar que as pessoas tenham à sua disposição, incorporando neste conceito diferentes factores determinantes das necessidades, tanto os relacionados com as características biológicas e sociais dos indivíduos, como os derivados da oferta existente, produto das políticas sociais implementadas, incluindo variáveis referentes à qualidade dos serviços. Por outras palavras, a capacidade é determinada não apenas pelos bens ou serviços (cuidados de saúde, educação, alimentação) mas também pelas suas características (eficácia, informação e conhecimentos do beneficiário, composição da dieta, etc.).

Por outro lado, as características dos bens encontram-se ligadas a factores ambientais (disponibilidade de cuidados médicos, de educação correcta, de alimentação equilibrada) e a características pessoais (idade, nível socio-económico, dimensão da família). Neste sentido, para Sen, a equidade deve ser entendida como "igualdade de oportunidades" e para a sua efectiva execução, é necessário compensar as desigualdades de actuação originadas em desigualdades de origem na capacidade de actuar.

Podemos dizer que "equidade" é o princípio que norteia as funções distributivas do Estado, tendo como objectivo compensar ou superar as desigualdades individuais existentes, consideradas socialmente injustas e evitáveis.

Equidade Horizontal e Equidade Vertical

São vários os teóricos[27] que diferenciam o conceito de equidade horizontal – tratamento igual para iguais – de equidade vertical – tratamento

---

[27] Pereira, J., (1990) 'Equity objectives in Portuguese health policy' *Social Science and Medicine*, Vol. 31, n.º 1, pp. 91-94. Pereira, J., (1993) 'What does equity in health mean?' *Journal of Social Policy*, Vol. 22, n.º 1, pp. 19-48. Carr-Hill, R.A. (1994). Effi-

II. Justiça social, equidade e Serviço Nacional de Saúde

desigual para desiguais. Esta diferença entre equidade horizontal e vertical leva-nos a dois problemas: (a) os aspectos relevantes para dimensionar ou medir a igualdade ou a desigualdade; (b) o que se entende por tratamento. Por exemplo, parece razoável que duas pessoas com o mesmo problema de saúde devam receber igual tratamento (equidade horizontal). Uma, no entanto, por desfrutar de condições físicas superiores, ou melhor estado nutricional, reage mais rapidamente à terapêutica. Neste caso, a igualdade de tratamento resulta em desigualdade de resultado. Em consequência, haveria sido mais equitativo proporcionar melhores cuidados ao doente cuja capacidade de resposta fosse presumivelmente pior.

Deste modo, um mesmo caso pode ser entendido de forma diferente em função das variáveis utilizadas para dimensionar a igualdade. Por sua vez, a igualdade de tratamento pode, por exemplo, ser dimensionada como igualdade na utilização de serviços de saúde (medição dos *inputs*), ou a partir dos resultados esperados (medição dos *outcomes*). Deste modo, conforme as definições prévias fixadas pelo avaliador, um mesmo caso pode ser abordado em termos de equidade horizontal ou vertical.

A diferença entre equidade horizontal e vertical pode também ser questionada por aqueles que consideram que não há duas pessoas iguais nem duas situações idênticas. Neste caso, a equidade horizontal perderia aplicabilidade.

Outros teóricos oferecem uma leitura diferente dos conceitos de equidade horizontal e equidade vertical, associando a primeira às intranecessidades e a segunda às internecessidades. A equidade horizontal seria entendida como tratamento igual para necessidades de saúde iguais, considerando a existência de necessidades diferentes, de acordo, por exemplo, com o género, a idade ou as condições sociais. A equidade vertical procuraria o tratamento "apropriadamente desigual" de necessidades de saúde distintas, incorporando a definição de prioridades, por exemplo, entre acções preventivas e cirúrgicas reparadoras, ou investimentos em amenidades e conforto, ou entre, por exemplo, tratamento da deficiência renal crónica e cobertura integral em programas de assistência ao parto.

---

ciency and equity implications of the health care reforms. *Social Science and Medicine*, 9:1189-1201; Wagftaff & Van Doorslaer, (1993). Equity in the finance and delivery of health care: concepts and definitions, in *Equity in the Finance and Delivery of Care: An International Perspective*; West, P. & Cullis, J., (1979). *Introducción a la Economía de la Salud*. Oxford: Oxford University Press.

A equidade vertical, entendida, neste conceito, como uma prioridade inter-necessidades, serve de apoio a propostas actuais – tais como a cobertura por pacotes mínimos de necessidades de saúde – mas conduz também a prioridades orçamentais questionáveis, quando as necessidades, quer sejam individuais ou colectivas, respondam à mesma ordem de prioridades, admitindo que seja possível efectuar uma hierarquização geral das necessidades. Mesmo reconhecendo que na prática, a escassez de recursos pode impor limites à cobertura das necessidades existentes, a hierarquização das mesmas é uma variável que não faz parte do conceito estrito de equidade.

A equidade no Constituição

A política da saúde que a nossa lei define de acordo com o preceito constitucional, obriga o Estado a promover e garantir o acesso de todos os cidadãos aos cuidados de saúde, através de um serviço nacional de saúde universal, geral e, tendo em conta as condições económicas e sociais dos cidadãos, tendencialmente gratuito. Mas se, quanto aos beneficiários, o serviço é universal, já quanto à prestação duas características acontecem: (a) a generalidade dos cuidados a que aqueles têm direito pode ser limitada por recursos humanos, técnicos e até financeiros, tendo em consideração os custos acelerados das novas tecnologias disponíveis; (b) os meios de prestação não são todos necessariamente de propriedade pública. O SNS partiu, desde a criação, de uma complexa e variada combinação entre o público e o privado.

Apesar destas limitações, a equidade horizontal parece estar bem contemplada no conceito de universalidade e da tendencial gratuitidade e a vertical contemplada no conceito da generalidade da nossa lei fundamental. Consegue-se alargar a equidade vertical, inter-necessidades, se o SNS alargar sempre a sua cobertura a velhas ou novas necessidades. Neste sentido se pode afirmar que, até às recentes decisões de oferecer um leque público de cuidados continuados, de serviços iniciais de saúde oral ou de procriação medicamente assistida, a equidade vertical era muito incompleta nessa matéria, dado o pesado ónus financeiro que impendia sobre cada cidadão ou cada casal para o acesso a serviços que praticamente só existiam no sector privado.

II. Justiça social, equidade e Serviço Nacional de Saúde

Em Portugal, nesta linha de orientação, o Estado tem assumido ao longo das últimas décadas um papel desigual nas suas responsabilidades: muito activo, quase paternalista, na luta contra a doença, nem sempre promovendo, ou articulando o protagonismo de outros agentes na área da saúde, quer sejam privados, quer sejam da comunidade, quer sejam prestadores em regime liberal, quer sejam associados sob o patrocínio social de entidades terceiras; assegurando a responsabilidade quase exclusiva no fornecimento e manutenção dos equipamentos e de muitos dos serviços necessários à prestação de cuidados. Ao ignorar o impacte destes serviços em termos de equidade vertical, tem estado longe de ter levado ao limite do necessário a sua responsabilidade de conduzir os cidadãos à defesa e protecção da própria saúde.

Como consequência, concentrado na organização dos serviços prestadores a seu cargo e no financiamento dos seus e de terceiros, o Estado não pode sem dificuldades, fazer face à totalidade ou à maior parte do custo dos serviços, numa área onde o aumento de encargos é constante e onde as necessidades excedem sempre os recursos. Assim, embora os encargos com o Serviço Nacional de Saúde continuem a ser principalmente assegurados pelo Orçamento do Estado, foram sendo criadas fontes alternativas de financiamento, sobretudo pelos recursos das famílias. Isto é particularmente visível nos medicamentos, nos meios de diagnóstico, em consultas e tratamentos de especialidade e mais gritantemente visível em todas as vastas áreas dos cuidados a idosos, da saúde oral e da saúde reprodutiva. É importante o peso financeiro destes co-pagamentos de serviços a cargo das famílias, mas são notoriamente reduzidas as receitas resultantes ou ligadas directamente ao funcionamento do serviço público (as taxas moderadoras), isto é, aquelas que são pagas no momento da prestação do serviço, dentro do sector público.

Os dilemas dos sistemas de base pública

Perante estes constrangimentos, estamos confrontados com o primeiro dilema: como conseguir manter o actual modelo do Serviço Nacional de Saúde, crescentemente dispendioso para responder a necessidades crescentes, e ainda obrigado a promover activamente a equidade vertical para atenuar efeitos de desigualdades sociais, económicas, geográficas e culturais, em tempo de contenção, indispensável à estabilidade económica?

É no equilíbrio entre liberdade e igualdade e na conciliação entre solidariedade e viabilidade, através de contenção e rigor gestionários que se encontra a solução. Soluções estáveis e imutáveis não existem; apenas soluções graduadas pelo reformismo que o presente requer e o futuro exige. O facto de há muito tempo se ter actuado de uma certa maneira não justifica que se actue sempre da mesma maneira. É sempre tempo de reformas.

Outros dilemas decorrem do primeiro e estão sempre presentes na governação da saúde. Desde logo, o equilíbrio entre a honestidade orçamental e a contenção. O orçamento para 2006, no sector da saúde, foi em mais de trinta anos, o primeiro orçamento honesto, viável, embora de grande contenção. Honesto porque não continha fantasias nem "truques". Desde há muito tempo, mas com carácter crónico nos últimos anos, os orçamentos iniciais eram muitas vezes inferiores aos orçamentos finais dos anos precedentes. A anterior orçamentação minimalista não deixava espaço para se pensar e agir de forma pró-activa na correcção das desigualdades existentes. O orçamento inicial para 2006 foi verdadeiro e permitiu uma gestão não clandestina, alienante de responsabilidade, uma gestão realista. O mesmo aconteceu com os orçamentos para 2007 e 2008. O que permitiu pensar nas obrigações de promover a equidade vertical.

Em segundo lugar, outro dilema encontra-se no equilíbrio entre solidariedade e viabilidade. A justiça e a solidariedade dos princípios, sem curar da viabilidade do sistema, podem facilmente conduzir à falência dos objectivos, por mais avançados e nobres que se apregoem. Ao invés, a visão financista do modelo e a preocupação obsessiva da viabilidade do sistema pode rapidamente conduzir à postergação dos princípios de igualdade de oportunidades e de acesso aos cuidados que importa constitucionalmente defender e promover. O equilíbrio entre extremos não é, também aqui, fácil de operacionalizar.

Um terceiro dilema do actual sistema da saúde encontra-se no equilíbrio entre a responsabilidade sectorial e a partilha de tarefas e de responsabilidade, com outros ministérios, serviços e actores. Na Constituição e mais tarde na Lei de Bases da Saúde, a concretização do direito à saúde pressupõe o envolvimento conjunto do estado e de instituições, serviços, grupos sociais e cidadãos individuais. Seria suficiente para justificar a co-

-responsabilização a norma moral que assenta na concepção que valoriza o espírito de solidariedade e o cumprimento digno do dever de cada um, para com a sociedade. Mas a co-responsabilização é influenciada, também por outras circunstâncias como a dificuldade prática de o Estado assegurar a totalidade das acções, na área da prestação dos cuidados, suportando integralmente os encargos daí decorrentes.

Quando começa a não poder garantir a todos a mesma atenção, e ainda menos a atenção selectiva proporcional às necessidades, coloca-se ao Estado a questão de saber quem deve receber cuidados ou atenção à frente dos outros. Como se ordenam as responsabilidades do Estado? Por critérios de rendimento, por critérios de severidade da doença, por critérios de risco de saúde pública pela transmissibilidade da doença, por critérios de idade e sexo? Ou seja, quando os recursos se revelam progressivamente escassos, como garantir equidade vertical "ao contrário", isto é, deixando de servir quem menos necessidades tem? Questão eterna e nunca solucionada.

Finalmente, um último dilema do actual sistema da saúde encontra-se no equilíbrio entre a igualdade e a equidade. Temos que distinguir entre "equidade em saúde" e "equidade na utilização dos serviços de saúde" uma vez que nem todos os factores determinantes das desigualdades nos níveis de saúde intervêm na determinação das desigualdades da utilização. Por outro lado, a obtenção de "igualdade no uso dos serviços de saúde" não garante a "igualdade dos resultados". As necessidades no âmbito da saúde podem ser socialmente determinadas e a utilização dos serviços está condicionada tanto pelas necessidades de saúde da população como pelas características da oferta de mercado de serviços, o qual é ditado pela política de saúde. Talvez possamos então inferir que o conceito de igualdade de acesso para utilização dos serviços de saúde se refere à igualdade de oportunidades no sentido da proposta elaborada por Sen (1992) e à igualdade de condições, implicando uma diferenciação positiva compensatória das desigualdades existentes.

De um ponto de vista ético, as desigualdades que mais devem preocupar-nos são as consideradas, ao mesmo tempo, injustas e evitáveis. Neste sentido, se identificarmos os factores que provocam a origem das desigualdades, poderemos também identificar aqueles factores injustos e evitáveis.

Em conclusão, o dilema entre universalidade e diferenciação positiva em política de saúde pode ser um falso dilema. Utilizar a diferenciação positiva como instrumento de promoção da equidade na utilização e nos resultados em saúde, não só não contradiz, como favorece a universalidade do acesso, por parte de grupos de cidadãos para quem, à partida, a realização da universalidade se encontrava mais dificultada. Políticas de saúde com intervenções dirigidas de modo positivo para grupos mais vulneráveis em termos de riscos e necessidades de saúde ajudam a efectivar a universalidade que a Constituição consagra.

O doente no centro da política

A saúde é o bem mais valorizado pelos cidadãos em situação de instabilidade económica. O papel do Estado foi nela grande, sempre. Desde décadas, meio século, talvez. O Estado corrigiu, completou, supriu o mercado. Agora mais que nunca tal se impõe. Pobreza, imigração, velhice solitária, são o nosso quotidiano.

O centro da política de saúde é o doente. Infelizmente, a política do sector tem uma longa tradição de desfocagem. Durante décadas, os actores da saúde têm concentrado energias em aspectos importantes mas laterais, como os seguintes:

- O desempenho do sistema, a sua relativa ineficiência, as distorções de mercado e de Estado, o desperdício, o custo crescente dos hospitais, as falhas nos cuidados primários;
- Os profissionais com a sua centralidade permitida, as rendas de monopólio, o poder excessivo que o Estado aqui e ali foi consentindo a alguns; a sua carência ou o seu excesso, o seu desempenho;
- Os agentes económicos, sem os quais não há inovação, emprego, desenvolvimento; não são demónios nem anjos, nem agentes do mal, nem querubins celestiais; são actores que desempenham um papel num guião que lhes é consentido, sendo livre o desempenho; quem escreve a peça é o povo que confia a sua redacção a quem governa (indústria, farmácias, prestadores privados, construtores, grupos financeiros, empresas de consultoria terão, numa sociedade aberta, cada vez mais espaço, queira-se ou não); a complexidade é o preço da mobilização da sociedade civil; acumulam-se os exemplos da obsolescência do modelo prestador exclusivamente

II. *Justiça social, equidade e Serviço Nacional de Saúde* 57

público, mas também começam a surgir os sinais de distorção mercadibilistica no sector privado;

- Os cometas mediáticos com luz brilhante deixam um rasto de fogo e apagam-se, aparentemente: as listas de espera cirúrgicas, as urgências hospitalares entupidas, as doenças novas a que os governos não prestam atenção de início, as epidemias globais que surgem, abruptas, mobilizam, consomem e se extinguem, sem que outro possa ser o ciclo e sem que exista alternativa ao alerta e controlo máximos;
- A reforma do SNS, tornando-o mais descentralizado, flexível, participado, co-gerido, partilhado com regiões e poder local; tudo isso pela modernidade, mas tudo também pelo objectivo central de igual tratamento para igual necessidade, com registo de 30 anos de progresso; descambando, mais tarde, para desigual atenção para desigual necessidade;
- O défice: por muito decisivo que seja o ajustamento orçamental, não é possível gastar menos, se tudo nos força a gastar mais: a demografia, o ritmo de vida, a tecnologia. Mas é possível gastar melhor, muito melhor, definindo prioridades e seguindo um rumo firme.

Não, o centro da política da saúde não pode ser nem o desempenho do sistema, nem o estatuto dos profissionais, nem a gula dos agentes económicos, nem os cometas mediáticos, nem a reforma do SNS, nem o défice. O centro do sistema de saúde é o doente, o cidadão, o ser humano que trabalha e reside em Portugal.

Rever as prioridades da acção política na saúde

A saúde dos adultos ocupou as nossas prioridades nos últimos 30 anos. E quando julgávamos vencida a batalha das doenças infecciosas e transmissíveis elas regressam sob formas complexas, atacando os jovens pelo contágio cultural: tóxico-dependência, VIH/SIDA, doenças sexualmente transmissíveis, tuberculose multi-resistente e agora a hepatite C. Doenças de transmissão complexa e elevada letalidade. E deixámos escorregar pesadamente a foice da Parca sobre as vítimas do sinistro rodoviário e do trabalho, epidemia de que há alguns sinais de o país se estar a recompor. Começamos a sentir o enorme peso das doenças associadas ao envelhecimento. Com alegria e dor. Alegria pelos anos de vida ganhos. Dor pela inadequação do sistema para acolher e cuidar dos idosos quando doentes, apoiando as famílias para que estas possam desempenhar o seu papel biológico multi-secular. Será aí, porventura, a maior volta que o sistema deve sofrer.

O Programa do XVII governo, para a saúde priorizava a prevenção da doença e promoção da saúde. Definia uma política onde a saúde pública voltava à agenda e onde as doenças de maior mortalidade, as cérebro cardio-vasculares e o cancro passavam a ter uma atenção especial. Prevenção avisada, diagnóstico precoce e tratamento a tempo, aplicam-se a quase todas estas doenças. E a situação está longe do aceitável.

Assinalámos, além do envelhecer em saúde e do enfoque nos cuidados de saúde primários, o papel da escola promotora de saúde. Atribuímos à prevenção e luta contra a toxicodependência e VIH/SIDA, a alta prioridade que devem ter males que atacam na flor da vida, destroem pessoas e famílias e rompem os laços da sociedade.

Naturalmente atribuímos elevada preocupação ao bom funcionamento dos hospitais e prosseguimos o que de bom foi feito pelos governos anteriores, sem remoques nem sectarismo. As questões da qualidade mereceram-nos a importância de estarem directamente associadas à satisfação do assistido e dos assistentes. Os medicamentos, grande linha na factura da despesa, foram vistos não como mal necessário, mas como nova tecnologia e oportunidade para ampliar o conhecimento e a inovação. Sem esquecer, naturalmente, que o acesso a eles, físico, económico e seguro, são preocupações centrais de qualquer política.

No programa, o SNS foi sufragado como o modelo organizacional a continuar. Com notável registo de resultados em 30 anos, ninguém hoje discute a excelência e superioridade da fórmula, face a outras que então se apresentavam. Temos orgulho no SNS e é bom relembrar a batalha que se travou há 30 anos para que ele fosse criado. Mas não fomos fixistas, nem surdos e cegos. O progresso impôs a sua modernização. Tivemos, nestes três anos, abundantes razões e pretextos para propor as melhores formas de cumprir até ao fim o SNS e ao mesmo tempo modernizá-lo, adaptando-o ao que mudou e muda, no mundo e em Portugal.

O Papel do PNS e do orçamento na equidade vertical

Conseguimos reorientar a agenda da saúde, do domínio mediático da luta contra a doença, para a visão mais moderna dos ganhos em saúde. O instrumento de mudança foi o Plano Nacional de Saúde (PNS). Concluído em 2004, o PNS concretiza a estratégia fundamental em função da qual o SNS deve ser modernizado até 2010. Ele identifica os factores de risco de doença mais importantes que temos de combater e concretiza as áreas prioritárias de investimento na saúde dos portugueses.

O Plano Nacional de Saúde (PNS) é um novo e poderoso instrumento de selectividade. Prevê áreas de intervenção prioritárias (doenças cardio-vasculares, cancro, saúde mental, doenças infecciosas, acidentes e traumatismos) e identifica grupos de cidadãos a quem deve ser prestada maior atenção: idosos, crianças, mulheres portadoras de HIV-Sida, e todos aqueles em situação de maior exclusão social. Ora os planos executam-se através de orçamentos.

O orçamento para 2006 no sector da saúde representou uma viragem para a selectividade, ou promoção de equidade vertical. Desigualdades em saúde existem em todos os países. A acção dos governos pode mudar a sua dimensão e a sua gravidade, no curto e no longo prazo. Através do orçamento para 2006 novos programas foram criados dirigidos a necessidades directas dos cidadãos:

- A aplicação de uma nova política de cuidados de saúde a idosos e pessoas com dependência, baseada em apoios a projectos inovadores, pela reunião local de meios materiais e iniciativa pública e social;
- A reformulação dos cuidados de saúde primários em unidades de saúde familiar, próximas dos cidadãos e capazes de reterem a procura de todos os cidadãos inscritos sem que esta extravase para as urgências;
- A prioridade a três outros programas de forte implicação social e visível externalidade no gasto, como são os da prevenção e luta contra as doenças cardio-vasculares, a luta contra o HIV-Sida, a prevenção e luta contra o cancro, sem esquecer o controlo da diabetes, da asma, da obesidade, entre outras;
- As vias verdes, coronárias ou vasculares, eram já exemplos clássicos de prevenção secundária, ou de como se deve diferenciar posi-

tivamente e adequar os serviços às necessidades especiais de grupos de cidadãos com maiores riscos ou patologias específicas, tendo sido activamente reforçadas;

- Um programa importante de investigação em saúde, tanto investigação clínica, como investigação sobre organização e administração do sistema. Acrescentar conhecimento é um imperativo indispensável ao equilíbrio entre solidariedade e viabilidade.

A criação do Alto Comissariado para a Saúde

Foi com a preocupação de garantir a implementação do PNS que, mal o governo tomou posse, se deu prioridade à criação do Alto Comissariado da Saúde (ACS), enquanto entidade coordenadora da execução do Plano Nacional de Saúde para 2004-2010. Para promover a eficácia na obtenção de ganhos em saúde, identificaram-se programas prioritários e nomearam-se coordenadores nacionais. Prioritários, porque os investimentos nestes domínios são os que garantem ganhos em saúde mais fortes. Doenças cardiovasculares, oncológicas, infecciosas (incluindo VIH/SIDA), cuidados para idosos e cidadãos em situação de dependência (programa mais tarde transformado em unidade de missão) e saúde mental. Neste último caso, acrescia um imperativo moral de solidariedade para com os mais frágeis no nosso sistema de saúde e para com as mulheres. Tradicionalmente, são elas as cuidadoras informais no seio das famílias, a quem se tem pedido a quase impossível conciliação da sua vida familiar com a vida profissional a que justamente aspiram. É também nelas que pensámos ao organizar os cuidados continuados a idosos e a pessoas em situação de dependência, com a qualidade que eles merecem.

Em torno do ACS e das quatro coordenações nacionais de programas prioritários, foram concentrados importantes meios, financeiros e materiais, como sinal de vontade política neste domínio. A eles passou a caber, em parceria com outras entidades da saúde e de outros sectores das esferas pública, social e privada, identificar e articular as políticas públicas adequadas à concretização do PNS. De modo transversal.

Naturalmente, cabe também à Direcção-Geral da Saúde uma enorme responsabilidade neste domínio, já que lhe compete não apenas a promoção da saúde e a prevenção da doença, mas ainda a concretização efectiva

II. Justiça social, equidade e Serviço Nacional de Saúde

dos restantes programas prioritários de saúde propostos no PNS, tais como, entre outros, os dirigidos para saúde da mãe e da criança, saúde oral, diabetes e saúde sexual e reprodutiva da mulher.

E, evidentemente, responsabilidades horizontais significativas cabem às administrações regionais de saúde, cujo empenho e acção são imprescindíveis para a materialização do PNS ao nível regional, de modo ajustado às necessidades sentidas regionalmente. Se as ARS respondem já hoje pelo comando logístico e pelo planeamento equitativo, elas terão de passar a ocupar-se da garantia da qualidade, na sua esfera geográfica.

Indicadores de ganhos em saúde

Os indicadores de saúde mais recentes, mostram que estamos no bom caminho no que respeita à esperança de vida, à mortalidade por cancro do cólon e recto, da mama, ou do colo do útero. No entanto, apesar das boas notícias, no domínio da oncologia, estamos ainda assim muito longe da meta traçada para 2010, ou de garantir uma eficaz prevenção e rapidez no acesso ao tratamento das doenças oncológicas. E sobretudo ao tratamento com a qualidade correspondente ao nosso papel no contexto internacional.

Boas notícias há também quanto ao estado de saúde na gravidez e no período neonatal, onde os indicadores têm melhorado sustentadamente.

Mas há muito a fazer ainda na mortalidade por doença isquémica cardíaca, ou no tratamento precoce, em prevenção secundária, tanto da doença isquémica como, sobretudo, do acidente vascular cerebral.

No domínio da saúde mental, outra das áreas prioritárias do PNS, a profunda modernização que o sector exige implica vasta reorganização dos serviços. Gasta-se muito e muito mal. Não se quer gastar menos, mas é possível aí, cortar no desperdício, na irracionalidade para gastar melhor, transformando o doente, de alienado, em figura central do sistema.

Redução de factores de risco

Em alguns destes domínios, a prevenção é a palavra-chave. A evidência científica disponível prova, por exemplo, que a prevenção primária e secundária contribuem para a redução de 75-80% da carga de doenças cardiovasculares (DCV), enquanto que acções dirigidas à melhoria da referenciação e da qualidade do tratamento hospitalar, imprescindíveis sem dúvida, combatem apenas 20-25% da carga de DCV.

Portanto, atacar os factores de risco conhecidos – o tabagismo, o consumo imoderado de álcool, de açúcar, de sal, a obesidade, a alimentação irracional, a vida sedentária, a falta de exercício físico – tem de ser uma luta constante do Ministério da Saúde. A ela dedicámos um significativo esforço da nossa acção.

Mas a luta pela promoção da saúde não é só responsabilidade do SNS. É também uma responsabilidade colectiva. Em particular, porque sabemos que são os cidadãos mais desfavorecidos, os mais pobres, os mais idosos, aqueles com menor grau de educação, que suportam a maior carga de doença – adoecem mais, de forma mais grave, e morrem mais cedo. São estes que sentem mais dificuldade em negociar o acesso ao Serviço Nacional de Saúde (SNS), são sobretudo estes que esperam mais tempo por tratamentos. São, também os que menos entendem o que significa prevenir a doença ou adoptar um estilo de vida saudável.

Qualidade, equidade e orientação para as necessidades

É a estes cidadãos que temos que dar atenção primordial, sob a forma de serviços de igual qualidade para todos, se queremos diminuir as desigualdades em saúde, para melhorar o estado de saúde dos portugueses. Procurámos orientar o nosso SNS para a prevenção da doença e para a construção de respostas adequadas às necessidades concretas dos cidadãos. O que exigiu um trabalho de equipa imenso e uma energia renovada de todas as entidades envolvidas na implementação do PNS, em especial as do Ministério da Saúde.

O que os portugueses esperam das entidades responsáveis pela concretização do PNS é que se orientem, claramente, para as necessidades em saúde. Que cuidem mais dos destinatários da acção que dos actores. Que se centrem no doente. E que o façam garantindo a qualidade do que prestam e supervisionem a do que adquirem. Que direccionem os recursos escassos para acções eficazes. Que prestem um serviço público reconhecido e valorizado socialmente. Que apostem na mobilização dos profissionais do SNS, na sua formação, motivação e no seu envolvimento activo e responsabilizante. Que combatam as desigualdades na saúde.

Continuamos demasiado centrados em serviços que tratam a enfermidade e dirigimos ainda pouco investimento para as acções que a previnem. Excessivamente voltados para a oferta de cuidados, para os edifícios, os equipamentos, os direitos e regalias dos prestadores em desfavor de uma mais forte consideração das necessidades das pessoas, na base da procura dos serviços. Temos de investir mais na informação ao cidadão, na flexibilidade das soluções, no combate ao hospitalo-centrismo, na formação dos prestadores para a qualidade e excelência, na proximidade das respostas. Precisamos de conferir a mais alta prioridade aos cuidados de saúde primários e à saúde pública. Precisamos de avançar nos programas promotores de saúde, sem deixar de remediar o aumento da carga de doença.

Criar uma cultura de boa gestão

Finalmente, procurámos introduzir nas instituições do Ministério da Saúde uma cultura de melhor gestão e de responsabilidade acrescida na utilização dos dinheiros públicos, na opção criteriosa entre investimentos. Interiorizando, de uma vez por todas, que os recursos são escassos e que, em saúde, o abundante desperdício em que fomos vivendo, além de socialmente ineficiente e deseducativo, representa uma situação moralmente inaceitável. A boa gestão é uma condição básica para a sustentabilidade do SNS, para a sua manutenção com as características essenciais de serviço público de qualidade universal, geral e, tendo em conta as condições económicas e sociais da população, tendencialmente gratuito no momento da utilização. Assim dispõe a Constituição.

III. CUMPRIR O PROGRAMA[28]

> *"A política de saúde deve ser redefinida para mais e melhor saúde, isto é, para "ganhos em saúde". O sistema deve ser reorganizado a todos os níveis, colocando a centralidade no cidadão. A sua forte componente pública, o Serviço Nacional de Saúde (SNS), deve ser eficientemente gerida, criando mais valor para os recursos de que dispõe".*
>
> (Programa do XVII Governo Constitucional, 2005-2009, p. 74)

Introdução

Quando falamos do Serviço Nacional de Saúde (SNS), não podemos ficar pela bandeira, pelo "slogan", temos que entender o seu conteúdo. O que esperam os Portugueses do SNS, neste quase final da primeira década do século XXI? Esperam várias coisas:

a) **Melhor acesso** aos cuidados de saúde, quando deles precisam: acesso ao centro de saúde; ao hospital, pela consulta ou pela

---

[28] Este capítulo resume as realizações destes três anos, de forma condensada, utilizando a lógica interna do Programa do Governo para controlo da sua execução. Cada uma das matérias aqui condensadas é objecto de especificação e demonstração ao longo dos subsequentes capítulos do livro. A informação que foi utilizada para este balanço foi toda colhida no sistema de informação interno dos serviços do Ministério da Saúde, a saber: Alto-Comissariado para a Saúde, Administração Central do Sistema de Saúde, Infarmed e Direcção-Geral da Saúde. Toda ela se encontra acessível através dos portais de cada uma das instituições.

urgência; acesso a intervenções cirúrgicas electivas (as que não exigem uma resposta imediata); aos meios complementares de diagnóstico, como exames de laboratório, de radiologia e outras provas funcionais; acesso aos cuidados continuados de que necessitam as pessoas que já passaram a fase aguda de hospitalização; melhor capacidade de atendimento de emergência, quando o tempo conta para salvar vidas; mais fácil, mais rápido e mais barato acesso aos medicamentos, sejam ou não prescritos por um médico; mais conforto, pela consulta a uma voz amiga que, pelo telefone, nos incuta confiança e nos informe sobre a melhor forma de sermos assistidos.

b) Esperam **melhor qualidade e maior abrangência no atendimento**, isto é, que o SNS não só preste cuidados com qualidade igual ao padrão dos países mais desenvolvidos, mas que seja também capaz de facultar aos cidadãos cuidados que correspondam a velhas e a novas necessidades.

c) Pretendem que o **SNS os proteja preventivamente contra doenças transmissíveis** que hoje viajam em curto intervalo de tempo, desde as bactérias das infecções respiratórias aos vírus da gripe, ou da SIDA ou ainda ao bacilo da tuberculose, sobretudo a multi--resistente. Pretendem que as maravilhas das descobertas da medicina preventiva, como as vacinas para as doenças mais comuns na primeira infância possam ser disponibilizadas, gratuitamente, por todo o território e para todas as classes sociais. Mas também pretendem maior capacidade de prevenção da doença e de promoção da saúde em relação às doenças causadas por estilos e hábitos de vida não-saudáveis.

d) Pretendem que as **doenças ou situações que destroem vidas e famílias**, como o cancro, as doenças cardiovasculares, o aborto clandestino, a doença mental, as drogas, o abuso do álcool e do tabaco, possam, caso não se vá a tempo de as prevenir, ser tratadas em condições de qualidade, eficiência e igualdade para todos, independentemente da situação económica e social e do grau de informação, conhecimento e cultura.

e) Pretendem, finalmente, que o SNS tenha **meios materiais suficientes** para uma **distribuição equitativa dos recursos segundo**

III. Cumprir o Programa 67

as necessidades, que os meios humanos, materiais e financeiros sejam os necessários e os suficientes para acorrer aos problemas de saúde; e que esses meios sejam garantidos de forma sustentável, adequada ao nível de desenvolvimento e de riqueza do País. Que no seu financiamento todos participem de acordo com as suas possibilidades e que a ninguém seja barrado o acesso aos cuidados realmente necessários, pelo facto de não ter recursos para a eles aceder. Cuidados iguais, para iguais necessidades é o princípio básico aplicável, o da equidade horizontal. Mas também cuidados diferentes, proporcionais às diferentes necessidades, de acordo com o princípio da equidade vertical, ou diferenciação positiva.

Se o SNS responder a estes desafios, o País alcançará cada vez mais ganhos em saúde, isto é, contará menos mortes evitáveis, menos capacidades limitadas, mais anos de vida saudável, melhor qualidade adicionada aos anos acrescidos. Os resultados de um bom sistema de saúde medem-se, pois, em ganhos em saúde.

O País orgulha-se de ter criado e desenvolvido o SNS. Mas, trinta anos após a sua criação, assumiu uma responsabilidade nova, a de manter, reforçar, modernizar e torná-lo sustentável com os recursos do País, sem que ele represente uma carga insuportável, nem para as gerações presentes, nem para as gerações futuras. Que o SNS seja um factor de criação de riqueza e não um factor de enfraquecimento da economia, ou de compromisso de insolvência, a pagar no futuro. A sustentabilidade do SNS pagar-se-ia duas vezes: no momento actual, pela degradação da qualidade, pela restrição de benefícios e pelo prejuízo maior para os mais pobres, quase sempre os que mais dele necessitam; no futuro, pelo endividamento público incontrolável e pela hipoteca que ele imporia às gerações futuras. Qualquer das situações, a actual e a futura, tornaria o SNS dificilmente governável, fá-lo-ia perder prestígio entre os cidadãos e torná-lo-ia presa fácil de grupos organizados. Um SNS em perda de prestígio é uma instituição que ninguém respeitaria: todos o maldiriam e cada um procuraria dele retirar egoisticamente o máximo que lhe fosse possível, sem pensar nos outros. Não é este o cenário que se pretende e defende.

Este conjunto de atributos – acesso, qualidade e abrangência, promoção e prevenção, apoio especial em riscos catastróficos, equidade e sustentabilidade ou capacidade de ser mantido[29] – são os elementos básicos de um SNS para o século XXI.

Ao longo de três anos procurámos cumprir um compromisso com os Portugueses: garantir, desenvolver, ampliar o SNS e assegurar a sua modernização. Ao fazê-lo, guiámo-nos pelo programa do governo. É altura de mostrarmos o trabalho realizado, na certeza de que muito ficou por fazer.

Pareceu-nos útil iniciar cada um destes cinco grandes tópicos com o disposto no programa, a descrição do ponto de partida, a quantificação possível e os resultados alcançados, no final de 2007.

A) Acesso aos cuidados de saúde

O compromisso contido no programa do XVII Governo, em matéria de acesso aos cuidados dispunha, entre outras, das seguintes medidas:

"Os cuidados de saúde primários são o pilar central do sistema de saúde. O centro de saúde constitui a entidade enquadradora das unidades de saúde familiares (USF). Serão adoptadas as seguintes medidas de política:

- *Reestruturação dos centros de saúde através da criação de unidades de saúde familiares (USF), integradas em rede;*
- *Reforçar e desenvolver nos centros de saúde (ou nos seus agrupamentos) um conjunto de serviços de apoio comum às USF: vacinação, saúde oral, saúde mental e consultorias especializadas do hospital de referência, cuidados continuados e paliativos, fisioterapia e reabilitação;*
- *Reforçar os incentivos e a formação dos médicos de família, atraindo jovens candidatos; os contratos com as USF estabelecerão uma carteira de serviços básicos e outra de serviços adicionais, na qual se incluirá o atendimento fora de horas;*

---

[29] A expressão anglo-saxónica *affordability*, sem tradução directa para português, é a que melhor traduz este atributo de um sistema simultaneamente adequado às necessidades e cultural, social e financeiramente aceite pela comunidade.

III. Cumprir o Programa

- *Será estimulado o contacto directo paciente-profissional via telefone e correio electrónico.*

Serão preparadas e aperfeiçoadas normas e mecanismos de referenciação que permitam conferir prioridade ao atendimento das situações urgentes e organizar a orientação do doente no sistema, (...) facilitando e estimulando o seguimento dos pacientes internados em hospitais pelos seus médicos de família, abrindo-lhes o acesso ao processo clínico hospitalar. Deve ser implementada a Rede Nacional de Saúde que irá viabilizar a comunicação e a circulação de informação relevante, prescrevendo "standards" de aplicação a parceiros públicos e privados.

Na organização hospitalar, torna-se indispensável promover oportunidades para aumento da sua efectividade e eficiência, que os profissionais sejam capazes de reconhecer e aproveitar, prevendo-se como necessário:

- *Reinstituir o planeamento de recursos hospitalares sobretudo nas grandes áreas metropolitanas de Lisboa e Porto, reconvertendo instituições à medida que terminar a construção de novas unidades;*
- *Incentivar hospitais de dia, cirurgia de ambulatório, gestão comum de camas, lotações variáveis;*
- *Dotar os hospitais públicos de mecanismos de gestão efectiva, prosseguindo o processo de empresarialização;*
- *Rever o modelo das parcerias público-privadas, sem prejuízo de compromisso contratual, assegurando a transparência e o interesse público nos processos já em concurso."*

Ora, o que se passou em três anos, foi uma **melhoria contínua no acesso**, com o sistema a reorientar-se no sentido da correcção de irregularidades passadas no recurso ao SNS. Na comparação entre os anos de 2004 e 2007, as consultas a cargo dos centros de saúde continuaram a aumentar: mais 186 mil consultas em três anos.

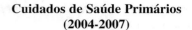

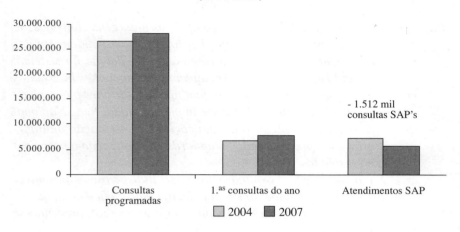

Mas o acréscimo deve-se, sobretudo, a consultas programadas, mais 1,7 milhões, ou seja, mais 6,4%, com redução, embora inferior, dos atendimentos em SAP e afins, menos 1,5 milhões. O universo de primeiras consultas, em três anos, cresceu 832 mil, mais 12,2%, o que significa um ganho na acessibilidade para outros tantos novos doentes e o total de consultas programadas sobre o total de consultas subiu de 79% para 83% em três anos. O sistema está claramente a aperfeiçoar-se.

A estratégia das **unidades de saúde familiares** (USF) começou já a dar frutos. Em 2007, 31 de Dezembro, estavam 105 a funcionar, cobrindo, pela primeira vez, 152 mil cidadãos que até aqui não dispunham de médico de família.

A criação de **unidades móveis** foi objecto de política deliberada para atingir os lugares mais recônditos dos concelhos rurais e peri-urbanos: em 2004 havia pouco mais de duas dezenas, em 2005, 56 e, no final de 2007 o seu número subiu a 76 unidades.

O **acesso aos hospitais** foi fortemente ampliado na consulta externa, com mais 1,3 milhões de consultas anuais, um acréscimo de 16,5% em três anos, sendo que a parte das primeiras consultas subiu de 25,2% para 26%, o que representou um ganho de mais 403 mil novos doentes em primeira consulta, por ano.

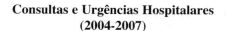

Consultas e Urgências Hospitalares
(2004-2007)

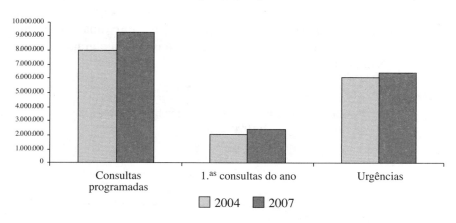

As intervenções cirúrgicas cresceram 10% no período, com as programadas a crescerem 11%; as cirurgias ambulatórias 40% (mais 52 mil intervenções por ano, em 2007, por comparação com 2004); as cirurgias na urgência estabilizaram com um crescimento de +0,1%.

A cirurgia ambulatória, que em 2004 representava 24% do total da programada, passou a 32% em 2007.

Actividade Cirúrgica Hospitais
(2004-2007)

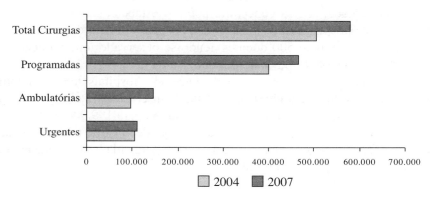

O acesso à urgência aumentou quase 5% no período, com mais 293 mil pessoas atendidas em 2007 que em 2004. O crescimento moderado nas urgências, comparado com o crescimento muito mais rápido da consulta (+16,5%), indica que, no sistema hospitalar, nos aproximamos de um padrão internacional, com redução do recurso à urgência e grande expansão da consulta externa.

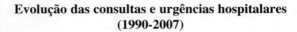

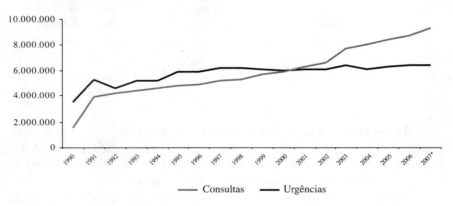

O internamento estabilizou numa redução de -1,3%, em três anos, o que é consistente com a tendência para o hospital ser cada vez mais um centro de ambulatório, diminuindo a sua vocação de estadia prolongada. Na verdade, se nos concentrarmos nos estabelecimentos de maior dimensão, os hospitais EPE, mais os dez hospitais SPA, o decréscimo de internamentos foi de 3.500 doentes, tendo-se observado uma redução de 639.400 para 635.900, -0,5% no período.

Todavia, o processo mais visível no acesso a hospitais, tem a ver com a **lista de inscritos para cirurgia**. A lista de inscritos para cirurgia (LIC) que alcançava 241 mil inscritos em 2004, baixou para 199.900 no final de 2007, uma redução líquida de -41.451, ou seja, de -11,6%, tornando cada vez mais fácil o acesso a uma cirurgia, mesmo para cidadãos que até agora desconheciam a sua disponibilidade.

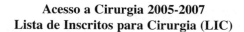

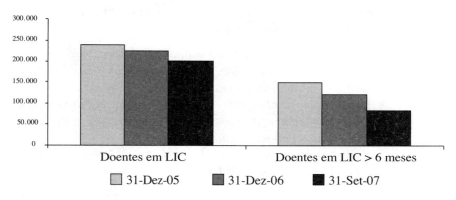

O indicador "mediana de tempo de espera" desceu de 8,6 meses em 2005 para 4,2 meses no final de 2007, uma redução para quase metade.

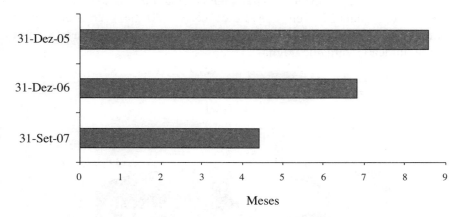

O número de doentes em espera há mais tempo, mais de 1 ano, reduziu-se em 65%, o mesmo acontecendo aos que esperavam mais de 2 anos, menos 62%.

Envelhecer em Saúde

No programa do XVII Governo, sob a epígrafe "Envelhecer com Saúde", propunha-se, entre outras medidas:

- *"A criação de serviços comunitários de proximidade, articulando centros de saúde, hospitais, cuidados continuados e instituições de apoio social;*
- *Desenvolver nos hospitais capacidade para reabilitação imediata do paciente crónico e idoso, logo após o episódio agudo e sua reinserção na família;*
- *Planear os equipamentos de cuidados continuados, prevenindo lacunas e redundâncias e incentivar os cuidados paliativos."*

Os **cuidados continuados integrados** a idosos e cidadãos com dependência (CCI), que em 2006 dispunham de apenas 797 lugares, passaram a dispor de 1.825 lugares no final de 2007, estando contratados 2.229 lugares a partir de Março e esperando-se contratualizar 3.550 no final do primeiro semestre do ano de 2008. Os cuidados paliativos, de que existiam apenas 23 lugares em 2004, passaram a dispor de 55 no final de 2007. Pelos CCI já haviam passado, até ao final de 2007, cerca de 5.500 utentes, dos quais 52% em convalescença (até 30 dias), 26% em média duração (de 30 a 90 dias), 5% em cuidados paliativos e apenas 18% em longa duração (acima de 90 dias).

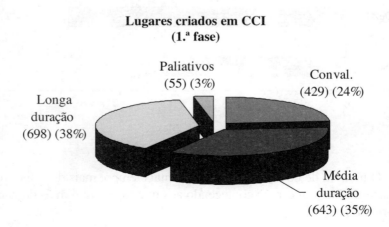

Lugares criados em CCI
(1.ª fase)

III. Cumprir o Programa 75

Este desempenho demonstra bem que os CCI são uma oferta diferente do que até aqui existia, dirigindo-se a reais dificuldades de saúde das pessoas, apoiando as suas famílias em situações de grande dificuldade na colocação adequada dos seus familiares dependentes.

A **emergência pré-hospitalar** deu um salto no número de chamadas, de um milhão para 1,5 milhões; nas saídas de viaturas medicalizadas de emergência (VMER), de 37 mil para 56 mil, de helicóptero, de 492 para 876 e de ambulâncias, de 300 mil para 460 mil. O Centro de Orientação de Doentes de Urgência (CODU) passou, em 2006, a cobrir todo o território: as ambulâncias VMER passaram de 29 a 38; as ambulâncias de Serviço de Ambulâncias de Emergência (SAE), de 185 a 224. O sistema de ajuda telefónica, a cargo do centro de atendimento Saúde 24, entre o fim de Abril e o fim de Dezembro (8 meses) acolheu 308 mil chamadas, evitando um número importante de ocorrências desnecessárias a urgências hospitalares.

Medicamentos

No Programa do XVII Governo, em matéria de medicamentos, propunham-se, entre outras, as seguintes medidas:

- *"Rever o sistema de comparticipação com ênfase na evidência sobre eficácia de princípios activos;*
- *Alargar a prescrição por DCI a todos os medicamentos comparticipados pelo SNS:*
- *Em colaboração com o Ministério da Economia e com o apoio da autoridade reguladora da concorrência, reanalisar as regras de comercialização;*
- *Negociar um protocolo entre o Estado e a indústria farmacêutica para o controlo do crescimento do mercado de medicamentos comparticipados;*
- *Adoptar a prescrição electrónica de medicamentos com auxiliares de decisão clínica e informação sobre custos de dose média diária e sucedâneos;*
- *Tornar a indústria farmacêutica nacional uma área estratégica entre a economia e a saúde."*

A acção do governo cumpriu o programa sobre **medicamentos**: o sistema de comparticipação foi alterado com introduções e saídas todos os anos e com a revisão, em baixa ligeira, dos escalões de comparticipação, compensada por duas reduções de preços; foi retirado 5% à subsidiação que mantinha genéricos em valores anormalmente altos; foi liberalizada a venda de produtos não sujeitos a receita médica, substituído o preço fixo por preço máximo, legalizada a prática de descontos ao público; a prescrição por DCI está já automatizada em quase 70% dos centros de saúde; foram celebrados protocolos com a indústria e as farmácias; finalmente prestou-se um apoio técnico discreto à indústria nacional, ajudando-a a alcançar a sua meta de duplicação de exportações, de 300 para 600 milhões de euros, até final da legislatura, apoiando a conquista de novos mercados e incentivando a sua colaboração com centros de investigação e desenvolvimento (I&D) nacionais e estrangeiros.

O **acesso ao medicamento** em melhores condições de preço e de proximidade ao local de venda foi conseguido através de uma política globalmente traçada para ampliar a concorrência, reduzir os encargos para o cidadão e o SNS e para devolver governabilidade ao sector. Por dois anos fiscais consecutivos, 2006 e 2007, o preço de venda ao público dos medicamentos baixou 6% de cada vez. A quota de medicamentos genéricos, mais baratos 35% que o seu correspondente de marca, ampliou-se consideravelmente de 7,9% para 17,9% em três anos, tendo as respectivas vendas mais que duplicado em valor. A redução dos preços dos genéricos, em função da quota que vão ocupando no mercado, conduziu os de maior venda a baixarem o seu preço entre 5 e 12%. Para a generalidade dos medicamentos foi fixado o regime de preço máximo, em vez de preço fixo, o que permitiu que muitas farmácias comecem já a oferecer descontos ao público. A criação de lojas de venda de medicamentos não sujeitos a receita médica, das quais já existiam 614 no final de 2007, permitiu que os cidadãos tenham mais fácil acesso a estes produtos, sem que o seu preço tenha aumentado, mantendo-se, aliás, em -0,4% abaixo do último preço fixo registado em Setembro de 2005 (há mais de 30 meses). Os horários das farmácias foram ampliados para 55 horas semanais, abolidas as taxas de atendimento nocturno e foi aberta a possibilidade de cada farmácia vender medicamentos aos seus clientes através da Internet. A liberalização controlada da propriedade e a redução do denominador populacional por farmácia vai permitir criar entre 250 a 350 novas unidades. A possibilidade de os hospitais possuírem uma farmácia de venda a público irá tam-

III. Cumprir o Programa 77

bém ampliar consideravelmente o acesso, a qualquer hora, em condições mais convenientes para o público.

As medidas adoptadas na **redução dos preços** compensaram, pela positiva, as pequenas alterações nos escalões de comparticipação. Para situações de extrema dificuldade, nomeadamente para idosos com pensões muito baixas, foi criado um subsídio especial de 50% do valor não comparticipado. Para grupos especiais de doentes, como os diabéticos (bombas de infusão) e os portadores de artrite e outras manifestações de doenças das articulações, onde os medicamentos biológicos são eficazes, foi criado ou reforçado o mecanismo de dispensa gratuita.

O **controlo da despesa farmacêutica** no ambulatório, em três anos, estabilizou a correspondente despesa pública em 0,8%, com reduções de -1,4% em 2006 e -1,6% em 2007 (depois de a factura para o SNS ter crescido, em 2004, a 9,6%) e veio permitir normalizar as relações financeiras com as farmácias, devolvendo a governabilidade perdida com dívidas passadas, arrastadas e incontroladas. Da mesma forma, observou-se um notável controlo da despesa hospitalar, devido à combinação de duas estratégias: uso generalizado de protocolos terapêuticos e negociação mais activa com os principais fornecedores. A factura hospitalar que havia crescido 10% em 2004 e 14,6% ainda em 2005, baixou para 6,3% em 2006 e 1,2% em 2007. Sem que uma só queixa substanciada de acesso a terapêutica tenha sido registada nos hospitais portugueses.

B) **Melhor qualidade e maior abrangência do SNS**

No programa do XVII Governo afirmava-se a este respeito (P. 80):

"Os Portugueses têm o direito de esperar do sistema de saúde, acolhimento e cuidados de elevada qualidade, independentemente do lugar onde vivam, do meio económico e social a que pertencem e do serviço que utilizam."

Pois bem, a batalha pela qualidade exerceu-se em três locais:

a) Nos **cuidados primários**, pelas USF, que recolocaram o cidadão no centro do sistema, numa relação ímpar com o seu médico e o seu enfermeiro de família. Nas USF pode marcar-se a consulta pelo telefone ou pela *internet*, com a garantia de que se é atendido em período não superior a 30 minutos de espera, o que torna desnecessária a penosa concentração de doentes no início do período da consulta. O mecanismo de intersubstituição de médicos, garantindo que o doente é visto por um médico da USF como se fora o seu próprio médico, torna desnecessária a presença do doente, ou de alguém por ele, de madrugada, à porta do centro de saúde, para obter uma senha que o levaria a ser visto só no fim do dia. E, finalmente, o alargamento das listas de 1.500 para quase 1.800 doentes por médico vem atribuir médico de família a pessoas que até aqui o julgavam impossível. Esta revolução silenciosa das USF é o maior passo de aumento da qualidade, alguma vez concretizado nos cuidados primários.

A utilização dos cuidados de saúde primários pela população portuguesa tem aumentado sempre, de 68% em 2004, para 76% em 2007. Tal significa que os cidadãos recorrem mais ao SNS o que representa, entre outros factores, um aumento de confiança no sistema público de saúde.

Taxa Utilização dos CSP do SNS pela população portuguesa

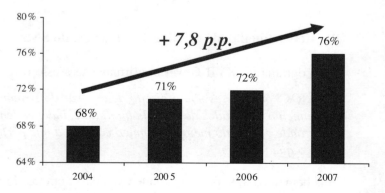

Uma política de reforço dos cuidados de saúde primários implica o desenvolvimento dos correspondentes recursos humanos, sobretudo médicos de medicina geral e familiar (MGF) para dotar as USF e médicos de saúde pública para dotar centros de saúde, de forma a poderem desempenhar as tarefas de promoção da saúde e prevenção da doença. Foi necessário ampliar consideravelmente o número de vagas nos internatos destas especialidades, ao mesmo tempo que se criavam contingentes estritos para reduzir a transferência lateral oportunística.

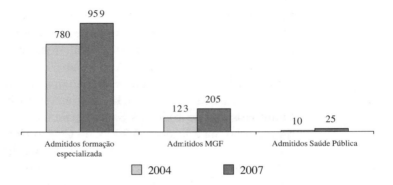

O número de vagas no internato de especialidade de MGF aumentou em 82 vagas entre 2004 e 2007, passando de 15,8 para 21,4% do total e o número de vagas de saúde pública mais que duplicou, passando de 10 para 25.

b) Os **cuidados continuados a idosos e cidadãos com dependência** são uma revolução na continuidade do apoio hospitalar. O doente deixa de ter a estadia artificialmente prolongada no hospital, pois passou a ter à sua disposição unidades de convalescença de média e longa duração, bem como apoio domiciliário, quando tenha condições para se manter em casa. Apoios que já existiam na vertente social, mas que agora passaram a existir na vertente saúde. Cuidados adequados ao nível de dependência são cuidados de melhor qualidade e também conduzem a melhor uso dos recursos. A garantia de qualidade destes cuidados é assegurada por normas técnicas rigorosas, de obediência prévia à contratualização, que beneficiaram de apoio técnico de outros países e por um sistema exigente de controlo da qualidade, através de inspecções periódicas.

c) O terceiro vector da qualidade consiste no **aperfeiçoamento das condições de trabalho hospitalar**. Por todo o País, apesar das carências de recursos, se constatam obras em hospitais. Obra nova, como no Pediátrico de Coimbra, Seia e Cascais. Obras de profunda remodelação, como nos dois grandes hospitais de ensino, Santa Maria, em Lisboa e São João, no Porto, no Hospital de Santo António, hoje integrado no Centro Hospitalar do Porto, no Centro Hospitalar do Nordeste Transmontano, com obra importante nos hospitais de Bragança, Mirandela e Macedo de Cavaleiros, no Centro Hospitalar de Trás-os-Montes e Alto Douro, com forte impulso em Chaves e Vila Real, com a reunião dos antigos Hospitais Civis de Lisboa no Centro Hospitalar de Lisboa Central, futuro Hospital de Todos-os-Santos, para o qual foi já adquirido terreno; na criação, em 2006, do Centro Hospitalar Ocidental de Lisboa, reunindo os Hospitais de Egas Moniz, Santa Cruz e São Francisco Xavier; bem como na criação recente do Centro Hospitalar de Lisboa Norte, agregando o Hospital de Santa Maria e o de Pulido Valente.

Estão em marcha as parcerias público-privadas para a construção do novo Hospital Central de Braga, do Hospital Central do Algarve, do Hospital de Loures e de Vila Franca de Xira, do Hospital do Seixal, do Hospital de Évora, do Hospital de Vila do Conde / Póvoa do Varzim, do novo Centro Hospitalar de Vila Nova de Gaia e do novo Hospital de Sintra, associado ao Hospital Fernando da Fonseca (Amadora--Sintra).

Fora das parcerias, com financiamento directo pelo QREN, o Centro Materno-Infantil do Norte, integrado no Centro Hospitalar do Porto já tem projecto de arquitectura aprovado. O mesmo acontece com Lamego (Centro Hospitalar de Trás-os-Montes e Alto Douro) e Amarante (Centro Hospitalar do Tâmega e Sousa). Em fase de programação encontram-se Barcelos e Fafe. O Centro de Reabilitação do Norte, já com programa aprovado, tem concurso aberto para a elaboração do projecto. A Unidade Local de Saúde da Beira Interior Norte, integrando Guarda e Seia prepara a sua passagem a empresa pública. Preparou-se a instalação do

IPO de Lisboa e Zona Sul[30] em um terreno cedido gratuitamente pela Câmara Municipal de Lisboa e, se tal não acontecer, socorrer-se de oferta semelhante e generosa da autarquia de Oeiras.

Todos estes estabelecimentos hospitalares, quer os novos, quer os renovados, obedecem a critérios da mais moderna tecnologia médica e a padrões de qualidade orientados para a máxima segurança e conforto do doente.

Mas o SNS alargou-se no seu âmbito de actuação a três novos programas: saúde oral, procriação medicamente assistida e vacina contra o vírus do papiloma humano (causador do cancro do colo do útero).

Na **Saúde Oral**, mercê de uma cooperação exemplar com a Ordem dos Médicos Dentistas e a Ordem dos Médicos, será possível, este ano, alargar a cobertura de 60 a 80 mil crianças das escolas, nas idades críticas para os dentes, aos 7 e aos 12-13 anos. Foi também criado um programa orientado para grávidas, visando facultar até três cheques-dentista, no valor total de 120 € por gravidez a 65 mil grávidas acompanhadas nos centros de saúde, por ano. Também os idosos beneficiários do complemento solidário de pensão terão direito a dois cheques-dentista, no valor total de 80 €/ano, para prescrição e ajustamento da respectiva prótese dentária.

No que respeita à **Vacinação contra o Vírus do Papiloma Humano**, o objectivo consiste em, ao longo de quatro anos, assegurar a cobertura de todas as jovens que perfazem, no ano corrente, entre os 13 e os 16 anos, idades que se pressupõe serem ainda de baixa ou média actividade sexual e, por isso, possam prevenir a transmissão da infecção pelo vírus do papiloma humano, principal agente do cancro do colo do útero. Este programa tem um elevado custo devido ao preço das vacinas existentes no mercado, o qual dobra nos anos 2 e 3, para voltar à despesa regular anual correspondente ao ano 1. Mas é um programa com repercussão muito positiva na

---

[30] O Instituto Português de Oncologia da Zona Sul do País, actualmente instalado em Palhavã, à Praça de Espanha, é uma plataforma científica e tecnológica servida por um conjunto articulado e bem dimensionado que deve compreender além do actual hospital, um centro de investigação clínica, um hotel de utilização dual e um centro de apoio psicológico.

redução esperada do cancro do colo do útero, o qual ainda tem uma incidência de quase 1000 novos casos por ano e uma mortalidade média anual de cerca de 300 mulheres.

O programa de apoio à **Procriação Medicamente Assistida** (PMA) visa facultar novos apoios do SNS, até aqui limitados aos casos tratados no sector público e à comparticipação medicamentosa em produtos que são de alto preço. Pretende-se criar condições para os casais que desejem e não têm podido procriar, tenham mais condições para o fazer, com o SNS a cobrir, tanto no sector público como no privado, até aos tratamentos de segunda linha. Quando este programa estiver operacional, será possível gerar, anualmente, mais 1.500 gravidezes medicamente assistidas.

C) **Reforçar os cuidados preventivos, quer quanto a doenças transmissíveis, quer quanto a doenças crónicas**

Quando se julgava que vacinas, sulfamidas e antibióticos iriam erradicar da face da terra, na segunda metade do século XX, todas as doenças transmissíveis, eis que algumas delas regressam, sob forma mais insidiosa e maligna e outras, surgem de novo, com virulência inesperada. O vírus do VIH/SIDA, identificado nos anos oitenta, coloca uma tensão imensa sobre os sistemas de saúde, destrói famílias e laços sociais e desmantela a economia de alguns países da África Subsahariana. A SIDA é também um flagelo em Portugal, havendo cerca de 30.000 doentes que se admite serem seropositivos e cerca de 9 mil com o diagnóstico de portadores de SIDA, recebendo tratamento paciente e dispendioso. O SNS não pode alienar as responsabilidades que tem para com os cidadãos nacionais ou estrangeiros que vivem no nosso território, como tem, também, uma responsabilidade inalienável na esfera internacional, sobretudo perante os países de origem de muitos dos imigrantes que labutam ou passam pelo nosso País. Se é difícil e dispendioso identificar os atingidos pelo VIH, é ainda mais dispendioso tratá-los. Tratamento hospitalar altamente diferenciado a polipatologias complexas, com recurso a medicamentos que estão em permanente renovação, cada um mais dispendioso que o anterior, mesmo que não seja mais eficaz. O que cria enormes problemas de decisão de escolha entre terapêuticas alternativas.

O recente episódio global da síndroma aguda respiratória, a pneumonia SARS, veio mostrar as fragilidades da globalização sanitária, apenas

III. Cumprir o Programa 83

combatível com rigorosa e transparente informação e completa cooperação internacional. Dessa experiência, o mundo retirou lições que está já a aplicar na luta contra o risco de pandemia da gripe das aves. O país teve que se preparar intensamente durante os três últimos anos. Hoje, estamos em alerta permanente, sabemos bem o que fazer se a contaminação atingir as nossas fronteiras, e dispomos de capacidades que permitem proteger a população em risco.

A tuberculose pulmonar voltou à ordem do dia. Tendo sido julgada sob controlo, aparece agora sob a forma multi-resistente, associada ao VIH/SIDA, o que torna esses doentes altamente frágeis, requerendo tratamento em isolamento quase completo. Morrem, por ano, 70 a 80 doentes com tuberculose e dez vezes mais com SIDA. Esta, continua a ser a principal causa de morte nos adultos, ainda jovens, dos 25 aos 44 anos.

A par destes casos de grande vulnerabilidade, temos, felizmente, razões de orgulho no nosso Programa Nacional de Vacinação (PNV), ao qual foi acrescentado em 2006, a vacina contra a meningite C que, logo nesse ano, foi administrada a 1 milhão de crianças, bem como a administração conjunta contra cinco doenças – difteria, tétano, tosse convulsa, hemophilus influenza B, e poliomielite aguda –. A comissão técnica respectiva aprovou, ainda em 2007, a inclusão da vacina contra o vírus do papiloma humano (cancro do colo do útero) no PNV.

D) **Luta contra a doença crónica de dimensão catastrófica**

Muitas doenças crónicas são fatais e implicam tratamentos e encargos que mudam radicalmente a vida das pessoas. É o caso do cancro, das doenças mentais, das doenças cardio e cérebro-vasculares e, de certa forma, da diabetes e da obesidade. Todas estas doenças têm de comum o poderem ser prevenidas com hábitos de vida saudáveis ou o poderem ser detidas através de prevenção secundária, isto é, actuação directa aos primeiros sinais clínicos de eclosão da doença. Nestes três anos deram-se passos decisivos para a prevenção primária e secundária destas doenças.

Talvez a decisão singular mais importante de todas para a vida dos Portugueses, tenha sido a **protecção dos fumadores passivos** contra o uso do tabaco em espaços fechados. As implicações deste hábito são devastadoras, pela associação demonstrada com diversas formas e localizações de cancro e efeitos na doença pulmonar crónica obstrutiva e nas doenças cardiológicas e cérebro vasculares.

A criação de **coordenadores nacionais na luta contra o cancro e contra as doenças cardiovasculares**, inseridos no Alto-Comissariado da Saúde, deu maior visibilidade a estas doenças, às suas causas, à forma de as prevenir e aos melhores meios de contra elas lutar. A revisão da orgânica nacional da luta contra o cancro, o apoio directo ao trabalho hospitalar de elaboração de protocolos clínicos e terapêuticos, a criação das vias verdes de acidentes vasculares cerebrais e de acidentes das coronárias, a criação de unidades de internamento hospitalar para tratamento dos acidentes vasculares cerebrais (AVC) permitiu mobilizar a rede da emergência pré-hospitalar, bem como serviços de internamento com vocação na área da prevenção secundária, organizando os serviços a nível nacional, homogeneizando no território a qualidade da prevenção e do tratamento.

A criação da **Coordenação Nacional de Saúde Mental**, após o notável relatório que produziu e a subsequente resolução do Conselho de Ministros contendo as normas a que vai obedecer a luta contra a doença, foram instrumentos orientadores, largamente consensuais, os quais permitem ter ideias claras, uma estratégia definida, um sistema de informação fiável e orientações seguidas por todos os actores. O trabalho do Alto--Comissariado para a Saúde será pioneiro nestas matérias: agrega os melhores recursos na sociedade portuguesa e lançou uma marca de prestígio nas orientações da luta contra estas graves doenças.

Outra área de forte impacto na melhoria da saúde dos Portugueses é a **Plataforma contra a Obesidade**. Com o apoio de uma grande empresa do sector energético, a plataforma visa promover hábitos alimentares saudáveis e uma vida activa com base em exercício físico, em todas as idades. A associação com especialistas de comunicação do sector privado, permite abordar a questão da obesidade – um flagelo de saúde do século XXI – de uma forma promocionalmente qualificada, com alto nível de profissionalismo.

A luta contra o aborto clandestino foi o principal objectivo do referendo que despenalizou a IVG até às dez semanas. À vitória do "Sim" no referendo, seguiu-se a elaboração cuidadosa de legislação, que reuniu elevado consenso e permitiu lançar os novos programas com forte recurso ao sector público, sem facilitismos nem mediatizações desnecessárias. Os programas de IVG foram acolhidos num número vasto de serviços

III. Cumprir o Programa 85

públicos, em hospitais e em alguns centros de saúde e de forma não agressiva, mas eficaz; são hoje uma peça importante do SNS. Em seis meses foram assistidas um pouco mais de 6 mil mulheres para realizarem a interrupção voluntária de gravidez até às dez semanas, em condições de segurança e sem o estigma da clandestinidade.

E) Sustentabilidade financeira do SNS e procura da equidade

O Programa do XVII Governo reconhecia que:

"(...) A maior parte do sistema de saúde é de modelo público, o Serviço Nacional de Saúde (SNS). Tem o crédito extraordinário de, em trinta anos, ter conseguido harmonizar resultados em saúde entre Portugueses e restantes Europeus. Todavia, o SNS tornou-se pesado, pouco ágil, desarticulado, relutante em acolher a inovação, presa fácil de interesses particulares, gastador sem controlo útil. O SNS tem que ser reforçado na sua competência estratégica e para isso tem que ser modernizado, centrado nas prioridades, garantindo a separação entre financiador e prestador. Devem ser progressivamente criadas condições para a separação rigorosa dos três sectores constitucionalmente previstos – o público, o social e o privado – para garantir a sua articulação virtuosa em termos de ganhos em saúde e de ganhos em eficiência, pagando serviços de forma contratualizada e avaliando-os por critérios quantitativos e sobretudo qualitativos. (...) A sustentabilidade do SNS está associada à sua capacidade de regulação da oferta."

A primeira preocupação do XVII governo, mal iniciou funções, foi corrigir a gravíssima suborçamentação de 2005. Fê-lo com uma dotação adicional de cerca de 1.800 milhões de euros. O que permitiu, nesse ano, uma execução orçamental saudável a partir dos cerca de 7 600 milhões de euros transferidos do OE para o SNS.

Todavia, de acordo com os compromissos assumidos com a União Europeia para redução do défice público, esse valor permaneceu imutável de 2005 a 2007, só vindo a crescer em 225 milhões para o ano de 2008. Esta limitação implicou uma gestão orçamental muito austera: foi necessário reduzir o crescimento da despesa farmacêutica pela forma já atrás referida, congelar a despesa com convenções na área dos meios complementares de diagnóstico e terapêutica, reduzir drasticamente horas extraordinárias e horários acrescidos, concentrar hospitais e serviços, anulando chefias e outras despesas ligadas à estrutura.

Tudo isto em contexto de crescimento da produção e de especial cuidado com as novas unidades de saúde familiares (USF) e os lugares de cuidados continuados, considerados as peças-chave da reforma da saúde. Em contexto de grave restrição do investimento público, cujos efeitos mais negativos foram minorados através das dotações de capital aos novos centros hospitalares sob a forma da EPE. Dotações que puderam, e bem, ser parcialmente destinadas à realização de obras de remodelação profunda em hospitais-empresa, no quadro dos respectivos planos estratégicos. O controlo do crescimento da despesa orçamental de 2005 para 2006 conseguiu mantê-la em 2,0%, o que representou menos cerca de 244 milhões de euros, caso não tivessem existido medidas de contenção e se tivesse verificado o crescimento médio anual de 5,1% observado entre 2001 e 2005. No ano de 2007 conseguiu-se que o crescimento da despesa tenha permanecido em 3,1%, o que significou uma despesa de 159 milhões a menos do que aconteceria se o crescimento tivesse sido de 5,1%.

F) Ganhos em Saúde

São lentos os efeitos de medidas de política nos ganhos em saúde das populações. Acresce que, os sistemas de informação, para serem sólidos e respeitados, realizam demorados esforços de controlo da informação de agregação e consolidação dos dados para o universo do Continente. Daqui resulta que, à data em que escrevemos[31] ainda não estejam disponíveis os dados das Estatísticas de Saúde, do INE, relativas a 2007. Todavia, a informação relativa a 2006 conduz-nos já a pensar que o sistema de saúde continuou a melhorar os seus indicadores sem dar sinais de sofrer de qualquer paragem que possa ser atribuída ao melhor controlo da despesa pública.

Assim, a **mortalidade infantil**, que se encontrava em 3,7 óbitos de menos de um ano por 1.000 nados-vivos, em 2004, baixou, em 2005, para 3,4. Para 2006, quando se pensava ser já impossível baixar mais, ainda se conseguiu um ganho de uma décima, para 3,3, o que, em termos líquidos, representa mais 27 vidas humanas salvas.

---

[31] Fevereiro de 2007.

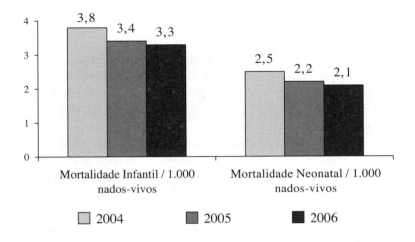

A **mortalidade neonatal** (óbitos na primeira semana de vida por cada 1.000 nados vivos), indicador por excelência dos cuidados no parto e nos primeiros tempos de vida, baixou, também, de 2,5 em 2004, para 2,1 em 2006, situando Portugal ao nível da Suécia, o melhor valor da UE.

A **transmissão vertical do VIH/SIDA da mãe para a criança** baixou, no mesmo período, de 3,1% para 1,8%, ou seja, -4,2%, o que se explica pelo excelente sistema de protecção da saúde de que hoje desfrutamos nesses grupos de risco.

A incidência da **Tuberculose**, embora ainda elevada no contexto europeu, baixou 18% entre 2004 e 2006, de 35,2 para 29 novos casos por 100.000 habitantes.

Na **saúde dentária**, o único programa que o SNS tinha até ao ano passado, incidia sobre crianças em idade escolar, aos 6 anos. Mede-se o nível da saúde oral, nas crianças, pela percentagem dos que se encontram livres de cáries. A situação melhorou de 33% em 2000 para 51% em 2006. Nas crianças de 12 anos, inseridas no sistema educativo, conta-se o número de dentes cariados, perdidos ou obturados (CPOD) e, também aí, o progresso tem sido visível: de 2,95 dentes cariados, perdidos ou obturados em 2000, passou-se para 1,5, em 2006.[32]

---

[32] O novo programa de saúde oral em preparação para 2008 alargará a cobertura a mais trinta mil crianças, a 65 mil grávidas e a 90 mil idosos beneficiários do complemento solidário de pensão.

Conclusão

Ao longo dos três últimos anos, o sistema de saúde e, sobretudo, o seu principal órgão público, o SNS, foi submetido a uma reforma profunda e inadiável. Reforma que se norteou pela preocupação de adequar o SNS às novas exigências sociais, demográficas e tecnológicas dos trinta anos subsequentes à sua criação. Recebemos um SNS incompleto, subfinanciado, pouco eficiente, depredado pelos interesses nele instalados e dificilmente sustentável. Três anos depois, o SNS ficou melhor de saúde: mais enxuto, mais eficaz, mais eficiente, mais igualitário, sustentável pelos recursos públicos gerados pela economia e sem que as famílias tenham contribuído, do seu bolso, mais que minimamente para este saneamento. O SNS ficou melhor, tem novos serviços, ficou mais atento aos cidadãos, oferece melhor acesso e mais conforto e responde melhor à sua necessidade e conveniência. Ao alargar serviços e ao aprofundar os existentes, o SNS acolheu cada vez mais cidadãos e acolheu-os com qualidade crescente. Está mais equitativo, mais justo, mais próximo do cidadão. Mais conforme com a obrigação constitucional.

Muito falta cumprir. Não tanto no programa de Governo, onde a grande maioria das iniciativas foram lançadas e boa parte das metas se encontra em bom ritmo de cumprimento, mas sobretudo no que respeita às novas necessidades ocasionadas pela mudança dos padrões de vida, de doença e de saúde. As reformas do SNS agora realizadas não podem parar; elas serão continuadas por sucessivos aperfeiçoamentos do SNS que o devem tornar mais eficaz, equitativo, qualificado e eficiente.

IV. TRÊS OBJECTIVOS CENTRAIS DO PROGRAMA DO GOVERNO

IV-A. As Unidades de Saúde Familiar, peça central da reforma dos Cuidados de Saúde Primários [33]

O sistema pré-existente

Em 8 de Março de 2006, em Vilamoura, no 23.º Encontro Nacional de Clínica Geral apresentámos os princípios a que deveria obedecer esta importante reforma. Tinham então acabado de ser abertas as candidaturas a unidades de saúde familiares (USF) e diluíra-se a incerteza sobre a adesão dos profissionais. Ela aí estava, pujante. A nossa intervenção não foi mais que um apoio sem reservas às linhas de acção que um vasto conjunto de profissionais do sector havia esboçado, em notável e rara combinação entre o interesse pessoal dos associados e o interesse público.

A reforma dos cuidados de saúde primários (CSP) constitui, de par com a rede de cuidados continuados a idosos e dependentes, um dos grandes objectivos da governação na saúde. Sem um sistema correcto de organização dos CSP não pode haver uma estratégia de ganhos em saúde. São o primeiro contacto, o encontro da família com o sistema, quando está doente, mas também quando se mantém saudável. Contacto mediado pela escola, pela comunidade de convivência, pelo local do trabalho.

Durante anos pensámos quase exclusivamente no sistema: na sua arquitectura, nas prioridades organizativas, na distribuição do poder in-

---

[33] Este capítulo baseia-se em várias intervenções públicas do autor e em documentos técnicos da Missão para os Cuidados de Saúde Primários.

terno, nos recursos financeiros e físicos, nos recursos humanos e na sua qualificação, nos parceiros sociais, menos ou mais cooperantes, menos ou mais interessados, menos ou mais competentes e dedicados. Ocupámos décadas a tecer a malha do sistema, a rede de hospitais, primeiro, a de centros de saúde depois, a articulação com o sector convencionado. Integrámos velhas e novas doenças infecciosas ligadas ao social, como a tuberculose, o HIV e agora a gripe; velhas patologias sociais, como o alcoolismo e a saúde mental, agudizadas a cada solavanco da sociedade; respondemos com arsenal pesado a desafios difíceis, imprevistos e mutantes, como a tóxico-dependência. Só agora estamos a ter recursos decentes para a saúde oral, para a gravidez adolescente, para a procriação medicamente assistida, para a saúde das minorias étnicas. Só agora estamos a ter algum sucesso na luta contra a "guerra civil"[34] nas estradas, mas continuamos a descurar o risco ocupacional. Transitámos, epidemiologicamente, das elevada incidência das doenças cérebro-vasculares e baixa incidência na doença isquémica cardíaca, para a situação quase oposta, gastando mal os recursos disponíveis, necessitando de desenvolver duas tarefas simultâneas e quase contraditórias: a correcção e eventual reorganização da rede de referência cardio-vascular e o reforço da prevenção primária e até secundária, no tratamento antes, até ao hospital e também depois dele.

Tentámos, de forma algo atabalhoada, acompanhar o progresso terapêutico na luta contra o cancro, mas estamos ainda mal preparados no diagnóstico precoce e nem sempre oportunos ou selectivos no tratamento.

Descurámos, em grau proporcional ao declínio da família pluricelular, o acompanhamento na saúde dos nossos mais velhos, lançando-os para fora dos hospitais, sem termos construído a passadeira móvel que os reconduziria à família e à comunidade. E, finalmente, preocupámo-nos mais com os edifícios que com a formação de médicos e enfermeiros de família, mais com a simbólica urgência nocturna que com a qualidade e densidade tecnológicas do seu acolhimento; mais com a extensão da malha até ao paradoxo da periferia sem almas, do que com as condições decentes para almas peri-urbanas. Ingurgitámos centros de saúde e urgências hospitalares com procura de variado grau de necessidade e urgência, convivemos com a escassez de oferta em médicos de família.

---

[34] Expressão pela primeira vez utilizada entre nós por Constantino Sakellarides, no acto de posse como director-geral da saúde, em 1997.

Negligentemente tolerámos a substituição do trabalho com doentes e famílias pela ocupação, à hora, a ver doentes desconhecidos, ou até, em casos extremos, mas infelizmente frequentes, ao assalariamento clínico desqualificado, dispendioso e desmotivador.

Estávamos, nesse início de 2006, no acúmen da tendência, no limiar da insatisfação colectiva. Sentíamos não poder, mais tempo, continuar na irracionalidade passada. Sentimo-lo por razões, antes de mais, de inteligência, depois por imposição social, por solidariedade. Finalmente, sentíamos dificuldade crescente em abusar da tolerância do cidadão eleitor e contribuinte que nos impõe que fizéssemos mais e sobretudo melhor, com o já muito que nos concedia.

O País dispunha de um sistema de cuidados de saúde primários dispendioso, ineficiente e inequitativo. Os recursos eram consideráveis, cobriam quase todo o território, mas sub-aproveitados: 351 centros de saúde, 6169 médicos de Medicina Geral e Familiar, 27,8 milhões de consultas por ano. Todavia, cerca de 15% dos inscritos nos centros de saúde não dispunham de médico de família, um número que se estimava pudesse então atingir 700 a 750 mil Portugueses. Quase 1/5 das consultas (18%) correspondiam a actividade não programada, consultas de recurso para quem não tem médico nem marcação, consulta de SAP, enfim, mero encontro entre duas pessoas, médico e doente que, vivendo perto uma da outra, se desconhecem entre si.

Finalmente, um elevado número de inscritos, cerca de 33%, não frequentam os centros de saúde. Vão directamente às urgências, às consultas externas dos hospitais, ou ao médico privado.

O sistema é também dispendioso, como se demonstra no Quadro IV-A. 1 – Os custos com medicamentos representam aproximadamente 40% do custo total por utente e por consulta. Os custos com meios de diagnóstico e terapêutica representavam aproximadamente 1/5 do custo total por utente e por consulta. Ambos consumiam a maioria dos encargos totais públicos com a consulta (58%), aos quais ainda faltava acrescentar a parte não-comparticipada, a cargo das famílias.

Face a esta situação, havia mesmo necessidade de uma grande reforma. Seria bom recordar que a transformação do modelo, esforçado mas esgotado, de centros de saúde convencionais, em unidades de saúde familiares (USF) de geometria, estrutura e titularidades variáveis, ajustadas ao espaço, ao tempo, às necessidades e aos meios estava entre as prioridades do governo, no início do seu segundo ano de actividade. É de cuidados de saúde primários que trata a aposta de maior importância estratégica.

Quadro IV-A. 1
Cuidados de Saúde Primários – situação de partida

Custos médios no Centro de Saúde

Custo Médio	Por Utente		Por Consulta	
Custo Médio	216,5 €		68,6 €	
Medicamentos	84,3 €	*39%*	26,7 €	*39%*
MCDT's	40,9 €	*19%*	13,0 €	*19%*
Vencimentos	48,8 €	22,5%	15,4 €	22,4%
Vencimento médico	34,8 €	*16%*	11,0 €	*16%*
Vencimento enferm	14,0 €	*6%*	4,4 €	*6%*
Custos adm. / direcção	18,6 €	*9%*		
Outros custos	24,0 €	*11%*	13,5 €	*20%*

Fonte: Unidade de Missão para os Cuidados de Saúde Primários

O movimento da base para o topo

As USF não foram invenção de nenhum governo, são um produto da inteligência, experiência e não-resignação de um conjunto de médicos de família. Partiu de alguns deles o conceito, o desenho, a flexibilidade do modelo, a fórmula de implantação e até a antevisão de obstáculos.

A USF tem por missão e responsabilidade manter e melhorar o estado de saúde das pessoas por ela abrangidas, através da prestação de cuidados de saúde gerais, de forma personalizada, com boa acessibilidade e continuidade, abrangendo os contextos sócio-familiares dos utentes. Esta responsabilidade focaliza-se de modo especial num grupo de cidadãos que, em geral, varia entre 6.000 e 14.000 utentes. Estes limites são apenas indicativos, podendo ser ultrapassados em função de circunstâncias geo-demográficas ou dos recursos disponíveis.

Existia o conceito. Era necessário pô-lo em prática. Os erros do passado eram enormes e a saída do bloqueio consistiu no seu reconhecimento e no aproveitamento de uma janela de oportunidade. De uma situação desnivelada entre governantes e governados, passou-se a uma quase cumplicidade. Porventura, nunca total. Não seria desejável, por o progresso nascer da antítese. Apenas nos bastaria um segmento de caminho comum, o suficiente para galgarmos um outro patamar qualitativo, onde as nossas discussões deixassem de ser sobre produtividade, reclamações, horas extra e SAP's desnecessários e desqualificados, para passarem a ser sobre o nível de qualidade clínica alcançada, a qualidade da inserção familiar, o entrosa-

IV. Três objectivos centrais do programa do Governo

mento com a comunidade, a satisfação descomprometida do cidadão e a sensação de dever cumprido e de auto-estima de todos os que o atendem.

O programa do governo operacionalizava a reestruturação dos centros de saúde pela criação de unidades de saúde familiar, obedecendo aos princípios seguintes:

- pequenas equipas multiprofissionais e auto-organizadas;
- autonomia organizativa funcional e técnica;
- contratualização de uma carteira básica de serviços;
- sistema retributivo que premiasse a produtividade, acessibilidade e qualidade.

O processo era complexo e levará anos a executar, como se pode ver no diagrama seguinte (Quadro IV-A. 2):

Quadro IV-A. 2
USF: Fases e Metedologia de Implementação

A criação de USF nunca seria imposta pelo governo ou pelas administrações regionais. Ela deveria surgir de candidaturas espontâneas geradas por grupos de médicos de enfermeiros e de pessoal administrativo que se encontrassem de acordo no compromisso de criação. As candidaturas seriam avaliadas por comissões de pares, completadas e identificados os passos ainda a percorrer: mobilidade de pessoal que se encontrasse desgarrado, obras e equipamento para uma primeira instalação condigna, conhecimento do meio populacional a cobrir e correspondente "ganho assistencial", isto é, a população que passaria a dispor de médico de família e não o tivesse no passado, bem como os programas especiais de saúde que a USF se dispusesse a cumprir.

O processo de candidatura era exigente: o modelo funcional, objectivos e plano de actividades eram discutidos, avaliados e acordados. Exigia-se um sistema de informação para monitorização, avaliação e renegociação. O compromisso assistencial era explícito e transparente. O modelo de funcionamento inovador orientado para os resultados. Acordava-se em uma carteira básica de serviços, pública e tipificada. Era garantida ao utente a acessibilidade no próprio dia (8h-20h), solidariamente prestada pela equipa, com possibilidade de alargamento de horário até às 20:00 ou 22:00h, se justificado e contratualizado. Para o efeito, haveria um compromisso de intersubstituição entre profissionais. As USF seriam integradas em rede com outras unidades do centro de saúde e criar-se-ia, desde o início, um sistema de informação que permitiria avaliação dos resultados da equipa e dos seus membros.

A remuneração e os incentivos baseavam-se num princípio de diferenciação. Havia um número mínimo de 1.550 utentes por médico e enfermeiro. Complementado por incentivos, contratualizados anualmente, por quantidade e qualidade de determinadas actividades:

- Aumento da lista até ao máximo de 1.900 utentes
- Actividade especificas (diabéticos, hipertensos, crianças, grávidas, planeamento familiar)
- Domicílios, até um máximo de 20 por mês
- Carteira adicional de serviços, em situações fundamentadas e contratualizadas
- Alargamento contratualizado do período de funcionamento
- Sistema de incentivos institucionais com auto financiamento.

As condições propostas pelo governo

O movimento de renovação surgiu desde a base, com propostas diversificadas e até inovadoras. O que aumentava o nível de responsabilidade dos proponentes e da administração. Mas também estimulava a inovação organizativa. O governo sentiu a obrigação de resposta à adesão dos médicos de família com um quadro estável de condições de trabalho.

IV. Três objectivos centrais do programa do Governo 95

Tal só viria a ocorrer com a legislação então já em preparação, mas alguns pontos deviam ser adiantados:

a) Seguindo a orientação de dar prioridade ao cidadão, estimular-se-ia a constituição de USF em locais de maior número de utentes sem médico de família. Sem prejudicar, é claro, as candidaturas a apresentar. O interesse público imporia, como primeira tarefa, cuidar dos que não têm sequer médico[35].

b) Apesar de a ideia não ser popular no meio dos médicos de família, o governo não abdicava da eventual criação de USF em unidades locais de saúde nem da articulação de USF com hospitais de gestão concessionada, desde que o contexto o aconselhasse, como alternativa ou complemento à modalidade de agrupamentos de centros de saúde (ACES)[36]. Todavia, asseguraria que a cada uma delas presidiria uma ideia integradora, concorrencial e não hegemónica nem hospitalo-cêntrica.

c) As novas instalações de centros e extensões de saúde a aprovar a partir de agora deveriam incluir USF candidatas nos termos do concurso aberto. Não seria aconselhável desperdiçar uma oportunidade de modernização de infraestruturas não a associando ao novo modelo organizativo.

d) O conceito de cuidados de saúde primários deveria ser considerado independente do atendimento de urgência, deixando de conter o atributo de permanência que obriga a serviços de porta aberta sem condições qualificadas, em situações de procura com expressão por vezes irrisória. Os cuidados de saúde primários, por definição, deveriam estar disponíveis e acessíveis até às 20 ou 22 horas, limite máximo aceitável para uma organização que não rompa a ligação do doente ao seu médico. Depois dessa hora, os cuidados dificilmente se podem considerar familiares, a não ser através de breve contacto telefónico, quando e se pertinente. Seriam, eventualmente situações de urgência ou emergência e como tal devidamente tratadas através de rede própria e localização concentrada e especializada.

---

[35] Aí reside uma parte da explicação para a forte concentração litoral das primeiras USF.

[36] A ideia de articulação entre o único hospital público de gestão concessionada, o Hospital Fernando da Fonseca, Amadora-Sintra, e os centros de saúde da respectiva área de atracção havia sido desde há muito proposta pelo concessionário.

e) A reconversão dos actuais SAP nocturnos deveria ser entendida como independente da presente reforma. Todavia, aquela poderia ser facilitada, entre outros meios, pela criação de USF no mesmo local. Uma parte dos recursos financeiros hoje ineficientemente dispendidos com o SAP nocturno auxiliaria o universo compensatório da correspondente USF que o substituisse.

f) As unidades de saúde familiares, à medida que o seu sistema de informação o permitisse, deveriam contratualizar com as ARS os ganhos de eficiência estimados em redução de consumo desnecessário de medicamentos e meios complementares de diagnóstico e terapêutica (MCDT). Sempre que essa redução se comprovasse no âmbito da população coberta pela USF, para a unidade deveria reverter uma fracção da poupança financeira realizada.

g) Os ganhos de eficiência seriam baseados no programa que cada USF negociasse com a agência de contratualização da respectiva ARS e seriam utilizados na alimentação dos encargos adicionais com o novo regime retributivo, mas também com equipamentos clínicos e de informação e ainda com encargos de deslocação a congressos e de aquisição de documentação para actualização permanente, dispensando os médicos e enfermeiros do apoio, nunca desinteressado, da indústria de medicamentos ou de material de consumo clínico.

h) O governo comprometia-se a criar em tempo condizente com o calendário de lançamento das USF, as condições legais de mobilidade e vinculação dos aderentes.

i) Igualmente se comprometia a facultar a cada USF aprovada, condições para a modernização de instalações, equipamentos, material clínico, sistemas de informação e respectivo apoio, necessários ao desempenho das suas tarefas, cabendo a cada ARS, com a colaboração dos serviços centrais competentes, o planeamento e a programação das acções conducentes à disponibilização daqueles recursos.

j) O governo comprometia-se a legislar, até ao final de 2006, para o cumprimento das lacunas de cobertura social e de saúde no estatuto dos profissionais que estivessem a ocorrer ou viessem a decorrer da fase de transição do estatuto anterior para o novo estatuto que viesse a ser aprovado para reger as USF.

k) Finalmente, deveriam ser encetadas negociações com os sindicatos respectivos sobre o modelo retributivo, que se desejava generoso e incentivador, mas que se sabia balizado entre a cobertura das reais necessidades da população e os meios financeiros que o governo, no seu conjunto, considerasse adequados e possíveis.

Viabilidade financeira e sustentabilidade da reforma

Os dois quadros seguintes comparam a forma de exercício da medicina geral e familiar sob a forma de USF e sob a forma pré-existente, para um mesmo conjunto de 12 mil utentes. Desde logo, o modelo convencional consome mais um médico (8) que o modelo USF (7), pois limita-se à norma 1500 utentes por médico, enquanto a USF ascende a 1714 inscritos e a 2120 na dimensão ponderada por contratualização de carteira básica de serviços associada a objectivos de ganhos em saúde. As actividades específicas (planeamento familiar, saúde materna, saúde infantil, diabéticos, hipertensos, domicílios) são bem mais alargadas na USF que no modelo convencional, centrado em consulta-tipo igual para todos. (Para facilitar a comparação admite-se que o SAP onde trabalhem fora de horas os médicos do centro de saúde tenha o mesmo horário de serviço ao público que o modelo USF) (Quadro IV-A. 3).

QUADRO IV-A. 3

	UNIDADE SAÚDE FAMILIAR		CENTRO DE SAÚDE "TRADICIONAL"	
Mesmo n.º de utentes	**População**		**População**	
	Utentes	*11.998*	*Utentes*	*12.000*
	Médicos		**Médicos**	
Menos médicos	*N.º de Médicos*	*7*	*N.º de Médicos*	*8*
	Assistente graduado 3.º escalão		*Assistente graduado 3.º escalão*	
	35 horas de dedicação exclusiva		*42 horas de dedicação exclusiva*	
	Período de Abertura		**Período de Abertura**	
Idêntico período de abertura	*Dias úteis*	*8:00-20:00*	*Dias úteis*	*8:00-20:00*
	Alargamento dias úteis	*20:00-22:00*	*SAP dias úteis*	*20:00-22:00*
	Alargamento aos sábados	*8:00-20:00*	*SAP aos sábados*	*8:00-20:00*
	Lista de Utentes		**Lista de Utentes**	
Mais ganhos assistenciais	0 a 6 anos	113		
	7 a 64 anos	1.315		
	65 a 74 anos	160		
	> = 75 anos	126		
	Utentes inscritos por médico	**1.714**	Utentes inscritos por médico	**1.500**
	Dimensão ponderada	**2.120**		
	Actividades Específicas (por médico)		**Actividades Específicas (por médico)**	
Contratualização anual de carteira básica de serviços, associada a objectivos de ganhos em saúde	Planeamento Familiar	40	Planeamento Familiar	8
	Saúde Materna	6	Saúde Materna	3
	Saúde Infantil: 1.º ano	6	Saúde Infantil: 1.º ano	2
	Saúde Infantil: 2.º ano	5	Saúde Infantil: 2.º ano	2
	Diabéticos	40	Diabéticos	20
	Hipertensos	80	Hipertensos	30
	Domicílios	21	Domicílios	1

O quadro seguinte demonstra as implicações financeiras de cada modelo em encargos directos, excluindo a prescrição de medicamentos e meios de diagnóstico (Quadro IV-A. 4). Saltam à vista a diferença de filosofia entre a remuneração por presença, à base de horas extraordinárias (valores médios), haja ou não trabalho que as justifique, e a remuneração em função do desempenho contratualizado. A grande vantagem do novo modelo reside em que este permite maior capacidade de prestação de consultas regulares aos próprios doentes da lista, em vez de apenas mais consultas de situações agudas a pessoas que não pertencem à lista do médico que as realiza. Segundo este exemplo, o modelo USF serve melhor, de forma mais diversificada e mais personalizada, apesar de retribuir o médico em menos 422 Euros mensais, com encargos mensais em pessoal médico inferiores em 9.135 Euros, para a cobertura das mesmas 12 mil pessoas. Desta forma melhoraria o acesso e a qualidade dos cuidados e melhoraria a eficiência da prestação de cuidados com o mesmo investimento público.

QUADRO IV-A. 4

	UNIDADE SAÚDE FAMILIAR		**CENTRO DE SAÚDE "TRADICIONAL"**	
Remuneração em função do desempenho ao invés do horário de trabalho	**Remuneração por médico**		**Remuneração por médico**	
	35 horas em edicação exclusiva	3.420,81	42 horas em edicação exclusiva	4.515,47
	Lista de Utentes	738,89	Trab Extraordinário em AC/SAP	1.211,19
	Actividades Específicas	1.137,92		
	Subtotal 1	*5.297,62*	*Subtotal 1*	*5.726,66*
Mais consultas regulares em horários alargados ao invés do antendimento de apenas situações agudas (SAP)	**Alargamento de cobertura**		**AC / SAP**	
	Dias úteis	182,36	Trab Extraordinário dias úteis	238,81
	Sábados	284,48	Trab Extraordinário sábados	220,22
	Subtotal 2	*466,84*	*Subtotal 2*	*459,03*
	Total por médico	**5.764,46**	**Total por médico**	**6.185,69**
	GLOBAL (= *Total* × *7 médicos*)	**40.351,22**	**GLOBAL** (= *Total* × *8 médicos*)	**49.485,52**

A legislação entretanto aprovada previa já as condições de exercício constantes do modelo, através dos seguintes princípios:

- Substituição da dedicação exclusiva em 42 horas (médicos) e das horas extraordinárias (todos os profissionais) e do tempo acrescido (enfermeiros) pelo novo modelo retributivo.
- Um médico que se candidatasse a USF só poderia receber um valor equivalente ao regime de dedicação exclusiva em 42 horas (+32% do salário base) se se dispusesse a aumentar a sua lista de utentes

até um mínimo de 1.818 (e um máximo de 1.900). Actualmente 68% dos médicos de família estão em regime de exclusividade, em 42h semanais.

- Só poderia haver lugar a incentivos institucionais se existisse diminuição de pelo menos 5% do valor da despesa com medicamentos e MCDT. Desse valor, apenas 30% se destinaria a incentivos, na condição de a USF cumprir as metas que contratualizou em termos de acesso, desempenho e qualidade. Estes incentivos seriam aplicados na USF em melhorias das condições de trabalho, de humanização, formação e melhoria contínua da qualidade e de amenidades.

A Unidade de Missão para os Cuidados de Saúde Primários encomendou, em 2006, um estudo sobre o impacto orçamental das novas USF. O estudo identificou a estrutura de custos por cada utente, por utilizador e por consulta. Comparou-os com o exemplo mais próximo da prática em USF, pré-existente à criação destas, o regime remuneratório experimental (RRE), em vigor em duas dezenas de centros de saúde. Nos centros de saúde com RRE, comparando com centros de saúde "convencionais" equivalentes, a redução do custo por utente foi estimada em 104 € (-48%); a redução dos custos por consulta foi estimada em 28 € (-41%)[37].

O estudo ajustou resultados para o efeito de auto-selecção, analisando diferenças de produtividade e de perfis de prescrição entre os médicos candidatos a USF e os outros: um candidato a USF faz, em média, mais consultas e gasta menos em medicamentos e MCDT, por consulta, que um médico de um centro de saúde convencional. Após expurgar os efeitos da auto-selecção, a vantagem do RRE por consulta em medicamentos e em MCDT é, mesmo assim, de 29% dos respectivos custos médios e, em termos do custo médio de uma consulta (incluindo remunerações dos médicos), a vantagem líquida global do RRE comparado com centros de saúde convencionais semelhantes é de 9,9 €, ou seja, menos cerca de 14,4%.

A conclusão do estudo apontava para impacte financeiro global positivo. A implementação de 34 USF em 2007, por comparação com centros de saúde convencionais, teve um impacto orçamental de redução das despesas na ordem dos 9 milhões de euros por ano, a preços de 2007.

---

[37] Fonte: Estudo da APES, 2006, Análise dos Custos dos Centros de Saúde e do RRE.

Outros ganhos intangíveis

Os requisitos emergentes dos sistemas de saúde centrados nos resultados e na relação custo-efectividade, combinados com novos paradigmas de aprendizagem centrados em conhecimentos geradores de competência no desempenho confluíram como pano de fundo para a reorganização dos cuidados de saúde primários. Aproximam-se do objectivo de melhorar o estado de saúde geral da população, pela proximidade de cuidados, pelo acompanhamento dos doentes e por um novo impulso às iniciativas de prevenção. O enfoque na promoção de saúde e a adopção de boas práticas impostas pela evidência clínica deveriam ter como resultado o melhor uso de recursos utilizados no tratamento da doença e a melhoria da qualidade clínica e, consequentemente, ganhos de efectividade no Serviço Nacional de Saúde. Melhor qualidade clínica poderia também facilitar ganhos de eficiência, como tinham demonstrado estudos preliminares sobre o desempenho do RRE e das USF.

A importância dos ganhos intangíveis trazidos por melhorias de qualidade assenta na formação de médicos de família e de todos os restantes actores que com eles trabalham para servir doentes e famílias. A prioridade à formação de novos especialistas em medicina geral e familiar não pode omitir outros actores que com eles actuam no dia-a-dia: enfermeiros, técnicos superiores, outros técnicos, pessoal administrativo e auxiliar. É necessário identificar as carências de formação que, colmatadas, os conduzam a ampliar conhecimentos e melhorar a prática. Para que não se quedem ensimesmados, relutantes ou antagonistas.

No sector da saúde, onde o trabalho é cada vez mais multidisciplinar, parte das tarefas são já realizadas através de redes, com recurso ao trabalho em equipa e num ambiente de gestão horizontal. Aqui, a gestão do conhecimento consiste sobretudo em colocar ao alcance de cada funcionário e gestor a informação que ele necessita, no momento preciso, para que a sua actividade seja efectiva.

É possível concretizar este tipo de prática com a reorganização dos CSP, onde o conhecimento é crucial, não apenas para a qualidade dos cuidados prestados, mas também para o desenvolvimento de cenários eficazes de abordagem dos problemas de saúde da população. O que apontava para a necessidade de planos de formação nos novos centros de saúde incluindo todos os profissionais, definidos segundo as necessidades reais da instituição e os objectivos da reforma.

IV. *Três objectivos centrais do programa do Governo* 101

Era e é conhecida a carência de médicos de medicina geral e familiar e de saúde pública, de enfermeiros e de outros técnicos de saúde (psicólogos, assistentes sociais, nutricionistas, dietistas, higienistas orais, fisioterapeutas, entre outros), levando naturalmente à sobrecarga de trabalho diário dos profissionais actuais e ao aprofundamento do modelo biomédico. Um ambiente saudável não deve assentar em desequilíbrios de dotação de recursos e sobrecargas excessivas. A formação deve, portanto, ser vista como um investimento indispensável.

Um ano depois, meados de 2007

Um ano depois do primeiro grande encontro público com os médicos de família reunidos à volta da respectiva associação, alguns resultados podiam já ser observados.

Em 2006, o discurso político estava ainda baseado em críticas ao passado, com um histórico de incertezas, inacção e erros. Estávamos então satisfeitos com o número de candidaturas a USF apresentadas. Doze meses depois, registávamos a criação de 52 USF já em pleno funcionamento, com mais 23 aprovadas, aguardando abertura, e mais 72 apresentadas, aguardando avaliação. As 75 USF então aprovadas dariam médico de família a mais 92 mil utentes.

Em 2006 receava-se o envelhecimento rápido dos profissionais existentes, devido à baixa atracção da carreira. Encontravam-se em formação apenas 350 internos, tendo sido admitidos em medicina geral e familiar, em 2004, apenas 123 internos, uns escassos 16% do total dos internos admitidos. Um ano depois, registavam-se 558 internos em formação e 183 admitidos ao longo de 2006, o que fez subir a quota de admissão para 22%. A meta desejável situar-se-ia nos 25 a 30%, em função das flutuações da oferta formativa.

Um ano atrás, prometia-se lutar pelo modelo retributivo que o governo desejava "generoso e incentivador". Em 2007 ele aí estava, já negociado com os parceiros sociais. Não foram poucos os que descreram de se poder chegar até ali.

Em 2006, prestava-se compromisso de facultar a cada USF instalações novas ou remodeladas, equipamentos, material clínico, sistemas de informação e respectivo apoio, bem como facilidades na mobilidade dos integrantes. Um ano depois, observava-se que cada nova USF nascia acoplada a um sistema de informação, a um sistema de contratualização, a um compromisso com a população que servia. E também a um compromisso com a sua auto-estima, simbolicamente confirmado em fardamento próprio, logótipo, modelo organizativo específico e orgulho no serviço prestado aos cidadãos. Assistia-se, em cada nova USF, a uma pequena festa, com os eleitos locais presentes, as forças sociais curiosas, interessadas e colaborantes, os arrebiques e atavios de última hora realizados pelo próprio pessoal com o carinho de quem cuida da casa e de causa própria.

Em apenas um ano tanta coisa mudara e para melhor. Um ano mais tarde, esperava-se que tudo fosse diferente, de novo. Teríamos mais USF, talvez duas a três vezes o número actual. Teríamos USF onde elas mais falta fazem, nas zonas periurbanas carecidas de médicos para uma população a descoberto. Mas também esperávamos ter USF em zonas do interior, sobremedicalizadas, onde nada justifica o ciclo vicioso e dispendioso das consultas de recurso, tornadas necessárias pela indisponibilidade regular das equipas mobilizadas em serviços nocturnos de baixa procura e elevada insegurança. Era importante vencer o bloqueio contra as USF no interior do País. Apenas com a vontade dos interessados. Vontade própria e fé movem montanhas, a vontade alheia impõe obrigações.

Em alternativa, até à generalização da cobertura através de USF, os centros de saúde deveriam ter o seu funcionamento alterado, tivessem ou não USF instaladas. Essas modificações seriam orientadas para o alcance dos mesmos resultados, já hoje obtidos pelas USF, através da associação de centros de saúde em agrupamentos. O actual nível subregional cederia a sua gestão a serviços prestadores de proximidade, gerando núcleos de especialização produtiva para as funções logísticas. Os agrupamentos de centros de saúde (ACES) passariam a estar habilitados à prática de uma verdadeira governação clínica, até hoje inexistente.

Cuidar das USF era necessário, elas não navegavam sozinhas. Careciam de acompanhamento e até de apoio. As unidades de saúde familiar, à medida que o seu sistema de informação o permitia, contratualizam com as ARS os ganhos de eficiência estimados em redução do consumo desnecessário de medicamentos e meios complementares de diagnóstico e terapêutica. O novo modelo obrigava a um permanente acompanhamento e avaliação de resultados, distinguindo as diferenças de desempenho por referência a objectivos de satisfação dos utilizadores e dos profissionais e também a objectivos de eficiência, com base em indicadores previamente contratualizados.

O sistema consolidava e alargava o modelo de incentivos dos médicos a todos os profissionais das USF, potenciando aptidões e competên-

IV. Três objectivos centrais do programa do Governo

cias de cada profissional e premiando o desempenho individual e colectivo, em obediência a objectivos de eficácia, eficiência e acessibilidade aos cuidados de saúde primários. Remunerava os médicos e enfermeiros em função de capitação e por alguns actos específicos, o que permitia que se pudessem rapidamente alterar prioridades na saúde pública. Recompensava melhor os profissionais que mantivessem a população com melhores níveis de saúde, porque não retribuia apenas segundo o número de consultas, mas premeava a satisfação das pessoas, que tenderiam a querer estar inscritas onde se sentissem melhor. Significava que tudo aquilo que esteja associado à produtividade dos médicos, como a actividade que desenvolviam além do horário normal de 35 horas semanais, o número de doentes que atendiam sobre a sua própria lista, a quantidade de grávidas e doentes crónicos que seguissem, entre outras variáveis, corresponderiam a valores integrados na remuneração regular de cada médico.

Nos locais onde entraram em funcionamento as USF, os resultados positivos começavam a ser visíveis: na redução de procura de consultas fora do horário normal dos centros de saúde; na maior personalização do contacto entre médico e utente; no menor tempo de espera pela consulta regular; no mais alto grau de satisfação de utentes e prestadores; no menor dispêndio em medicamentos e meios de diagnóstico, por redução de redundâncias, sobreposições e variações na prescrição terapêutica.

Em Dezembro de 2007

Em 2007, 31 de Dezembro, estavam 105 USF a funcionar, cobrindo, pela primeira vez, 152 mil cidadãos que até então não dispunham de médico de família. As USF recolocaram o cidadão no centro do sistema, numa relação ímpar com o seu médico e o seu enfermeiro de família. Nas USF pode marcar-se a consulta pelo telefone ou pela internet, com a garantia de que se é atendido em período não superior a 30 minutos de espera, o que torna desnecessária a concentração de doentes no início do período da consulta. O mecanismo de intersubstituição, garantindo que o doente é visto por um médico da USF como se fora o seu próprio médico, torna desnecessária a presença do doente, ou de alguém por ele, de madrugada, à porta do centro de saúde, para obter uma senha que o levaria a ser visto só no fim do dia. E o alargamento das listas de 1.500 para quase 1.800 doentes por médico veio atribuir médico de família a pessoas que até aqui o julgavam impossível. Esta revolução silenciosa das USF era o maior passo de aumento da qualidade, alguma vez concretizado nos cuidados primários.

Uma política de reforço dos cuidados de saúde primários implicava o desenvolvimento dos correspondentes recursos humanos, sobretudo médicos de medicina geral e familiar (MGF) e de saúde pública para reforçar USF e centros de saúde, de forma a melhor poderem desempenhar as tarefas de promoção da saúde e prevenção da doença. Foi necessário ampliar consideravelmente o número de vagas nos internatos destas especialidades, ao mesmo tempo que se criavam contingentes estritos para reduzir a transferência lateral oportunística (Quadro IV-A. 5).

QUADRO IV-A. 5
Internos de MGF

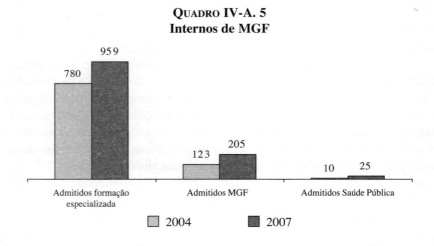

O número de vagas no internato de especialidade de MGF aumentou em 82 vagas entre 2004 e 2007, passando de 15,8 para 22,0% do total de vagas e o número de vagas de Saúde Pública mais que duplicou, passando de 10 para 25.

Os Agrupamentos de Centros de Saúde

Novas responsabilidades impõem novos patamares institucionais. Os agrupamentos de centros de saúde (ACES) são uma realidade nova. Eles vão dispor de autonomia de gestão.

A autonomia de gestão é um dos factores críticos de sucesso da reorganização dos cuidados primários. Na primeira fase da reforma, este tipo de autonomia não tem correspondência no tradicional estatuto jurídico da autonomia administrativa e financeira, pelo que a sua afirmação deve assentar, em primeiro lugar, numa nova cultura de gestão e de liderança, baseada nos valores da orientação para o cidadão, da confiança recíproca e do empreendedorismo dos profissionais. A criação desta nova cultura de gestão e liderança deve relacionar-se com o conceito de governação clínica, e é extensiva às relações dos ACES com as ARS e as diversas unidades funcionais que as compõem. Pode ser favorecida com a execução de um plano integrado de desenvolvimento de competências dos futuros gestores, capazes de assumirem o verdadeiro papel de líderes, conjugado com a construção contínua de um quadro de referências para a autonomia gestionária.

O reforço desta autonomia resultará, também, no aperfeiçoamento do modelo de contratualização, baseado em compromissos assumidos e partilhados no âmbito de um processo liderado pelos futuros "departamentos de contratualização" das ARS, em parceria com as estruturas regionais de acompanhamento da Missão para os Cuidados de Saúde Primários. Por sua vez, com a inevitável extinção das sub-regiões de saúde a inovação presente na reforma dos CSP deveria ser extensível ao modelo de financiamento e à reorganização dos serviços de apoio, assegurados numa lógica de serviços partilhados, como se prevê que suceda no âmbito de outros sectores da administração central do Estado.

As práticas de *accountability* são ainda pouco comuns na administração pública portuguesa. Confundem-se com a prestação de contas, formal e contabilística, com o controlo social exercido pela comunicação social e pelos diversos grupos de observadores privilegiados na sociedade civil. É necessário criar, disponibilizar na Internet e difundir um conjunto de orientações objectivas que os ACES deverão concretizar através de indicadores e informações sobre a sua actividade. Com a governação clínica a poder realizar-se nos ACES, as USF passarão a dispor de correcto enquadramento global e organizado de que carecem, superando o tradicional amorfismo técnico-científico de centros de saúde convencionais de missão final nunca alcançada.

Governação clínica

A governação clínica é o conceito segundo o qual as organizações de saúde são responsáveis pela melhoria contínua da qualidade dos seus serviços, garantindo altos padrões de qualidade através da criação de um ambiente onde a excelência floresça[38], é o processo através do qual as organizações de saúde se responsabilizam pela melhoria contínua da qualidade dos seus serviços e pela salvaguarda de padrões elevados de qualidade de cuidados.

A governação clínica é um conceito recente, entre nós, que abrange vários aspectos da condução de um serviço de saúde, como a efectividade clínica, a auditoria clínica, a gestão do risco, a satisfação do doente e o desenvolvimento de competências profissionais. Envolve todos os membros da equipa de saúde pelo reconhecimento do contributo de cada um para a qualidade dos cuidados. Implica esforço conjunto, da equipa, para identificar aspectos que necessitem de melhoria e para procurar soluções. E implica responsabilização pelos serviços prestados, passando pela disponibilização de informação aos utentes.

O elemento-chave da governação clínica é a articulação entre estas vertentes, sob liderança efectiva no seio de uma equipa multidisciplinar. Este modelo de abordagem integrada das vertentes da prestação de cuidados de saúde deve ser conduzido nos novos centros de saúde de forma sistémica, planeada e não burocratizada.

Numa organização que pratique a governação clínica há uma aceitação do grau de liberdade e do erro e os maus desempenhos são encarados como aspectos a melhorar, colocando de parte uma lógica de culpa e penalização.

A governação clínica constitui-se como uma espécie de compromisso ético de responsabilidade social, onde o essencial passa por sabermos ser tolerantes com o erro, celebrarmos o sucesso, acreditarmos no potencial humano, valorizarmos o saber prático, partilharmos conhecimento, termos confiança e sermos abertos ao exterior.

A governação clínica vai passar a ser um desafio à prática da medicina geral e familiar nas unidades de saúde familiar e ACES, dentro de uma estratégia para a melhoria contínua dos cuidados prestados e um compromisso ético de responsabilidade social. A eficiência e a efectividade do novo modelo de funcionamento dos CSP deverão ser objecto de acompanhamento e avaliação que integre as vertentes clínica, funcional, legal e financeira. Não se tratará apenas de conduzir o processo de criação de mais USF, mas contribuir para a consolidação do conceito de autonomia de gestão de modo que os CSP em Portugal se consolidem, sejam sinónimo de excelência e confiram aos cidadãos a tranquilidade, a segurança e a qualidade de há muito prometida e escassas vezes concedida.

---

[38] Quality in the New NHS, 1998, Department of Health, UK.

IV-B. Cuidados Continuados a Idosos e a Cidadãos com Dependências [39]

Adequar o SNS a novos problemas de Saúde

O Conselho de Ministros aprovou, em 16 de Março de 2006, o diploma que criou a Rede Nacional de Cuidados Continuados de Saúde a Idosos e Dependentes (RNCCI)[40]. Levou um ano a preparar. Tratou-se, porventura, da mais importante reforma do sistema desde que em 1978 se abriram as condições de generalidade do SNS, com o acesso de todos os cidadãos aos postos da previdência.

Depois do complemento solidário e da rede de apoio social à 1.ª infância e a idosos, esta foi a terceira peça essencial da uma nova geração de políticas sociais do governo. Todos conhecíamos o drama de milhares de idosos doentes, já sem condições de tratamento em hospitais de agudos e ainda sem poderem ser acolhidos na família ou na comunidade. Uma enorme lacuna do Serviço Nacional de Saúde.

Não era possível preenchê-la de forma improvisada, comprando lugares nas chamadas "camas de retaguarda", como havia sido anteriormente ensaiado. Era imperioso definir diferentes tipologias de serviços adaptáveis às diversas situações. Respostas começando nas unidades de convalescença, passando aos cuidados intermédios e finalmente a cuidados de saúde de longa duração, complementados por cuidados domiciliários e por cuidados paliativos. O papel do sector privado, social e lucrativo é essencial. A passagem do hospital para os cuidados continuados (CCI) no local adequado deve decorrer em passadeira vermelha, com base em critérios de avaliação do nível de dependência, a cargo de equipas de alta em hospitais e de unidades sedeadas na comunidade, integrando pessoal dos serviços locais da segurança social e dos centros de saúde. Os cuidados paliativos, outra grave lacuna do sistema, passaram a ser prestados, de modo organizado, quer por hospitais, quer por equipas domiciliárias dos centros de saúde.

---

[39] Este capítulo recolhe contributos dos serviços e em especial de uma intervenção pública de Cármen Pignatelli, que foi Secretária de Estado Adjunta e da Saúde, de 2005 ao início de 2008.

[40] Decreto-Lei n.° 101/2006, de 6 de Junho.

O decreto-lei que criou a rede surgiu da constatação de que a configuração anterior do sistema de saúde não garantia a reabilitação dos seus diferentes grupos-alvo de doentes.

A rede consubstancia uma verdadeira lógica de continuidade de cuidados e de promoção da autonomia, em desfavor de outras lógicas que assentam na pressão para a libertação de camas nos hospitais de agudos e consequente contratação de outras, quase sempre indiferenciadas, fora deles. Não pode haver lugar a mais hospitais e camas, ditos de "recta-guarda". São necessários serviços adaptados a cada tipo de problema, uma vez que as simples "camas" não promovem a autonomia de ninguém, quando ela ainda é possível.

A rede evita, tal como acontece actualmente ainda com alguma frequência, o internamento, na mesma unidade de cidadãos com situações clínicas muito distintas, obrigando à coabitação e tratamento indiferenciado, no mesmo espaço físico, de doentes com patologias de grande dependência com os que têm ainda um razoável grau de autonomia ou que a perderam transitoriamente: cidadãos com demências e outros que se encontram apenas em recuperação de uma situação ortopédica; doentes em fase terminal e doentes vítimas de acidente vascular cerebral (AVC) ou de acidentes de viação, estes maioritariamente não idosos.

Uma reforma com esta ambição não deixa indiferente quem tem ou virá a ter idosos e dependentes com doença crónica, sem hospitais que os consigam manter por mais tempo, pressionados por tantos doentes agudos. A reforma foi possível graças à mudança do destino das receitas dos Jogos Sociais, operada pelo Decreto-Lei n.° 56/2006, de 15 de Março, que consignou 16,6% da respectiva receita líquida para este e outros programas previstos no Plano Nacional de Saúde[41]. Na primeira distribuição destes recursos (2006), a parte mais importante foi orientada para os cuidados continuados (Figura IV-B. A).

---

[41] "São atribuídos ao Ministério da Saúde 16,6% do valor dos resultados líquidos de exploração dos Jogos Sociais, para acções previstas no Plano Nacional de Saúde, designadamente para projectos no âmbito do Alto Comissariado da Saúde, como sejam a luta contra a sida, luta contra o cancro, prevenção das doenças cardiovasculares, cuidados de saúde às pessoas idosas e às pessoas em situação de dependência e para o desenvolvimento de projectos e acções de prevenção, tratamento e reinserção no âmbito da toxicodependência" (n.° 6 do artigo 3.°, do Decreto-Lei 56/2006, de 15 de Março).

FIGURA IV-B. A
Estimativa de receita dos Jogos Sociais
Estimativa 2007

A gravidade da omissão, até então, de cuidados de saúde a idosos e dependentes colocava-nos numa situação desconfortável face às necessidades e expectativas da população, distorcia a eficácia e a eficiência do nosso SNS e lançava uma marca de desigualdade: só quem tivesse recursos próprios ou de descendentes poderia ser decentemente assistido no segmento final da sua existência ou, quando em situação de dependência, resultante de outro factor que não a idade. Uma reforma com esta responsabilidade tem que ter ambição. Sobretudo, tinha que ser bem planeada logo desde o início.

A reforma durará dez anos a executar, mas espera-se que possa alcançar, já em 2010, dois terços dos seus objectivos quantificados. No final de dez anos, a reforma estará em condições de cobrir 80% das necessidades, tal como foram identificadas em finais de 2005. Os seus encargos anuais, a preços desse ano, deverão ultrapassar os 300 milhões de euros, não sendo então suficiente o financiamento gerado pelos jogos sociais (Figura IV-B. B). Uma vez no terreno, a reforma terá capacidade para orientar as prioridades do gasto público para reais necessidades da população, com financiamento sustentável.

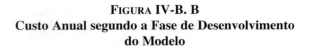

FIGURA IV-B. B
Custo Anual segundo a Fase de Desenvolvimento do Modelo

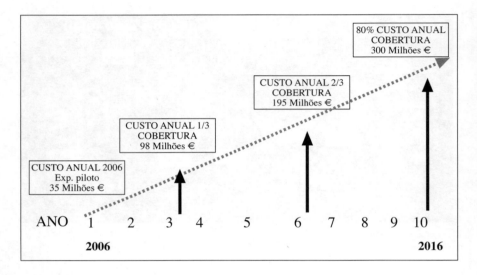

A reforma recorre ao que de mais generoso tem para oferecer a sociedade civil, seja pelas instituições privadas e de solidariedade social, seja pela comunidade, seja simplesmente pelas famílias, que poderão agora, sem sacrifícios sobrehumanos, ajudar a cuidar melhor dos seus entes queridos quando necessitam deste tipo de cuidados.

A dimensão das necessidades

Para melhor enquadrarmos o problema do envelhecimento da população, será bom recordar que, em 2004, a nossa esperança média de vida à nascença se situava nos 74 anos para os homens e ultrapassava os 80 nas mulheres. 30 anos atrás, a esperança média de vida dos portugueses rondava os 60 anos para os homens e os 72 para as mulheres.

Esta evolução, que constitui, em si, um enorme ganho em saúde dos portugueses, conduziu, naturalmente, ao aumento de pessoas idosas na nossa sociedade. A densidade da população com 65 ou mais anos ronda, hoje, os 16,5%, o que corresponde a cerca de 1,6 milhões de pessoas. Um terço dos nossos distritos regista já uma taxa de envelhecimento que se aproxima dos 25%, particularmente no interior do País (Figura IV-B. C). Algumas freguesias rurais do interior têm percentagens de envelhecimento que ultrapassam mesmo os 40%. A agravar este quadro, as previsões demográficas indicam que Portugal será em 2050 um dos países da UE com mais elevada percentagem de idosos (32%), ou seja, perto de 2,7 milhões de pessoas com 65 ou mais anos.

FIGURA IV-B. C
População com 65 ou mais anos
Crescimento em relação a 2001

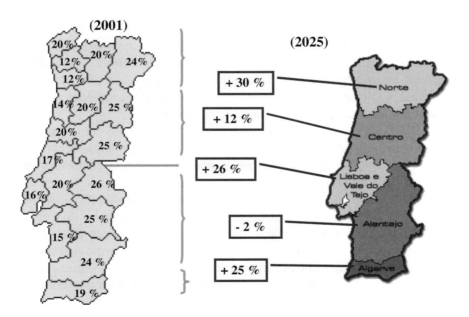

De acordo com referências internacionais, em cada 1000 idosos, 100 apresentam pluripatologia e dependência e destes, 10% são doentes terminais. Relativamente às demências, e de acordo com as mesmas referências, haverá 12 casos em cada 100 idosos. Estimativas produzidas em Março de 2004 no nosso País, levaram a concluir que nessa data existiriam:

- 163.000 idosos com pluripatologia e dependência;
- entre 160.000 a 250.000 idosos com demência;
- mais de 16.000 doentes terminais.

Estes números continuarão progressivamente a aumentar nos próximos anos.

No que respeita às alterações sociológicas que mais contam para esta análise, destacam-se as que decorrem das mudanças na estrutura familiar. O modelo de família nuclear e urbano é agora mais preponderante que o tradicional modelo de família, extenso e rural, de que muitos de nós já mal se recordam. Acresce que a mulher portuguesa entrou plenamente no mundo do trabalho. Segundo dados da OCDE, de 2005, as mulheres portuguesas registam uma taxa de actividade a tempo inteiro de 61%, o que constitui um dos níveis mais elevados da UE. Anos atrás, eram elas que cuidavam das crianças, dos doentes e dos idosos da família. Está a desaparecer, assim, de uma forma silenciosa mas quase abrupta, uma rede informal, não institucional, que assegurou durante séculos muitas das respostas de que a sociedade carecia neste domínio.

Hoje, assiste-se à dificuldade das mulheres em conciliarem a sua actividade profissional com a vida familiar. Sobre elas, principalmente, tem recaído o esforço de responder às necessidades dos seus familiares na área da saúde e do apoio social.

Outra variável da problemática contribui para a complexidade do problema: o isolamento, a solidão dos idosos. Segundo dados do Censos 2001, metade das pessoas que declararam viver sós tinham idade igual ou superior a 65 anos (cerca de 321.000 pessoas) e, aproximadamente 22% com 75 ou mais anos encontravam-se nesta situação, o que corresponde a perto de 155.000 cidadãos. Estes dados, somados à quebra dos tradicionais mecanismos de ajuda informal, incluindo os de vizinhança, especialmente nas grandes áreas metropolitanas, evidenciam a necessidade de novas formas de apoio institucional nas áreas da saúde e da solidariedade social.

Estariam os nossos equipamentos de saúde preparados para fazer face a estes problemas que, conforme sabemos, se irão agravar nas próximas décadas?

IV. Três objectivos centrais do programa do Governo 113

Muitos de nós tínhamos consciência de que a resposta era negativa e muita coisa havia para fazer neste domínio. Só em 2005 foi possível iniciarmos o que alguns países da UE haviam conseguido duas décadas atrás. As respostas de cuidados continuados ou de longa duração para os idosos e cidadãos em situação de dependência, assentam:

- em primeiro lugar, na intersectorialidade: saúde e apoio social;

- em segundo lugar, na multidisciplinariedade, com grande envolvimento de profissionais de variadas especialidades (médicos, enfermeiros, fisioterapeutas, psicólogos, técnicos de apoio social, auxiliares de acção médica, ajudantes de saúde, etc.);

- em terceiro lugar, nas alianças com outros parceiros, especialmente com os tradicionais: as instituições privadas de solidariedade social (IPSS), as misericórdias, as ordens religiosas.

Integram-se nesta rede as empresas que operam no sector e queiram fazer parte dela, desde que adiram ao quadro legal que o governo definiu. A acção das autarquias, nesta área, pode ser de uma valia incalculável e, nalguns casos, até insubstituível.

Insuficiências da situação de partida

A cobertura de serviços de cuidados continuados era insuficiente e apresentava uma deficiente distribuição territorial, tanto ao nível dos cuidados primários, como ao nível dos hospitalares.

Dos 309 centros de saúde que responderam a um inquérito de 2005, lançado para diagnóstico de situação, apenas 163 declararam que, no ano anterior, tinham tido alguma actividade em cuidados continuados, ainda que de uma forma não completamente estruturada ou organizada.

Os cuidados continuados em regime de internamento eram prestados, salvo algumas excepções, sem diferenciação de tipos de pacientes, das respectivas patologias, do grau de complexidade de cada caso, das necessidades a satisfazer e do tipo de resposta a dar em termos de saúde.

No que se refere aos cuidados paliativos, isto é, a doentes em fase terminal, o panorama era desolador e exigia urgência na acção a prosseguir.

No SNS existiam apenas 3 destas unidades. Até há relativamente pouco tempo, a maior parte das pessoas morriam nas suas casas. Em 2005, mais de 57% delas morreram nos hospitais (Figura IV-B. D).

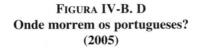

FIGURA IV-B. D
Onde morrem os portugueses?
(2005)

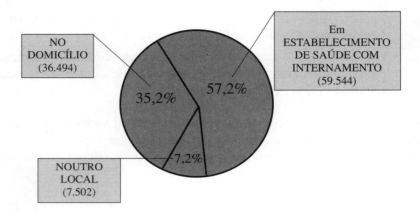

Os actuais mecanismos de articulação dentro das instituições do SNS, hospitais e centros de saúde, são débeis e maioritariamente dependentes da vontade e dedicação dos seus profissionais. Muita da actividade de alguns hospitais de agudos, especialmente os de menor dimensão e com modesto nível de diferenciação tecnológica, centra-se na prestação de cuidados a população idosa e com patologias crónicas ou subsidiárias, susceptíveis de conduzir a dependências. Todavia, não se encontram organizados de forma a darem cobertura capaz a esta necessidade.

Os dados disponíveis sobre a actividade hospitalar nesta área mostram que mais de um terço do total das altas hospitalares respeitam a pessoas com 65 ou mais anos. Permitem concluir, também, que existe um grande número de doentes com períodos de internamento superiores a 20 e mesmo a 30 dias. Destes, os idosos representam mais de 50%. Mas, a maior parte dos hospitais não têm unidades de convalescença que possam tratar adequadamente esses idosos e cidadãos em situação de dependência e os chamados "casos sociais" vão crescendo, acumulando-se em serviços não vocacionados para deles cuidar. Observa-se igualmente nos últimos anos um aumento contínuo da taxa de reinternamento hospitalar. Os idosos representam 50% do total das readmissões (Figura IV-B. E). A provável explicação destes números reside na inexistência ou inadequação de respostas de cuidados de saúde, a seguir à alta, o que origina novos problemas e regressos ao hospital. Sem mencionar as situações de dependência que poderiam ter sido evitadas se a reabilitação tivesse surgido atempada e adequadamente.

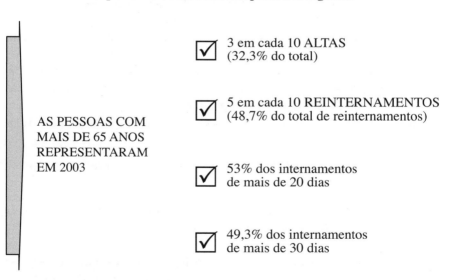

FIGURA IV-B. E
Impacto da Velhice nos Hospitais Portugueses

AS PESSOAS COM MAIS DE 65 ANOS REPRESENTARAM EM 2003

- ☑ 3 em cada 10 ALTAS (32,3% do total)
- ☑ 5 em cada 10 REINTERNAMENTOS (48,7% do total de reinternamentos)
- ☑ 53% dos internamentos de mais de 20 dias
- ☑ 49,3% dos internamentos de mais de 30 dias

As respostas hoje existentes, pela insuficiência, indiferenciação e frágil articulação, estão ainda longe de responder às necessidades das pessoas que se encontram em situação de perda de funcionalidade ou de dependência.

Também não respondem às necessidades das famílias dos doentes que necessitam de internamento de cuidados continuados, idosos e não idosos, alguns mesmo crianças, muito particularmente daquelas cujos rendimentos não lhes permitem o acesso ás unidades do sector privado do sistema de saúde. Sofrem uma vida difícil e muitas vezes amargurada. Bem como daquelas famílias que apenas precisam de alguns apoios para cuidar do seu familiar dependente em casa. Um conjunto variado de situações que dificilmente encontram as respostas necessárias[42].

Um novo programa no SNS

Este problema requeria soluções urgentes. Compararam-se as necessidades com indicadores usados em países com forte tradição nesta área e partiu-se das experiências de sucesso existentes no contexto internacional. Naturalmente, utilizou-se o conhecimento da realidade nacional, de grande variabilidade e as necessidades da população, bem diferenciadas no território.

O doente, a sua família e os que dele cuidam são o alvo da atenção central do SNS. A participação de todos no processo de cuidados é condição essencial de uma vida sem dependências, sempre que possível com permanência no domicílio. Os cuidados a prestar têm duas grandes finalidades:

- actuar sobre o estado de saúde dos cidadãos, prevenindo o seu agravamento;

- actuar sobre a capacidade funcional, através da reabilitação e da prestação de cuidados personalizados.

Finalidades a alcançar com promoção da autonomia, recuperação sempre que possível, adaptação à incapacidade e manutenção ou melhoria da qualidade de vida.

---

[42] Há informações dispersas e anónimas de que alguns idosos são abandonados nos hospitais pelos seus familiares. É possível que tal aconteça, mas a verdade é que muitas famílias, principalmente as mais vulneráveis, estão desprotegidas quando se trata de cuidar, no seu domicílio, do familiar dependente ou em fase terminal.

O modelo adoptado

A rede de cuidados continuados cruza o sistema público de saúde, sendo articulada, de modo intersectorial, com o sector social como parceiro de excelência. O modelo assenta em distintas tipologias de respostas, a utilizar consoante a fase da própria evolução da dependência. Compreende cuidados de natureza preventiva, recuperadora e paliativa, e constitui um novo nível intermédio de cuidados de saúde e de apoio social, entre o internamento hospitalar e os cuidados de base comunitária. Ao nível hospitalar, são parte do novo modelo:

- equipas de gestão de altas – equipas hospitalares multidisciplinares para a preparação e gestão das altas hospitalares dos doentes que requerem seguimento dos seus problemas de saúde e sociais quer no domicílio quer em articulação com as unidades de internamento da rede;

- unidades de aconselhamento e internamento de cuidados paliativos dentro do hospital para acompanhamento, tratamento e supervisão clínica de doentes em situação clínica complexa e de sofrimento, decorrente de doença severa e ou avançada, incurável e progressiva[43].

No âmbito dos cuidados de saúde primários e da sua articulação com entidades de apoio social, temos:

- equipas de cuidados continuados integradas nos agrupamentos de centros de saúde (ACES) que, através de unidades de cuidados na comunidade, constituirão o núcleo básico de assistência ao domicílio. Visam avaliar e acompanhar os cuidados médicos, de enfermagem, de reabilitação e de apoio social necessários a cada caso;

- equipas comunitárias de suporte em cuidados paliativos que prestam apoio e aconselhamento às equipas de cuidados integrados;

---

[43] Orientação que já se encontrava consagrada no Programa Nacional de Cuidados Paliativos do Plano Nacional de Saúde.

- no ambulatório estão ainda a ser criadas unidades de dia e de promoção da autonomia destinadas ao suporte, promoção de autonomia e apoio social a pessoas com diferentes níveis de dependência que não reúnam condições para serem cuidadas no domicílio, mas possam, no entanto, estar fora de uma unidade de internamento.

Apesar de ter por objectivo, sempre que possível, a manutenção do doente no seu domicílio, o modelo define três linhas de internamento distintas para darem resposta às diferentes necessidades (Figura IV-B. F):

- **Unidades de convalescença**, independentes ou integradas num hospital de agudos. Têm como objectivo o tratamento e supervisão clínicas e de enfermagem de forma continuada e intensiva, bem como de cuidados de reabilitação, na sequência do internamento hospitalar. A duração prevista de internamento não deverá nelas exceder os 30 dias;

- **Unidades de média duração e reabilitação** que se destinam à reabilitação e ao apoio social por situação clínica decorrente de recuperação de um processo agudo ou descompensação de processo patológico crónico a pessoas com perda transitória de autonomia potencialmente recuperável. Estão previstas para internamentos com duração inferior a 90 dias;

- **Unidades de longa duração** que prestam apoio social e cuidados de manutenção a pessoas com doença crónica, em diferentes níveis de dependência e que não reúnam condições para serem cuidadas no domicílio. Estão concebidas para períodos de internamento superior a 90 dias.

Figura IV-B. F
Linhas de Cuidados Continuados

Ampliar ganhos em saúde e gerar eficiência

Esta reforma dos cuidados continuados visa ampliar os ganhos em saúde através de quatro dimensões:

- ganhos em anos de vida que deixam de ser perdidos (acrescentar anos à vida);
- redução de episódios de doença ou encurtamento da sua duração (acrescentar saúde à vida);
- diminuição das situações de incapacidade temporária ou permanente devido a doenças ou a sequelas de traumatismos, e aumento da funcionalidade física, psíquica e social (acrescentar vida aos anos);
- redução do sofrimento evitável e melhoria da qualidade de vida relacionada ou condicionada pela saúde individual (acrescentar qualidade à vida).

Mas a reforma tem um forte suporte em ganhos de eficiência. O modelo aprovado em 2006 já demonstrou que a RNCCI gera ganhos de eficiência que contrabalançam os investimentos realizados (Figura IV-B. G).

FIGURA IV-B. G
Adequação dos Cuidados Hospitalares

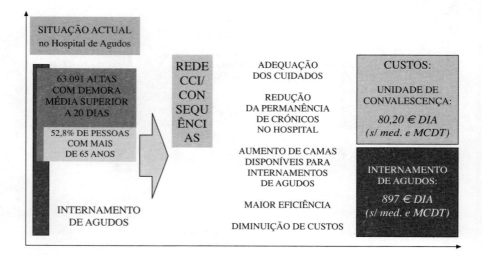

Na verdade existem hoje 63 mil internamentos hospitalares a que corresponde uma demora média superior a 20 dias, e também se sabe que 53% dos internamentos totais correspondem a pessoas de mais de 65 anos. Uma parte deste actual padrão de utilização poderia ser transferido, com vantagem, em certa fase da sua actual hospitalização, para unidades e serviços externos onde os custos de diária são quase oito vezes inferiores. Além de ganhos de eficiência devemos ainda contar as vantagens da proximidade em relação à residência do doente e consequente aumento do nível de humanização da prestação de cuidados, quando a rede estiver desenvolvida em todo o território de forma ajustada à distribuição da população. Outras vantagens decorrerão da redução do risco de infecção hospitalar e de uma maior adequação de cuidados especializados, como no caso da reabilitação.

Metas a atingir

A rede contempla o desenvolvimento das diferentes linhas de cuidados num período de 10 anos, visando a meta de 60% da cobertura até 2010. A densidade de camas da Saúde, por mil habitantes passará, de 2,4 para 3,8, em articulação com a rede de apoio social (Figura IV-B. H).

FIGURA IV-B. H
Reequilibrar e completar recursos

Camas ou lugares	2006	2015
Hospitalização de agudos (camas de agudos)	22.476	21.352
Apoio a idosos e dependentes (unidades de internamento CCI e unidades de dia da Saúde e Seg. Social)	862	16.846
Camas / população (1000 hab)		
• Agudos	2,28	2,12
• Idosos e dependentes	0,09	1,67
• Total	2,36	3,79

No final de dez anos de desenvolvimento, espera-se o seguinte resultado em termos de equipamento:

Por cada 1000 cidadãos com 65 ou mais anos, deveremos dispor de:

- 1,44 camas de Convalescença
- 1,6 camas de Média Duração e Reabilitação
- 4 camas de Longa Duração e Manutenção
- 0,48 camas de Cuidados Paliativos
- 1,2 lugares em Unidades de Dia

Por cada 250.000 habitantes, deverá existir 1 equipa intrahospitalar de suporte em cuidados paliativos, ou seja, aproximadamente 40 no país inteiro; e ainda:

- Uma equipa de gestão de altas em cada hospital;
- Uma equipa domiciliária de suporte em cuidados paliativos por cada 150.000 habitantes;
- Pelo menos uma equipa de cuidados integrados por cada agrupamento de centros de saúde.

Alcançar estas metas implica dispor-se, até 2015, de mais 2.700 camas de Convalescença, 3.000 camas de Media Duração, 7.700 de Longa Duração, 2.300 lugares de Unidade de Dia e 900 camas de Cuidados Paliativos, quer no SNS, quer em outras instituições, através de contratualização com o sector privado e social (Figura IV-B. I).

Figura IV-B. I
Modelo de CCI
Recursos necessários até 2005

Linhas de cuidados	Cobertura Total (Standards Internacionais)	Cobertura Total (80% Standards Internacionais)
CONVASLECENÇA (n.º camas)	3.478	2.782
MÉDIA DURAÇÃO / REABILITAÇÃO (n.º camas)	3.864	3.091
LONGA DURAÇÃO (n.º camas)	9.660	7.728
UNIDADE DE DIA (n.º lugares)	2.898	2.318
CUIDADOS PALIATIVOS (n.º camas)	1.159	927
EQUIPA INTRAHOSPITALAR EM CUIDADOS PALIATIVOS (n.º equipas)	41	32
EQUIPA COMUNITÁRIA CUIDADOS PALIATIVOS (n.º equipas)	68	54

Resultados no Ano I (2006-2007)

A fase inicial de desenvolvimento da RNCCI traduziu-se na implementação de experiências-piloto. Esta estratégia permitiu a avaliação dos diferentes elementos do modelo com o objectivo de introduzir os aperfeiçoamentos que se mostraram adequados e ainda adaptar os processos de gestão, de financiamento, de acompanhamento e avaliação.

Os dados recolhidos no primeiro ano comprovaram o aumento contínuo da capacidade da rede, a sua utilização e a rápida evolução da procura, no âmbito das experiências-piloto. A sua avaliação permitiu consagrar um novo paradigma do cuidado da pessoa em estado de dependência permanente ou temporária. Ele implica novos e complexos desafios para cumprir nos próximos anos:

- a reduzida familiaridade com os conceitos de continuidade e planeamento de cuidados integrados de saúde e apoio social. Este desafio implicará um reforço de formação técnica e comunicação dirigida aos sistemas de saúde e de apoio social. O desafio consiste em combater a descontinuidade identificada nos reinternamentos hospitalares;

- a dinâmica das equipas de gestão de altas nos hospitais de agudos enfrenta alguma resistência cultural que reflecte a realidade histórica, excessivamente virada para os cuidados baseados exclusivamente na hospitalização, dando prioridade ao "tratar", sobre o "cuidar". O desafio será vencível através de alianças locais entre prestadores de cuidados de saúde e serviços de apoio social;

- a progressiva aproximação entre os diversos actores da intervenção para o desenvolvimento social local, incluindo as autarquias;

- a articulação e partilha de recursos e a respectiva mais valia económica; a rede é uma importante fonte de criação de emprego local, já no curto prazo;

- a promoção da complementaridade entre as respostas do Ministério da Saúde e as respostas do Ministério do Trabalho e da Solidariedade Social, entre os sectores de actividade económica (público, privado, social), entre profissões (intervenções multiprofissionais e pluridisciplinares), entre a família, os cuidadores informais e os profissionais de saúde e de apoio social.

A elevada utilização das camas da rede comprova que o projecto vem responder a necessidades efectivas dos cidadãos. Comprova que, apesar das dificuldades e complexidades organizacionais de um novo paradigma, as organizações e os profissionais de ambos os sectores evoluíram para uma fase de interesse e apoio. Será um importante desafio continuar a promover esta complementaridade.

Há muito trabalho pela frente para colmatar lacunas, nomeadamente, a escassez inicial de respostas gerais, as respostas adequadas a necessidades de reabilitação, as elevadas taxas de re-internamento, consequência e também causa de infecção hospitalar e, sobretudo, a utilização indevida das respostas hospitalares.

Resultados alcançados até 2007

Durante todo o ano de 2007, a rede projectou-se, também, em âmbitos específicos: cuidados paliativos, acidentes vasculares cerebrais (AVC) e saúde mental, com especial enfoque na doença de Alzheimer. Criaram-se tipologias de unidades de convalescença e de cuidados paliativos em alguns hospitais do SNS; definiu-se uma bateria de indicadores de acompanhamento para unidades de internamento; analisaram-se, mediante visita e avaliação, os chamados hospitais de nível I, susceptíveis de contribuírem, através de reconversão total ou parcial, para a sua integração na rede.

Avaliaram-se as experiências piloto e concebeu-se um sistema de monitorização em plataforma virtual; foram executados programas de formação, realizado um inquérito de satisfação aos utentes, definidos indicadores de qualidade, realizadas auditorias a várias unidades e elaborados manuais de boas práticas. Prosseguiu também o trabalho de contratualização com os prestadores e a definição das respectivas tabelas de preços.

IV. Três objectivos centrais do programa do Governo 125

Os cuidados continuados integrados a idosos e cidadãos com dependência (CCI), que em 2006 dispunham de apenas 797 lugares, passaram a dispor de 1.825 lugares no final de 2007, estando contratados 2.229 lugares a partir de Março e esperando-se contratualizar 3.500 no final do ano de 2008. Os cuidados paliativos, de que existiam apenas 23 lugares em 2004, passaram a dispor de 55 no final de 2007. Pela RNCCI já haviam passado, até ao final de 2007, cerca de 5.500 utentes, dos quais 52% em convalescença (até 30 dias), 26% em média duração (de 30 a 90 dias), 5% em cuidados paliativos e apenas 18% em longa duração (acima de 90 dias).

O número de utentes apoiados, que havia sido de 1771 nos seis meses de experiência piloto, passou a 3907 no final dos seis meses subsequentes. O número de utentes referenciados, que fora de 1895 nos primeiros seis meses, passou a 4266 no final dos seis meses subsequentes.

Financiamento realista e sustentável

Inovadora, também, foi a partilha do financiamento dos cuidados da rede, entre os ministérios da Saúde e da Solidariedade Social.

A responsabilidade de cada parte depende da intensidade de recursos de saúde ou sociais a prestar em cada tipo de resposta.

Assim, as unidades de convalescença e as unidades e equipas de suporte aos cuidados paliativos são financiadas exclusivamente pelo sector da saúde, mas os centros de dia são da responsabilidade da segurança social. Já as unidades de média duração e reabilitação e as unidades de longa duração e reabilitação são financiadas de forma mista, com a saúde a assumir 70% do financiamento das primeiras e 20 % do financiamento das segundas (Figura IV-B. J).

FIGURA IV-B. J
Modelo de Financiamento
Participação Saúde e Segurança Social

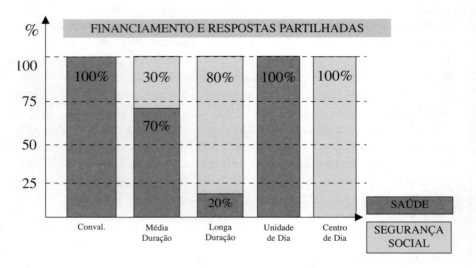

A rede de cuidados continuados tem de ser economicamente sustentável, desenvolvendo-se a partir dos recursos que já existem, completados com novas linhas de actuação. E com inovadoras lógicas de articulação.

Não deve ser desprezado o financiamento das famílias, o qual existe hoje, nos serviços prestados pela segurança social. Na verdade, existindo cobertura universal de pensões já de há muito a segurança social criou sistemas de co-pagamento através da dedução da pensão, nos episódios em que o pensionista se encontra institucionalizado em unidades financiadas pelo sistema de segurança social. Não existe, assim, nenhuma razão para que o mesmo se não aplique aos internamentos prolongados (média e longa duração) a cargo do SNS.

IV-C. Boas contas no SNS

A evolução dos gastos com a saúde e os factores que a explicam[44]

Os gastos com a saúde, em Portugal, como nos países da UE e da OCDE, têm crescido a um ritmo superior ao do crescimento económico, assumindo uma importância crescente face ao PIB[45] (Figura IV-C. A).

Analisando estes dados recentes, constatamos que, entre 1990 e 2004, o peso dos gastos públicos no total dos gastos com a saúde, para a média dos países da então União Europeia a quinze (UE 15), tendeu a diminuir 1,3%, ao passo que, em Portugal, no mesmo período, o correspondente indicador cresceu 6,4%, numa tendência inversa à da média da UE15.

FIGURA IV-C. A
Evolução do peso dos gastos com a saúde no PIB, 1980-2004

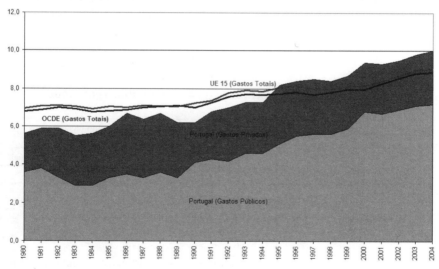

Fonte: OECD, 2006c.

---

[44] Uma parte deste capítulo baseou-se em artigo de co-autoria: Ferreira, A., Harfouche, A., Campos, A. C., Ramos, F., (2006) Política de controlo dos gastos públicos com a saúde, *O Economista*, Revista da Ordem dos Economistas.

[45] Campos, A.; Ramos, F. (2004), Contas e ganhos na saúde em Portugal: 10 anos de percurso, *Desafios para Portugal, Seminários da Presidência da República*, Casa das Letras, (159-223).

Existe vasta literatura que estuda o crescimento real dos gastos com a saúde, bem como o seu ritmo, o qual se apresenta como heterogéneo entre países e ao longo do tempo. Entre diversos factores, contam-se o crescimento económico associado à elasticidade positiva das despesas com saúde face ao PIB, a comercialização da inovação e desenvolvimento tecnológicos nos domínios do diagnóstico e da terapêutica, com custos totais crescentes e benefícios marginais muitas vezes reduzidos nos resultados em saúde, o envelhecimento da população, sobretudo pelos altos custos do período anterior à morte, a intensidade em trabalho da prestação de cuidados de saúde, o facto de o investimento em capital, na saúde, não substituir trabalho, antes o exigindo mais qualificado e ainda o efeito de Baumol dos preços relativos crescentes no sector da saúde. Às distintas formas de organização da prestação de cuidados e do financiamento destes, também pode estar associado o maior ou menor ritmo de variação da despesa, ainda que com importância explicativa diminuta.

Em trabalho de 2006, a OCDE estimava o contributo das principais determinantes do crescimento da despesa pública em saúde, no período 1970-2002[46], da forma descrita no quadro seguinte (Quadro IV-C. 1):

QUADRO IV-C. 1
Determinantes do crescimento da despesa pública em saúde

	Crescimento (%) dos gastos públicos com saúde *per capita*	Decomposição do crescimento da despesa, em três efeitos (1970-2002)		
		Envelhecimento	Efeito rendimento	Residual
Portugal	**8.0**	0.5	2.9	4.4
Média OCDE	**4.3**	0.4	2.5	1.5

Nota: As diferenças entre o total e soma das 3 parcelas resultam de arredondamentos.

Os factores "residuais", normalmente associados à inovação tecnológica, ao efeito preço e à eficácia das políticas de saúde, apresentam grande peso na explicação do crescimento da despesa. No caso português, são mesmo o factor explicativo mais importante, com relevância superior à da

---

[46] OECD (2006) "Projecting OECD Health and Long-Term Care Expenditures: What are the main drivers?". *Working paper n.º 477*, OECD, Paris.

IV. Três objectivos centrais do programa do Governo 129

média dos países da OCDE. Tal poderá andar associado à insuficiente avaliação e controlo das inovações tecnológicas a nível de diagnóstico e terapêutica e a ineficazes políticas de contenção de gastos. Por outro lado, observa-se que o efeito estimado do envelhecimento no crescimento da despesa com saúde é reduzido e muito menor que análogo efeito na evolução da despesa da Segurança Social.

Em termos de projecção dos gastos públicos com a saúde no futuro, recentemente a OCDE[47] apresentou as seguintes projecções centrais de despesa pública para 2050, em % do PIB (Quadro IV-C. 2):

Quadro IV-C. 2
Projecção, a 2050, da despesa pública em saúde, OCDE e Portugal

	Despesa pública com cuidados de saúde (%PIB)			Despesa pública com cuidados continuados (%PIB)			Total (%PIB)		
	2005	2050		2005	2050		2005	2050	
		Cost-pressure	Cost-containment		Cost-pressure	Cost-containment		Cost-pressure	Cost-containment
Portugal	6.7	10.9	9.1	0.2	2.2	1.3	6.9	13.1	10.4
Média da OCDE	5.7	9.6	7.7	1.1	3.3	2.4	6.7	12.8	10.1

Estas projecções consideram dois cenários: um, de *cost-pressure*, em que não são internalizadas medidas de contenção dos gastos públicos, e outro, de *cost-containment,* em que se considera que os governos tomem medidas, embora não especificadas, de contenção de custos.

Neste último cenário, certamente mais verosímil, estima-se que, entre 2005 e 2050, as despesas públicas com cuidados de saúde crescerão 2,4 pontos percentuais do PIB em Portugal e 2 pontos percentuais na média da OCDE. Somando a estas a componente pública de variação da despesa com cuidados continuados, a OCDE estima que as despesas públicas totais com saúde cresçam 3,5 pontos percentuais do PIB em Portugal, e 3,4 pontos percentuais na média da OCDE.

---

[47] OECD (2006b) "Future budget pressures arising from spending on health and long-term care". *OECD Economic Outlook, Preliminary edition,* 79 (May 2006).

Se não forem assumidas medidas de contenção dos gastos pelos governos, a insustentabilidade financeira dos sistemas de saúde é inevitável, com as despesas públicas com a saúde em relação ao PIB a quase duplicarem até 2050, quer em Portugal, quer na média dos países da OCDE. Parece assim evidente que a necessidade de reformas é inadiável: quanto mais tarde acontecerem, mais drásticas terão que ser e menos eficazes as suas consequências, gerando inevitáveis perdas de qualidade e de equidade nos serviços prestados.

As políticas de contenção dos gastos com a Saúde

Este tipo de políticas dirige-se sobretudo aos gastos públicos (e não totais) com a saúde, com o objectivo de estabilizar o seu crescimento face ao da economia. O problema coloca-se, ao nível teórico, em termos de ajudar a decidir qual o montante adequado que cada governo pode gastar com a saúde[48].

Apesar de o enfoque da teoria e política de saúde se centrar, nos dias de hoje, nas questões do poder (*empowerment*) dos utentes e, ao longo dos anos 90 a discussão se ter centrado na competição entre prestadores e nos resultados em saúde, o tema da contenção de gastos ressurge actualmente, face aos riscos de insustentabilidade financeira dos sistemas públicos de protecção social e de cuidados de saúde.

Há várias classificações das medidas políticas categorizáveis como de contenção de gastos. Políticas dirigidas à oferta de serviços de saúde por oposição às que se orientam para o controlo da procura; políticas de pendor macro-económico, por oposição ás de pendor micro-económico; políticas preventivas do crescimento futuro dos gastos em vez de políticas correctoras dos factores que explicaram o seu crescimento no passado; ou políticas de efeito a curto prazo, em vez de efeito a longo prazo, entre outras classificações possíveis. Acresce que possíveis combinatórias complexificam as escolhas e a decisão.

---

[48] Carrin, G.; Hanvoravongchai, P. (2003) "Provider payments and patient charges as policy tools for cost-containment: how successful are they in high-income countries?". *Human Resources for Health*, 1: 6.

IV. Três objectivos centrais do programa do Governo

As políticas de intervenção a nível macro-económico, predominantes na década de 80, adoptam medidas ligadas ao controlo do crescimento das remunerações dos profissionais do sector público da saúde; ao controlo administrativo de preços praticados na prestação de cuidados, bem como dos produtos farmacêuticos; limites à formação de profissionais da saúde, como restrições no acesso às escolas médicas e de outros profissionais da saúde, as quais, aliás, geraram efeitos induzidos perversos em termos de racionamento, listas de espera e pressões inflacionistas nos salários dos profissionais no activo; políticas de redução da capacidade dos hospitais, menos camas de agudos e concentração de unidades, por vezes, implicando alguma racionalização com deslocação de custos para outros domínios, como o dos cuidados continuados ou o de cuidados de ambulatório; controlos orçamentais rígidos, tipicamente mais eficazes no sector hospitalar, onde o comprador é monopsónico, em sistema de prestação e financiamento integrado, hoje pouco comuns; finalmente, políticas de partilha de custos com utentes, sobretudo nos medicamentos.

Em termos micro-económicos, as políticas de contenção de gastos mais responsabilizadoras colocam a tónica na melhoria da qualidade e eficiência da prestação, concretizando-se na adopção de medidas como o investimento baseado em critérios de custo-efectividade no ambulatório e nos circuitos e sistemas de informação, para correcta referenciação de cuidados primários para cuidados hospitalares; a separação de funções entre a prestação e o financiamento, a par do desenvolvimento de mecanismos de contratualização, exigentes para os prestadores; a empresarialização das instituições públicas de prestação de cuidados e a privatização de actividades laterais à prestação, que possam melhorar a eficiência global desta ou, ainda, o incentivo à competição entre prestadores, com o objectivo de obter ganhos de eficiência e qualidade na prestação financiada publicamente.

Os efeitos das políticas de contenção dos gastos variam no curto e no médio prazo e podem até gerar efeitos antagónicos. Serve de exemplo o que se passa com os medicamentos, onde os diferentes actores tendem a ajustar-se às medidas de contenção e a reagir à mudança, mitigando, ou mesmo pervertendo, o seu efeito a prazo. Sabe-se que o controlo de preços é ineficaz a longo prazo, face à constante inovação tecnológica, cujo acesso ao mercado pode ser controlado ou regulado pelo Estado. Sabe-se, ainda, que restrições excessivas à oferta, e a partilha "cega" de custos podem gerar desigualdades no acesso aos cuidados.

A contenção de custos ao nível macro-económico não dispensa o enfoque activo no combate às ineficiências ao nível micro na gestão da prestação, direccionando devidamente os investimentos para os domínios que garantam maiores ganhos em saúde[49]. Uma nova tónica na contenção de custos deve incidir na prevenção da doença, premiando a eficiência na prestação para alcançar ganhos em saúde. A promoção activa da saúde e a prevenção da doença e dos seus custos têm, comparativamente com outras medidas, recebido muito pouca atenção e investimento dos governos. De modo semelhante, fazendo-se chegar ao cidadão programas custo-efectivos de gestão da doença crónica que previnam a incapacidade e a dependência precoce, combatam a obesidade, em particular a infantil, promovam o envelhecimento saudável, pode-se a prazo reduzir morbilidades, dependências e incapacidades.

A prioridade do financiamento das intervenções terapêuticas e reintegradoras deve orientar-se para intervenções custo-efectivas, o que implica o uso de protocolos clínicos e terapêuticos, submetendo a introdução de inovação, muitas vezes publicamente financiada, à avaliação de agências especializadas na análise do seu custo-benefício social, reduzindo a dependência do sistema da auto-regulação dos profissionais da saúde.

O Serviço Nacional de Saúde, como referia o programa do XVII governo, em trinta anos, contribuiu para elevar a saúde dos portugueses ao nível da dos restantes europeus. Todavia, *"tornou-se pesado, pouco ágil, e desarticulado e presa fácil de capturar por interesses sectoriais e grupos de pressão"*. O enfoque das políticas de saúde quase nunca havia incidido na contenção de custos, ainda menos em ganhos de qualidade e eficiência e, só muito recentemente, em explícitos ganhos em saúde. As projecções da OCDE relativas à despesa apontam, no entanto, para a existência de grandes oportunidades e desafios no que diz respeito às políticas a seguir nestes domínios. Assim, tornava-se imperioso redesenhar uma política global de saúde que associasse efectividade, eficiência, qualidade e equidade, em contexto de contenção de gastos determinado por orçamentos comprimidos e custos sempre crescentes. O desafio era enorme, mas possível.

---

[49] Maynard, A. (2005), European health policy challenges, *Health Economics*, 14: s255-s263.

IV. Três objectivos centrais do programa do Governo

Actuação de emergência

A primeira preocupação do XVII governo, mal iniciou funções, foi explicitar e corrigir a suborçamentação de 2005. O Relatório da Comissão para a Análise da Situação Orçamental (Comissão Constâncio)[50] concluiu que ainda que o crescimento previsto da despesa com o SNS em 2005 tivesse uma desaceleração ligeira, baixando de 7,6 (2003-2004) para 6,7 (2004-2005), o défice do SNS, em contabilidade nacional, alcançaria um total de 1512,8 milhões, no final de 2005. Na verdade, a dívida do SNS a fornecedores (excluindo os hospitais-empresa) situava-se, no final de 2004, em cerca de 1100 milhões de euros. Segundo o relatório "(...) na ausência de um orçamento rectificativo em 2005, essas dívidas aumentarão gradualmente, podendo atingir um valor próximo dos 2300 milhões de euros, no final do ano, na hipótese de um aumento de 200 milhões no crédito bancário ao SNS".

O relatório reconhecia que os orçamentos do SNS eram cronicamente incapazes de prever a evolução total das receitas e despesas, dando origem à necessidade de regularizações posteriores. O exemplo negativo vinha do próprio orçamento inicial de 2005, no valor de 6791,6 milhões de euros de receita, inferior em 931,5 milhões à despesa realizada no ano anterior (7723,1 milhões).

A regularização ao abrigo do orçamento rectificativo de 2005 não se podia limitar à simples cobertura do défice aumentado (1512,8 milhões). Ela deveria ir um pouco mais além cobrindo, pelo menos, a totalidade do saldo negativo estimado (1772,5 milhões).

A proposta de alteração à Lei do Orçamento de Estado para 2005 (Lei n.° 55-B/2004, de 30 de Dezembro) ampliou em 1800 milhões de euros a transferência do OE para o SNS, para saneamento do défice estrutural do sistema. A importância relativa desta transferência no total do rectificativo foi elevada, no contexto político-financeiro de 2005: 50% do reforço global das dotações orçamentais e 86,5% do reforço líquido (deduzidos 1500 milhões de anulações de despesas)[51].

---

[50] Comissão para a Análise da Situação Orçamental, presidida pelo Governador do Banco de Portugal, Vítor Constâncio, Maio de 2005.

[51] Ministério das Finanças e da Administração Pública, Relatório da Proposta de alteração à Lei do Orçamento para 2005, Junho de 2005.

O Programa de Estabilidade e Crescimento (PEC)

O esforço financeiro rectificativo de 2005 teve dois efeitos essenciais: o primeiro foi permitir manter o SNS dentro dos limites de exequibilidade financeira para o ano de início do ciclo legislativo, demonstrando a inviabilidade de políticas de suborçamentação como método de controlo de gastos; o segundo efeito foi abrir um precedente de verdade orçamental, indispensável para exigir rigor financeiro e serviços de qualidade aos gestores das unidades de saúde. Um orçamento realista obriga não só os gestores à contenção de gastos nas suas unidades e nas que deles dependem, como à fundamentação das escolhas e decisões. Um orçamento irrealista desinteressa o gestor, que passa a maior parte do ano a pensar como e quando pode conseguir o reforço orçamental necessário a uma gestão equilibrada, mas não necessariamente efectiva nem eficiente.

Apesar do efeito corrector do Orçamento Rectificativo para 2005, tornava-se evidente a necessidade de preparar para o ano de 2006 um conjunto de medidas que garantissem a sustentabilidade do SNS, imperiosas por força do Programa de Estabilidade e Crescimento (PEC), para 2005--2009, negociado com a União Europeia[52].

O PEC 2005 continha uma estratégia de consolidação orçamental baseada na reestruturação da administração pública, recursos humanos e serviços públicos, na contenção da despesa pública com a segurança social e em comparticipações na saúde, no controlo orçamental e solidariedade institucional das administrações regionais e municipais, na simplificação e moralização do sistema fiscal, na melhoria da eficiência da administração fiscal e no combate à evasão e fraude fiscal.

No que respeita ao SNS, as medidas de consolidação orçamental concentraram-se em dois capítulos da despesa que representam mais de um terço do respectivo gasto público: os medicamentos, tanto os vendidos nas farmácias, como os dispensados em hospitais e as convenções com meios complementares de diagnóstico e terapêutica celebradas entre o SNS e prestadores privados.

---

[52] República Portuguesa, Programa de Estabilidade e Crescimento 2005-2009, Actualização de Dezembro de 2005.

IV. Três objectivos centrais do programa do Governo 135

Na política de comparticipação em medicamentos, o PEC previa a redução em 6% do preço de venda a público[53], a redução em 5% do escalão máximo de comparticipação[54] e a redução da bonificação para pensionistas de 25% para 20% no preço de referência base, dos medicamentos não-genéricos, com o objectivo de incentivar a baixa de preços nos medicamentos genéricos.

Nas convenções celebradas pelo SNS para meios de diagnóstico e terapêutica, foram revistos os preços em vigor para algumas áreas convencionadas e reduzidos em cerca de 4%, com efeitos a partir de 1 de Novembro de 2005.

Orçamento para 2006

O Orçamento de Estado para 2006, na parte relativa ao SNS, manteve-se nos mesmos valores de 2005 (final), ou seja, a dotação subiu uns escassos 3,7 milhões, dos 7634,0, de 2005, para 7637,7, em 2006. O que apenas seria possível com um conjunto alargado de medidas de contenção da despesa, dentro da estratégia global de modernização do SNS através de ganhos em eficiência e mais clara orientação dos serviços para ganhos em saúde.

O relatório do Orçamento de Estado para 2006 era explícito: tornava-se necessário aliar o controlo da despesa em todo o SNS e em especial nos medicamentos, ao controlo financeiro directo visando a melhoria da qualidade da despesa, bem como à maior responsabilização dos gestores e partilha ou transferência do esforço e risco financeiro, tanto na construção, equipamento e manutenção, como na gestão de unidades de saúde. Os instrumentos para a execução destas medidas deveriam constituir um conjunto coerente e seriam, entre outros, os seguintes:

- reforço da contratualização interna com hospitais;
- acompanhamento e controlo financeiro das instituições;
- controlo da facturação dos serviços prestados pelo sector privado;

---

[53] Distribuída em 50% a cargo do produtor, 20% a cargo do distribuidor e 30% a cargo da farmácia.

[54] De 100 para 95%, mantendo em cobertura integral os medicamentos de sustentação de vida e os indispensáveis ao controlo de doença crónica.

- controlo dos regimes de trabalho, nomeadamente das horas extraordinárias;
- divulgação mensal dos resultados da gestão orçamental;
- alteração dos regimes de comparticipação de medicamentos, às quais se acrescentava o condicionamento da introdução de novos medicamentos por via hospitalar à demonstração da sua qualidade, economia, segurança e custo-efectividade, consensualmente garantidas;
- combate à fraude e comparticipação abusivas na comparticipação acrescida em medicamentos destinados a pensionistas de baixo rendimento;
- revisão, baseada em informação credível, dos acordos e convenções com o sector privado em meios de diagnóstico e terapêutica;
- empresarialização de hospitais para ganhar eficiência e reduzir desperdício;
- generalização das compras electrónicas;
- possível alienação do património do sector saúde para melhor rentabilização dos activos.

Orçamento para 2007

A política orçamental para 2007 continuou e reforçou a linha de contenção e racionalização da despesa, encetada desde 2005. Manteve-se a orientação de concentrar na Lei do Orçamento de Estado as principais medidas de controlo da despesa. Elas sairiam mais fortes, assumidas pelo Governo no seu conjunto e pela Assembleia da República e sobretudo adquiriam coerência global no contexto das restantes medidas de consolidação orçamental, de que constituíam uma importante componente.

Assim, mantiveram-se os contratos-programa entre o SNS e as unidades de saúde, como instrumento de compromisso real e de orientação de gestão. A contratualização da gestão, sobretudo com os hospitais, tanto do sector público administrativo (SPA) como do sector empresarial (EPE), veio a revelar-se o mais importante instrumento de gestão agregada do SNS. Os hospitais discutem o seu programa até ao pormenor e iniciam a gestão do ano com plena interiorização das obrigações orçamentais. O mesmo se passa para a entidade financiadora, a Administração Central do Sistema de Saúde (ACSS) e os níveis seguintes de tutela, as adminis-

IV. Três objectivos centrais do programa do Governo 137

trações regionais de saúde. A assinatura e posterior publicação dos contratos-programa oficializa as obrigações mútuas. Estamos muito distantes de outros tempos, onde os compromissos eram tão irrealistas que eram aceites com dupla reserva mental: não eram para cumprir, nem para se exigir cumprimento. Apenas para que constasse.

A Lei Orçamental para 2007[55] incluiu também um articulado desenvolvido do conjunto de medidas de contenção de gastos em medicamentos e serviços prestados ao SNS em regime de convenção: nova redução de 6% no preço de venda a público dos medicamentos comparticipados (artigo 147.°); criação de novas taxas moderadoras de 5 euros por dia no internamento até dez dias e de 10 euros na cirurgia de ambulatório, mantendo-se todas as isenções anteriores (artigo 148.°); fixação em 0% do crescimento em 2007 sobre a despesa com convenções verificada em 2006, adoptando-se mecanismos de variação de preços em relação inversamente proporcional ao crescimento da quantidade (artigo 149.°); redução dos escalões de comparticipação do SNS no preço dos medicamentos comparticipados (artigo 150.°); finalmente, fixação de preço máximo de menos 6% dos preços praticados em 2006, nos produtos farmacêuticos e bens de consumo clínico, a adquirir pelos hospitais do SNS, medidas válidas para todos os procedimentos concursais (artigo 153.°).

Hospitais EPE e Centros Hospitalares

Dentre as medidas mais importantes e que mais visibilidade adquiriram destacaram-se a transformação dos hospitais SA em hospitais EPE e a concentração de unidades dispersas em centros hospitalares que lhes conferissem uma estratégia e hierarquia de grupo e poupassem recursos e instrumentos de gestão, até aí subutilizados em combinatórias destituídas de qualidade e eficácia em cada unidade.

Assim, logo em 2006, foram reorganizados os hospitais com vista à eficiência de gestão e qualidade de serviço, transformando 31 hospitais S.A. em entidades públicas empresariais (E.P.E.) e criados três novos centros hospitalares, os quais foram englobados no sector empresarial do estado (SEE), permitindo maior flexibilidade das regras de gestão e eficiente concentração de serviços e recursos.

---

[55] Lei n.° 53-A/2006 de 29 de Dezembro.

O sector da saúde assumia, já no final de 2005, um peso de 10,3% na carteira das participações sociais do Estado. Este sector havia surgido apenas em 2002, através da transformação de 34 estabelecimentos hospitalares em 31 sociedades anónimas, as quais foram posteriormente transformadas em E.P.E., pelo Decreto-Lei n.º 93/2005, de 7 Junho. Por sua vez, o Decreto-Lei n.º 233/2005, de 29 de Dezembro, veio conferir a natureza de E.P.E. a dois hospitais ainda integrados no sector público administrativo (SPA) – o Hospital de Santa Maria E.P.E. e o Hospital de São João E.P.E. e os centros hospitalares de Lisboa Ocidental, de Setúbal e do Nordeste, ambos E.P.E., o primeiro agregando os hospitais de S. Francisco Xavier, Egas Moniz e St.ª Cruz, todos S.A., o segundo o Hospital de S. Bernardo, S.A. e o Hospital Ortopédico de Sant'Iago do Outão e o último por junção do Hospital Distrital de Bragança, S.A., e dos hospitais SPA de Macedo de Cavaleiros e de Mirandela. A operação saldou-se pela manutenção de 31 empresas, todas com a natureza de E.P.E.

Em termos globais, transitaram do SPA para o SEE cinco novos hospitais, apesar de o número total de empresas hospitalares integradas no SEE se manter em 31, dados os processos de fusão ocorridos.

No quadro seguinte apresenta-se o universo de Hospitais E.P.E., tal como ficou firmado em 2007 (Quadro VI-C. 3).

QUADRO IV-C. 3
Universo de hospitais EPE
Início de 2007

Sector Saúde Distribuição Geográfica dos Hospitais, E.P.E.		
Hospitais, E.P.E.		
ARS Norte	**ARS Lisboa e Vale do Tejo**	**ARS Centro**
Centro Hosp. Alto Minho, E.P.E.	Centro Hosp. Médio Tejo, E.P.E.	Centro Hosp. Cova da Beira, E.P.E.
Centro Hospitalar do Nordeste, E.P.E.	Centro Hospitalar Lisboa Ocidental, E.P.E.	H. Distrital da Figueira da Foz, E.P.E.
Centro Hosp. Vila Real/P. da Régua, E.P.E.	Centro Hospitalar de Setúbal, E.P.E.	H. Infante D. Pedro, E.P.E.
H. São João, E.P.E.	Hospital Distrital de Santarém, E.P.E.	H. Santo André, E.P.E.
H Senhora da Oliveira – Guimarães, E.P.E.	Hospital Santa Maria, E.P.E.	H. São Sebastião, E.P.E.
H. Geral de Santo António, E.P.E.	Hospital Garcia de Orta, E.P.E.	H. São Teotónio, E.P.E.
H. Padre Américo – Vale do Sousa, E.P.E.	Hospital Nossa Senhora do Rosário, E.P.E.	IPO Coimbra, E.P.E.
H. Santa Maria Maior, E.P.E.	Hospital Pulido Valente, E.P.E.	**ARS Alentejo**
H. São Gonçalo, E.P.E.	Hospital Santa Marta, E.P.E.	Centro Hospitalar Baixo Alentejo, E.P.E.
H. São João de Deus, E.P.E.	IPO Lisboa, E.P.E.	**ARS Algarve**
IPO Porto, E.P.E.		Centro Hospitalar do Barlavento Algarvio, E.P.E.
Unidade Local de Saúde de Matosinhos, E.P.E.		

IV. Três objectivos centrais do programa do Governo 139

Das 84 unidades hospitalares que constituem o universo do SNS, 31 unidades pertencem ao SEE representando 37% do universo hospitalar total, das quais 21 são hospitais, 9 são centros hospitalares e uma constituída como unidade local de saúde (ULS).

Outras fusões seriam mais tarde preparadas para transformação em E.P.E., com o objectivo de garantir a racionalização dos recursos, a contenção dos gastos e o aumento da qualidade da oferta. Um dos efeitos induzidos desta política teve como objectivo criar melhores condições de trabalho aos profissionais de saúde. Todos os profissionais de saúde esperam do trabalho legítima recompensa material, certamente; mas também trabalham por gostarem do que fazem, não sentindo a sua actividade como penosa.

Medicamentos e convencionados

Portugal representa no contexto dos países da OCDE um caso grave, quase extremo, de excessivo gasto em medicamentos. Era indispensável conter ou mesmo inverter esta tendência, tanto mais que, ao nível macro--económico, o cumprimento do orçamento do SNS era, não só uma necessidade de racionalidade interna, mas igualmente a forma de o Estado cumprir os seus compromissos externos, no âmbito da União Europeia.

Assim, a fixação da transferência do Orçamento de Estado para o SNS, em 2006, ao mesmo nível da dotação final após orçamento rectificativo em 2005, (7.636,7 M €), ao responsabilizar a gestão, incorporava um desafio de racionalização, contenção da despesa e combate aos ritmos acelerados de crescimento da mesma, verificados nos últimos anos, tanto nos medicamentos comparticipados vendidos em farmácias (9,6% de crescimento em 2004 e 4,1% em 2005), como nos medicamentos de aplicação hospitalar (9,1% de crescimento em 2004 e 8,6% em 2005)[56].

Nesta matéria foi celebrado um protocolo com a associação da indústria farmacêutica (APIFARMA), por 3 anos, com o objectivo de, não só estabilizar a despesa em medicamentos no ambulatório, como, agora pela primeira vez para o sector hospitalar, com vista a facultar às empresas e aos serviços um quadro predeterminado de controlo, em 2006, do gasto

---

[56] ACSS, Execução Financeira do SNS, 1995-2007, 2008.

convencional (0% nas farmácias de venda a público) e de incentivo moderado à inovação (4% nos hospitais).

As medidas de política do medicamento tiveram importante impacto financeiro, estimado em 126 milhões de euros de poupanças para o SNS, em 2006. Em consequência, logo no primeiro semestre de 2006 se registou uma diminuição de -2,6% face ao período homólogo, no mercado ambulatório de medicamentos.

Também, na área dos convencionados foram reduzidos os preços, em média cerca de 4%, para algumas das áreas convencionadas, o que se reflectiu em resultados de contenção do crescimento da despesa anual em 3,6 no final de 2006, por comparação com o ano anterior.

Melhor gestão das unidades de saúde

É necessário reafirmar que o desafio da contenção de gastos e da própria sustentabilidade do sistema tinha de ser vencido, em grande medida, ao nível da gestão das próprias instituições do SNS. As medidas a nível macro nas áreas do medicamento e convencionados, sendo necessárias, não garantem o estabelecimento de uma trajectória sustentada de contenção da despesa. É por isso essencial a disseminação das boas práticas de gestão e das experiências que, ao nível micro, as unidades de saúde vão implementando. Servem de exemplo os programas de melhoria que um vasto conjunto de hospitais pretende implementar, de acordo com o plano de negócios aprovado pela tutela, comprometendo e responsabilizando a gestão.

O investimento na promoção da saúde dos portugueses, através da concretização do Plano Nacional de Saúde e o envolvimento activo de toda a sociedade civil é outro vector da sustentabilidade a prazo. A contenção da despesa no SNS tornou-se, assim, um instrumento crucial para a garantia da sua universalidade e qualidade.

Os resultados

Como atrás se referiu, de acordo com os compromissos assumidos com a UE para redução do défice público, a dotação orçamental final do SNS para 2005 permaneceu imutável de 2005 a 2007, só vindo a crescer

IV. Três objectivos centrais do programa do Governo 141

em 225 milhões para o ano de 2008. Esta limitação implicou, durante 2006 e 2007, uma gestão orçamental muito cuidadosa: foi necessário reduzir o crescimento da despesa farmacêutica e de meios complementares de diagnóstico e terapêutica pela forma já referida, reduzir drasticamente horas extraordinárias e horários acrescidos, concentrar hospitais e serviços, reduzir o número de chefias e poupar em outras despesas ligadas à estrutura. Em contexto de crescimento da produção e de especial cuidado com as novas Unidades de Saúde Familiares (USF) e os Cuidados Continuados Integrados a Idosos e Cidadãos com Dependência (CCI), programas considerados peças essenciais da reforma da saúde.

Mantinha-se o clima de grave restrição do investimento público, cujos efeitos mais negativos foram minorados através das dotações de capital aos novos centros hospitalares sob a forma da EPE. Dotações que puderam, e bem, ser parcialmente destinadas à realização de obras de remodelação em alguns hospitais empresarializados, para aumento da sua capacidade operativa e melhoria da qualidade do serviço, no quadro dos respectivos planos estratégicos.

O controlo do crescimento da despesa orçamental de 2005 para 2006 conseguiu que ele se limitasse a 2,0%, o que representou menos cerca de 244 milhões de Euros, caso não tivessem existido medidas de contenção e se tivesse mantido o crescimento médio anual de 5,1% observado entre 2001 e 2005.

De 2006 para 2007 foi possível manter o crescimento de encargos de pessoal em 2,6% e de compras em 2,2%. As comparticipações em produtos vendidos em farmácias baixaram -0,9% pelas razões já atrás referidas e o tecto zero na despesa com meios de diagnóstico e terapêutica convencionados levou a uma estabilidade nessa rubrica, em -0,4%. Só subiu mais visivelmente a dotação para os hospitais EPE, em cerca de 7,1%, devido ao aumento constante observado na produção contratualizada.

No ano de 2007 conseguiu-se que o crescimento da despesa tenha permanecido em 3,1%, o que significou uma despesa de 159 milhões a menos do que aconteceria se o crescimento tivesse sido de 5,1%.

Este controlo, representando nos dois anos de 2006 e 2007, adicionados, uma redução de gastos de 647 milhões de Euros, foi conseguido sem prejudicar nenhum doente, sem despedir nenhum funcionário, sem deixar de acompanhar o progresso tecnológico.

V. A COMBINAÇÃO PÚBLICO-PRIVADO NO SISTEMA DE SAÚDE

"A antiga discussão ideológica sobre a propriedade dos meios e sobre o financiamento dos serviços foi ultrapassada e substituída por outros debates como aquele sobre a forma de gestão das unidades de saúde e o estatuto dos que nela trabalham. (...) Na verdade, quando a propriedade do sistema é claramente mista, com domínio do sector privado em meios de diagnóstico, terapêutica e cuidados ambulatórios, mesmo de alta tecnologia, e quando o financiamento é quase 30% privado, tal significa que os ideólogos pregaram no deserto durante quase duas décadas. De resto, se é certo que ao longo de quase quinze anos, [entre 1980 e 1995], na maioria esmagadora desse lapso de tempo, a implementação do SNS foi entregue pelos eleitores a forças políticas que discordaram inicialmente do modelo constitucional, é também certo que tais forças evoluíram progressivamente da hostilidade ao agnosticismo e à tolerância, até chegarem à indispensabilidade da sua existência como modelo de saúde. Tudo isto quando o panorama de propriedade e financiamento não era, em 1979, mais público do que é hoje, [bem pelo contrário]. E mesmo os que nada mais fizeram que usar o símbolo SNS como bandeira política, nunca foram, nem muito explícitos nem muito activos sobre a nacionalização integral do sistema, nem [muito menos] sobre a unificação dos regimes de excepção, de que os mais importantes continuam a ser ainda hoje os subsistemas para funcionários públicos, bancários, [correios e telecomunicações] forças armadas e militarizadas, os quais, em conjunto representam [cerca de] 1/4 da população potencialmente abrangível"[57].

Este texto foi escrito e divulgado há mais de dez anos e revela-se de uma actualidade impressionante. O SNS acabou por ser adoptado como

---

[57] Campos, A. C., 1997, Administrar Saúde em escassez de recursos, X Jornadas de Administração Hospitalar, Lisboa, Dezembro de 1997, mimeo, p. 8.

modelo consensual por todas as forças políticas, o seu financiamento evoluiu progressivamente para crescente responsabilidade pública, com a correspondente regressão dos encargos privados. Acresce que, ao longo dos trinta anos de SNS não se regista nenhum comentário dos seus mais devotos ideólogos e verbais doutrinadores no sentido de integrar os restantes subsistemas públicos. O que é estranho. Dir-se-ia que todos gostam muito do SNS mas não ao ponto de manifestarem entusiasmo pela inclusão nele dos sistemas especiais de apoio na doença para funcionários públicos, militares e forças de segurança.

A melhor forma de conhecermos a verdade sobre a evolução real do SNS como peça essencial do sistema de saúde português reside no seguimento da sua combinação público-privado, o seu *"public-private mix"*. Esta combinação deve ser analisada em duas vertentes: o financiamento, procurando saber em que proporção, o sector público e o sector privado pagam os cuidados de saúde; qual o encargo directo dos cidadãos com a saúde no ponto de encontro com o sistema, o que se chama de gastos não-reembolsáveis (*"out-of-pocket expenditures"*); a prestação ou provisão de serviços e bens, com o objectivo de identificar quais os prestadores que actuam no mercado com fim claramente lucrativo, como empresas e prestadores individuais, ou com fim social, comunitariamente lucrativo, como as instituições privadas de solidariedade social, as associações humanitárias e outras. Iremos começar por analisar a evolução do financiamento e depois a evolução da prestação.

A combinação público-privada no financiamento

A combinação público-privada no financiamento é fácil de acompanhar desde há décadas pelos trabalhos da OCDE, que recolhe regularmente informação nacional através do INE. O Quadro V. 1 documenta a evolução dos gastos totais em saúde e dentre eles, dos gastos públicos, por quinquénio, entre 1990 e 2004[58]. Conhecemos também, de outras fontes,

---

[58] Barros, P. Pita e Simões, J. Almeida, 2007, Portugal, Health System Review, Sara Allin, Elias Mossialos, Eds., *Health Systems in Transition*, vol. 9, N.º 5, 2007, European Observatory on Health Systems and Policies.

qual a situação em 1970[59] e em 1980. Dispomos também de informação parcial da OCDE relativa a 2005[60].

O que esta informação nos diz é que, em termos de financiamento, apesar de o percurso não ter sido linear nos últimos dezasseis anos, a tendência observada vai no sentido de um claro aumento da importância do financiamento público da saúde em Portugal, subindo de 65,5 para 73% enquanto o correspondente valor para o financiamento privado regrediu de 35 para 27%, no mesmo período. Ou seja, o sistema tornou-se mais universal, mais público, tendo como consequência provável um aumento do número de portugueses que a ele recorrem exclusiva ou parcialmente. Esta evolução é importante se tivermos em conta que, em 1970, a parte dos gastos privados nos gastos totais em saúde era de 41,7%, embora em 1975 ela tivesse subitamente descido para 24,2%, subindo de novo para 36,6% em 1980[61]. Apesar destas oscilações, nos trinta anos posteriores a evolução do sistema tornou-se mais visível no sentido do financiamento público.

QUADRO V. 1 Portugal
Tendências dos gastos em Saúde, de 1990 ao último ano disponível

	1990	1995	2000	2004	2005
• Gastos Totais em Saúde, per capita, US$ PPP	674	1096	1624	1813	2033
• Gastos Totais em Saúde, em % do PIB	6,2	8,2	9,4	10,0	10,2
• Gastos Públicos em Saúde em % dos Gastos Totais em Saúde	65,5	62,6	72,5	71,9	73,0
• Gastos Privados em Saúde em % dos gastos Totais em Saúde	34,5	37,4	27,5	28,1	27,0

Fonte: OCDE, 2006 e 2007
Notas: PPP: paridade de poder de compra; PIB: Produto Interno Bruto

---

[59] Campos, A. C., Giraldes, M. R., Theias, M. M., Almeida, M., O., Gastos Públicos com a Saúde em Portugal, 1970-1978, *Análise Social*, Lisboa, (65), Jan-mar, 1981, 67-84.

[60] OECD, Health at a glance, 2008, *OECD Indicators*.

[61] Campos, A. C. e tal, 1987, A Combinação Público-Privada em Saúde: Privilégios, Estigmas e Ineficiências, ENSP, *Obras Avulsas*, 5.oa.

Quais são, então, os gastos em saúde dominantemente financiados pelos particulares? A resposta a esta pergunta só pode ser obtida consultando várias fontes ainda dispersas: os relatórios do Infarmed no que respeita a medicamentos, os dados do Inquérito Nacional de Saúde ou de outros inquéritos de base populacional que recolham informação sobre o acesso à saúde.

Encargos directos em saúde pagos pelas famílias. O caso dos medicamentos

O Relatório sobre a Sustentabilidade Financeira do SNS contém uma análise da evolução, entre 1980 e 2000, da estrutura da despesa directa em saúde por "adulto equivalente" a qual, apesar de se manter estável nas suas posições relativas ao longo do período, revela forte tendência para o crescimento dos encargos com serviços médicos, de enfermagem, paramédicos e outros (de 25,1 a 35,7%) e decréscimo da importância relativa dos encargos com medicamentos (de 63,8 a 48,0%) (Quadro V. 2).

QUADRO V. 2
Estrutura da despesa directa em saúde por adulto equivalente, 1980, 1990 e 2000

Despesas directas de saúde	1980	1990	2000
Total pagamentos directos	100%	100%	100%
Medicamentos	63,8	49,1	48,0
Aparelhos e material terapêutico	4,8	9,8	10,3
Serv. médicos, enferm., paramédicos e outros	25,1	33,7	35,7
Cuidados hospitalares	5,5	6,4	4,8
Seguros de acidente e doença	0,2	0,5	1,1

Fonte: Relatório sobre a Sustentabilidade Financeira do SNS, 2007

V. A combinação público-privado no sistema de saúde 147

No contexto da redução da sua importância na estrutura da despesa directa das famílias, os medicamentos situavam-se, no dobrar do século, em quase metade dos encargos directos. Apesar das comparticipações existentes, as famílias pagam uma parte importante da factura com medicamentos vendidos em farmácias, embora nada paguem nos medicamentos dispensados durante o internamento hospitalar. O pagamento varia com a condição social do doente e o carácter mais ou menos limitativo da patologia de que sofre. Assim, para o ano de 2004, a um desembolso médio de 31,1%, os migrantes desembolsavam em média 38,9%, mas os pensionistas desembolsaram, em média, apenas 23,6%. Por outro lado, nos medicamentos de sustentação de vida todos beneficiavam da gratuitidade completa (0% de desembolso), situação que mudou a partir de 2006, com o aparecimento de um escalão de comparticipação a 95% (5% de desembolso), para alguns dos medicamentos antigamente comparticipados a 100%[62].

Entre 2003 e 2007 aumentou a parte não comparticipada, ou seja aquela que as famílias têm de pagar do seu bolso, nos encargos com medicamentos comprados em farmácia. Os aumentos de desembolso e correspondentes redução de comparticipação são apresentados no Quadro V. 3.

QUADRO V. 3
**Evolução das comparticipações e dos encargos
por receita médica, 2003 a 2005**

Indicadores	2003	2004	2005	2006	2007
Comparticipação média do SNS (%)	69,4	68,9	68,3	66,7	64,6
Média de encargos para o utente (%)	30,6	31,1	31,7	33,3	35,4
Custo médio por receita, preços venda a público (euros)	36,85	39,35	40,22	39,59	38,54
Custo médio por receita médica, para o SNS (euros)	25,59	27,13	27,48	26,42	29,41
Custo médio por receita para o doente (euros)	11,26	12,22	12,74	13,17	13,63
Crescimento anual do custo médio para o doente (%)	-4,4	8,5	4,3	3,4	3,5

Fonte: Infarmed, 2008, Estatística do Medicamento (valores provisórios)

---

[62] Barros, P. Pita e Simões, J. Almeida, 2007, Portugal, Health System Review, Sara Allin, Elias Mossialos, Eds., *Health Systems in Transition*, vol. 9, N.º 5, 2007, European Observatory on Health Systems and Policies.

É indiscutível que as medidas adoptadas nos Orçamentos de 2006 e 2007 para controlar a despesa do SNS aumentaram a percentagem de desembolso das famílias nos medicamentos. No ano de 2007, já se observam os efeitos combinados de duas baixas de preço (de 6%, tanto em 2006, como em 2007), da redução da bonificação para pensionistas de 25% para 20% no preço de referência base dos medicamentos não-genéricos, da redução do número de comparticipados a 100% e correspondente criação do escalão de 95% e da redução das comparticipações[63]. Não admira que a média de encargos para o utente tenha subido de 30,6% para 35,4%, entre 2003 e 2007.

O custo médio da receita para o utente, acompanhou este crescimento, todavia em ritmo descendente, de 8,5% entre 2003 e 2004[64], para 3,5%, entre 2006 e 2007. O quer dizer que as forte medidas de contenção e redução de preços nesses dois anos tiveram um efeito positivo na desaceleração do crescimento anual do custo médio por receita a suportar pelo utente. Se elas não tivessem existido, mesmo que não tivessem sido acompanhadas de redução das comparticipações, teria aumentado muito mais o custo médio por receita, para o doente. Sem as medidas adoptadas, o utente estaria hoje a pagar mais[65] e o SNS a gastar muito mais.

A mesma conclusão se alcança quando se comparam os gastos, totais, do SNS e do cidadão, e respectivas taxas de crescimento anual, com o número de receitas médicas prescritas no período e respectivo crescimento anual (Quadro V. 4).

---

[63] As reduções de comparticipação do SNS foram de um ponto no escalão de 70%, de três pontos no escalão de 40% e de cinco pontos no escalão de 25%.

[64] O crescimento negativo episódico de 2003 (-4,4%) teve a ver com razões conjunturais e irrepetíveis: a criação dos preços de referência e a comparticipação compensatória no custo para o doente dos medicamentos de marca onde houvesse genérico, introduzida em 2003. No ano imediato o efeito desapareceu.

[65] A manter-se a média dos crescimentos do custo médio por receita para o utente, observada entre 2003 e 2005, chegaríamos a 2007 com 14,9 euros de encargos do utente por receita, ou seja, mais 1,3 euros do que o observado.

V. A combinação público-privado no sistema de saúde

QUADRO V. 4
Mercado total, SNS, encargos do utente e receitas médicas, crescimento 2003 a 2007

Indicadores	2003	2004	2005	2006	2007
Mercado total[66] Preços Venda a Público, (milhares de euros)	1.832.888	2.022.648	2.119.632	2.135.760	2.166.991
Crescimento anual do mercado total (%)	4,0	10,4	4,8	0,75	1,45
Encargos do SNS (milhares de euros)	1.272.906	1.394.555	1.448.215	1.424.967	1.400.590
Crescimento anual dos encargos do SNS (%)	3,7	9,6	3,8	-1,6	-1,7
Encargos para o utente (milhares de euros)	559.983	628.093	671.417	710.793	766.401
Crescimento anual dos encargos para o utente (%)	4,7	12,1	6,8	6,0	7,7
Número de prescrições ou receitas médicas (milhares)	47.744,3	51.399,0	52.706,0	53.944,9	56.222,6
Crescimento anual das prescrições (%)	9,4	7,7	2,5	2,4	4,2

Fonte: Infarmed, 2008, Estatística do Medicamento (valores provisórios)

Apesar de o mercado total de referência para o SNS, a preços de venda a público, ter sempre crescido, ainda que de forma contida em 2006 (0,75%) e 2007 (1,45%), o controlo dos encargos do SNS com medicamentos foi visível, com duas reduções em anos consecutivos, primeiro de -1,6 em 2006 e depois, de -1,7 em 2007. Esta contenção foi essencial para o bom desempenho orçamental do País, nesses dois anos. Naturalmente, a contenção nos encargos do SNS não foi acompanhada de redução paralela nos encargos para os cidadãos, pela razão já conhecida de mudanças nos escalões de comparticipação. Todavia, os encargos totais para os utentes, tal como já havíamos observado no custo médio por prescrição, cresceram de forma mais contida, baixando esse crescimento de 12,1% entre 2003 e 2004 para 7,7% de 2006 para 2007. Este movimento foi relativamente independente da evolução do número total de prescrições ou receitas médicas. A baixa do crescimento destas foi visível na passagem de 9,4% em 2003 e 7,7%, em 2004, para 2,5 e 2,4%, respectivamente, em 2005 e 2006, subindo para 4,2, no ano de 2007. Uma explicação provável para o que ocorreu em 2007 pode ter sido a reorientação do marketing farmacêutico

---

[66] Apenas o correspondente a medicamentos dispensados a utentes do SNS.

do preço para a quantidade: maior volume de receitas, como forma de compensar as perdas por reduções de preço.

Para o utente confirma-se o bem fundado da política conjunta de redução de preços e redução de comparticipações: se nem uma nem outra tivessem sido realizadas, os utentes estariam, hoje, a utilizar mais receituário, logo a consumir mais medicamentos, a pagar muito mais do que pagavam[67] e o SNS a furar todos os tectos orçamentais, agravando a sua crónica e passada incapacidade de pagar às farmácias a tempo e horas.

Consultas médicas privadas

A segunda mais importante contribuição das famílias para financiar os gastos directos em saúde consiste nos encargos com consultas médicas da medicina privada, cerca de 36% dos seus encargos privados com a saúde, em 2000. O Inquérito Nacional de Saúde pergunta aos cidadãos que consultas médicas realizaram durante um determinado período de tempo, em passado recente e onde, se no sector público se no sector privado. As respostas são surpreendentes, sobretudo para aqueles cidadãos que não dispõem de outra cobertura que o SNS (Quadro V. 5).

QUADRO V. 5
Importância relativa das consultas privadas (%) nas consultas totais dos cidadãos com outros subsistemas ou apenas com o SNS, 2005

Especialidade	Todos	Só com SNS
Cardiologia	54,2	46,1
Dentistas	92,1	90,9
Ginecologia	67,6	61,2
Oftalmologia	66,9	62,6
Ortopedia	45,5	41,4
Pediatria	31,1	31,1
Clínica Geral	17,1	13,0

Fonte: 4.º INS – valores preliminares, INE, 2006 (Simões, Pita Barros e Pereira, A Sustentabilidade Financeira do SNS, Ministério da Saúde, 2007)

---

[67] Se o crescimento anual dos encargos para o utente, a partir de 2005, fosse igual à média dos crescimentos entre 2002 e 2005 (7,9%), chegaríamos a 2007 com 781,695 milhões a cargo do utente, ou seja, mais 15,29 milhões do que o observado.

V. *A combinação público-privado no sistema de saúde* 151

Já esperávamos o recurso dominante ao sector privado nas consultas de saúde oral (92,1%), nas de oftalmologia (62,6%), surpreende-nos o elevado recurso ao privado nas consultas de cardiologia (54,4%), de ortopedia (45,5%), e sobretudo de ginecologia (67,6%) e de pediatria (31,1%), onde a rede de cuidados primários tende a estar mais desenvolvida. Mais surpreende que, em 2005, apesar da extensa cobertura dos centros de saúde, ainda se realizem 17,1% de consultas privadas de clínica geral para a totalidade da população e 13% para a população que apenas costuma recorrer ao SNS.

O reflexo das consultas privadas faz-se sentir nos encargos públicos a jusante. Os medicamentos prescritos pelos médicos na prática privada, igualmente comparticipados pelo SNS, representaram, em 2007, 19,9% dos encargos do SNS com medicamentos dispensados no ambulatório, ou seja, bastante mais que os gerados nas consultas e urgências hospitalares (12,5%) e cerca de um terço dos gerados pelos centros de saúde (58,9%)[68]. Se admitíssemos que o padrão de prescrição era o mesmo nos três locais, poderíamos chegar à estimativa de que o sector privado, anualmente, realizaria cerca de 10,5 milhões de consultas.

A conclusão a retirar destes números é mais uma confirmação da teoria da indução da procura pela oferta: apesar da crescente disponibilidade e acessibilidade da população aos cuidados de saúde primários e aos hospitais, bem documentada em outros capítulos deste livro, pela prática de acumulação, os próprios prestadores reorientam e induzem procura elevada na sua prática privada.

Estamos agora em condições de tentar conhecer a natureza da nossa combinação público-privado no sistema de Saúde, o qual inclui, nos termos da lei, o SNS, outros subsistemas públicos, como a ADSE, as assistências na doença às forças armadas e militarizadas, os subsistemas privados, como os dos bancários, da PT, dos CTT, da CGD, os seguros privados (dos quais são exemplos a Medis, a Multicare, a Unimed, a Advance Care), a despesa privada familiar e um remanescente "outros", constituído por outros encargos de financiamento público. A matriz que apresentamos (Quadro V. 6) foi colhida no relatório da Comissão para o Estudo da Sustentabilidade Financeira do SNS), apresentado em 2007, e baseia-se nos trabalhos do INE sobre a Conta Satélite da Saúde (valores provisórios para

---

[68] Infarmed, Estatística do Medicamento, 2007, (valores provisórios).

2003 e preliminares para 2004). O seu carácter pioneiro pode explicar algumas inconsistências com dados de outras fontes, sem todavia anular o sentido geral das conclusões.

QUADRO V. 6
Matriz da combinação público-privada do financiamento e da prestação, no sistema de saúde português, 2004 e (2000)

Financiamento/ /Prestação	SNS	Subsist. públicos	Subsist. privados	Seguros privados	Despesa Privada Familiar	Outros (públ.)	Total
Público	35,69	2,38	0,47	0,33	0,77	2,21	41,85
	(38,05)	(2,05)	(0,17)	(0,33)	(0,57)	(1,27)	(42,45)
Privado	21,14	4,32	1,85	2,57	23,67	4,60	58,15
	(20,7)	(4,06)	(1,51)	(1,24)	(25,27)	(4,78)	(57,55)
Total	56,83	6,7	2,32	2,90	24,44	6,81	100
	(58,75)	(6,11)	(1,68)	(1,57)	(25,84)	(6,05)	(100)

Nota: Valores relativos a 2004, entre parêntesis os valores de 2000
Fonte: INE – Conta Satélite da Saúde (valores provisórios para 2003 e preliminares para 2004)

A matriz está organizada em colunas, por origem de financiamento e em linhas, por estatuto do serviço prestador dos cuidados. Pode observar--se ao longo dos cinco anos uma prevalência do financiamento público à volta dos 70% (70,91 em 2000 e 70,34, em 2004[69]). A redução ligeira registada no financiamento público é consistente com a ligeira redução da componente a cargo do SNS de 58,75 para 56,83%, compensada pelo ligeiro aumento da componente dos subsistemas públicos, de 6,11 para 6,7%, bem como da componente pública "outros", de 6,05 para 6,81%. A redução da componente da despesa familiar de 25,84 para 24,44% é consistente com idêntica redução da componente a cargo das famílias, também reportada pela OCDE, bem como com o aumento ligeiro do financiamento por seguros privados, de 1,57 para 2,9%.

---

[69] Valores resultantes da soma dos financiamentos a cargo do "SNS", com os relativos a "subsistemas públicos" e com "outros (público)".

V. A combinação público-privado no sistema de saúde   153

Combinação público-privado na prestação

Quanto à natureza pública ou privada da prestação de serviços e bens de saúde, o aparentemente reduzido valor da provisão pública, 42,45% em 2000 e 41,85% em 2004, explica-se pela consideração, como prestação privada, dos medicamentos vendidos em farmácias e dos meios complementares de diagnóstico e terapêutica contratualizados através de convenções no ambulatório.

Quanto ao financiamento privado da prestação pública, a cargo do SNS, segundo a mesma fonte, ele foi de 1,07% em 2000 e 1,57% em 2004[70]. Este financiamento resulta da receita de taxas moderadoras e de algumas pequenas receitas próprias do SNS facturadas ao sector privado. Ou seja, o contributo de co-financiamento pelas famílias no ponto de encontro com o sistema de saúde, os chamados gastos não-reembolsáveis, é elevado no sector privado, sendo mínimo no sector público, dado o valor meramente simbólico e dissuasor de procura desnecessária que as taxas moderadoras continuam a representar[71].

Unidades privadas de hospitalização recentemente inauguradas

Os antagonistas do sector privado na saúde têm vindo a criticar o aparecimento nos últimos anos de um conjunto de novas unidades de saúde, tanto de hospitalização como de ambulatório, instaladas na faixa litoral e sul do País, organizadas em grandes grupos, retirando dessa economia de escala ganhos de eficiência e de qualidade. São exemplo destas iniciativas: o aparecimento, em 2001, do Hospital das Descobertas, em Lisboa, com 159 leitos, 50 gabinetes de consulta e 7 salas de cirurgia, além de bloco de partos e os mais recentes meios tecnológicos de diagnóstico; a abertura do

---

[70] Soma dos valores, na linha de provisão pública, das colunas "subsistemas privados", "seguros privados" e "despesa privada familiar".

[71] V. no mesmo sentido, a opinião dos autores do relatório sobre A Sustentabilidade Financeira do SNS, Jimões J., Pita Barros, P., e Pereira J., coordenadores, 2007, Ministério da Saúde, pp. 101 e 111.

Hospital da Luz em Lisboa, em 2006, com 168 leitos, uma vasta gama de especialidades entre elas obstetrícia, com elevado padrão tecnológico; e a recente abertura do Hospital dos Lusíadas, em Lisboa, em 2008, com 160 leitos, 60 gabinetes de consulta, 8 salas de cirurgia e também serviço de partos, com tecnologia da mais moderna. Está em construção no Porto um hospital privado com 190 leitos, 50 gabinetes de consulta e toda a panóplia de diagnóstico e terapêutica de alta tecnologia. Estas quatro unidades representam, só por si, um total de quase 700 leitos, o equivalente a um grande hospital de ensino.

O modelo de intervenção comum a estas unidades consiste na ampla disponibilidade de consultórios, salas operatórias e de partos e meios de diagnóstico privativos, que pressupõem trabalho em regime residente de pessoal médico, de enfermagem e técnico, altamente especializado, recrutado no sector público, onde foi treinado. A par da continuidade do modelo de simples passagem de médicos do sector público, durante algumas horas, para prestarem consultas ou realizarem intervenções, modelo este largamente dominante no passado, na hospitalização privada em Portugal.

Estes críticos comentam o que consideram posições laxistas de sucessivos governos na aceitação da abertura destas novas unidades privadas. Tais críticas omitem ou ignoram o princípio nacional e europeu de liberdade de estabelecimento, bem como o nosso princípio constitucional de liberdade e correspondente tutela do Estado ao "disciplinar e fiscalizar as formas empresariais e privadas da medicina, articulando-as com o SNS, por forma a assegurar, nas instituições de saúde públicas e privadas, adequados padrões de eficiência e qualidade"[72].

Os críticos estranham a coincidência temporal deste desenvolvimento. Os efeitos naturais da abertura dessas grandes unidades implicariam a transição para o sector privado, de forma transitória ou definitiva, de um grande número de profissionais credenciados vindos do sector público. São também criticadas virtuais diferenças de critérios na aceitação de funcionamento de algumas unidades abaixo do padrão produtivo das suas congéneres do sector público. Tal poderá acontecer, por exemplo, com maternidades anunciadas no sector privado, sem comprovação de um número suficiente de episódios para garantir qualidade de funcionamento.

---

[72] Constituição da República Portuguesa, artigo 64.°, n.° 3, alínea d).

V. *A combinação público-privado no sistema de saúde* 155

Estas novas unidades privadas têm procurado o seu mercado natural junto de companhias de seguros e subsistemas autónomos. Recentemente duas delas (Hospital da Luz e Hospital dos Lusíadas) negociaram com a ADSE o acolhimento de funcionários públicos. Os dirigentes associativos que representam o sector privado têm insistido na reivindicação de convenções com o SNS para acolherem doentes do sector público, mesmo em internamento, no que entendem ser um direito de igualdade de oportunidades. Esta questão tem assumido fortes contornos ideológicos e o debate está apenas a começar. Daí a necessidade de o clarificar, evitando ambiguidades, mal-entendidos e preconceitos.

Passagem de pessoal do SNS para o sector privado

Esta será, em boa verdade uma questão empolada pelas duas correntes extremas: os liberais, que argumentam com a incapacidade de o SNS reter os seus melhores profissionais e os estatizantes que acusam os governos de estarem a privatizar o sistema de saúde. Como muitas vezes acontece, a razão não está com os extremos.

É agora possível dispor de dados completos sobre os efectivos médicos que saíram do SNS em 2007, ano crucial pela concentração da entrada em funcionamento ou sua preparação de algumas das maiores unidades privadas[73]. Assim, um total de 1045 médicos saiu dos quadros do SNS em 2007, 321 por aposentação, 81 com licença sem vencimento e 643 por causas ordinárias de desvinculação (Caducidade, denúncias contratuais e exonerações). Dentre os que foram exonerados (140), 72 abandonaram definitivamente a função pública 41 foram exonerados por candidatura concursal a vagas na Administração Pública fora do SNS e 24 por terem sido transferidos, também para outras posições na Administração Pública fora do SNS. O que significa que, neste contexto, às 643 saídas por causas ordinárias de desvinculação têm que ser descontadas estas 65 saídas (41+24) por se tratar de pessoal médico que não passou para o sector privado. Em termos práticos, é de admitir que os médicos saídos para o sector privado tenham alcançado, no máximo, 578 efectivos. É duvidoso que

---

[73] Informação recolhida pelo autor junto do Ministério da Saúde, em Julho de 2008.

todos eles tenham passado ao sector privado institucional, alguns emigraram, outros passaram a prática privada individual, outros ingressaram em empregos associados à saúde (medicamentos, equipamentos médicos). Admitamos que tenham sido à volta de 500 os que passaram ao sector privado organizado em grandes grupos. Parece-nos um número perfeitamente razoável para um ano em que entraram em funcionamento, ou para tal se prepararam, pelo menos 328 leitos, tantos os que somam os hospitais da Luz e dos Lusíadas.

Em contrapartida, convém notar que as admissões de internos, durante o ano de 2007 totalizaram 1027 colocações efectivas.

Pode sempre olhar-se a questão pelo prisma mais negativo: teriam saído os melhores de cada hospital público. Não é líquido que tenham sido os melhores, apenas os mais bem conhecidos por quem os seleccionou, ao que se saiba por meros critérios de cooptação. Também nada de mal acontece ao sector público, quando atrás ou ao lado dos que escolheram o privado, os seus lugares e responsabilidades passaram a ser preenchidos pelos seguintes na escala da qualidade e reputação, em contexto de abundância de candidatos, como acontece em quase todos os hospitais centrais, com excepção de algumas especialidades mais carenciadas. Em conclusão: a qualidade médica do SNS está firme e não foi abalada por este movimento. Mas atenção: embora a capacidade de atracção do privado seja muito limitada em quantidade e concentrada no tempo, pois não é todos os anos que se inauguram 328 leitos no sector privado, é essencial remodelar o sistema retributivo dos médicos hospitalares. O que já foi feito para os médicos de família deve agora ser adoptado, com as devidas alterações, para o universo hospitalar.

Medidas a recomendar

Face ao que foi descrito, é altura de apresentarmos alguma clarificação ao debate, com as seguintes conclusões e propostas:

- A liberdade de estabelecimento privado na saúde, como em outro sector de actividade, é inquestionável.
- A liberdade de trabalho dos profissionais, escolhendo desempenhar as suas funções em unidades do sector público ou do sector privado é também inquestionável.

V. A combinação público-privado no sistema de saúde

- É muito discutível que o SNS aceite que os seus profissionais exerçam funções dirigentes ou pelo menos de alta responsabilidade, no sector privado, em simultâneo com funções dirigentes no sector público. Para evitar qualquer ambiguidade a este respeito foi criado um dispositivo que impede o exercício simultâneo de funções de chefia ou coordenação em unidades dos dois sectores.
- Não é possível perpetuar por mais tempo a situação de baixos salários dos médicos hospitalares, apenas compensada pela aceitação negligente de pagamentos por horas extra. A verdade tem de ser reposta de forma a recompensar quem mais e melhor trabalhe. A criação de um regime de pagamento proporcional ao desempenho a partir de um montante estatutário de base, como já está a ser praticado nas USF, é urgente nos hospitais.
- O sector público não tem o direito de recusar a saída do seu pessoal para o sector privado, caso este pretenda desvincular-se definitivamente da sua ligação à Função Pública. Mas tem todo o direito de condicionar saídas precárias.
- Embora não exista legislação que o preveja, os hospitais e centros de saúde deveriam poder ressarcir-se do investimento feito em formação especializada pelos seus médicos, enfermeiros e técnicos que optam por dele se desvincularem. É a altura de se preparar essa legislação.[74]
- Os organismos de tutela devem actuar no sector privado com o mesmo grau de exigência de qualidade com que actuam no sector público; o que implicará que os mínimos de prática devam ser exigidos e verificados nos dois sectores.
- O SNS não pode assumir qualquer responsabilidade de celebrar convenções com unidades do sector privado livremente estabelecidas, em nome de qualquer suposta garantia de sobrevivência económica da empresa, mesmo que se trate de protecção de postos de trabalho; se o fizesse colocar-se-ia em permanente sujeição à coacção de empreendedores negligentes ou incautos.
- A celebração de qualquer acordo ou convenção entre o SNS, ou um subsistema público, com prestadores privados, deve basear-se em total e completa igualdade de acesso, tratamento e qualidade prati-

---

[74] A qual já existe nas regras europeias relativas à formação de praticantes de futebol profissional.

cada pelo prestador privado em relação aos seus clientes de fora do universo público.

- O Ministério da Saúde deve exercer uma mais rigorosa tutela preventiva sobre o sector privado na fase de planeamento do investimento, de forma a evitar duplicações de investimento e dificuldades supervenientes a actores públicos e privados.

Equidade: ampliada ou coarctada?

O sucesso do controlo do gasto no SNS ao longo dos anos de 2005 a 2007 levanta a questão da equidade. A despesa foi controlada. Os serviços ganharam em eficiência. A efectividade, medida em produção dos serviços, aumentou visivelmente. Tudo bem. Mas como poderemos ter a certeza de que a contenção do gasto público não foi feita à custa do aumento do gasto privado, ou pior ainda, contra as camadas mais desfavorecidas da sociedade? Como podemos ter a garantia de o SNS se ter mantido universal, geral e, tendo em conta as condições económicas e sociais dos cidadãos, tendencialmente gratuito, como obriga a Constituição? É a questão da equidade, nas suas duas modalidades essenciais de equidade horizontal e de equidade vertical.

Ela subdivide-se em várias perguntas. Procuremos explicitar as mais importantes, para depois respondermos a cada uma delas.

(a) A **universalidade**: está o SNS a restringir a população a que se destina? Estarão cada vez mais Portugueses a desistir do SNS ou a tender a não o utilizar, trocando-o por seguros ou subsistemas? Se o pagamento das despesas totais em saúde constituir um indicador "proxy" da universalidade, estaremos a ter mais ou menos gastos de saúde não-reembolsáveis a cargo exclusivamente do cidadão?

(b) A questão da **generalidade**: sabemos que o SNS nunca cobriu a totalidade das necessidades em saúde. Os inquéritos nacionais de saúde revelam que há um número considerável de portugueses que, ou por terem recursos para acesso ao sector privado (consultas privadas de especialidade nos maiores centros urbanos), ou por não terem acesso ao sector público em tempo útil (radioterapia, cirurgia electiva), ou porque sentem demoras no atendimento (consultas de clínica geral), listas de espera excessivamente longas (oftalmologia e ORL), ou por inexistência de cobertura, como acontece com a saúde dentária, sendo beneficiários do SNS acabam por recorrer ao sector privado. Até que ponto, na actual política de ganhos de eficiência, estarão a ser sacrificados os mais desfavorecidos?

(c) A questão da **tendencial gratuitidade**. Ao aumentarem as taxas moderadoras, quer pelas actualizações anuais, quer pelo alargamento a novas categorias de actos como os internamentos e a cirurgia de ambulatório, estará ou não a tendencial gratuitidade a diminuir e o sistema a tornar-se em de tendencial co-pagamento?

(d) Tendo em conta que os **medicamentos** e os serviços privados **convencionados**, a par do trabalho extraordinário, foram os principais alvos das medidas de controlo da despesa, e conhecendo-se efectivas reduções de gasto público nesses sectores, tal significará que os cidadãos estão a **pagar mais** por esse bens ou serviços?

(e) Tendo em conta as reformulações da malha de serviços concentrando salas de parto, reorganizando a localização das urgências, encerrando serviços de atendimento permanente nocturno e redistribuindo mais racionalmente as especialidades nos centros hospitalares que resultaram da agregação de várias unidades, será que piorou a **acessibilidade** a cuidados de qualidade em tempo útil e em condições de sua conveniência e de qualidade?

Vamos responder a cada uma destas perguntas com a informação disponível.

Universalidade

A importância relativa dos gastos públicos com a saúde, isto é, o SNS mais os restantes subsistemas públicos (ADSE, justiça, militares e forças de segurança) aumentou consistentemente, alcançando 73% em 2005. Dentre os gastos privados, a parte exclusivamente a cargo das famílias, os gastos privados não-reembolsáveis (*out-of-pocket*) que haviam baixado

160 · Reformas da Saúde – O fio condutor

já para 23,5% em 2004, reduziram-se ainda mais para 22%, em 2005. A importância atribuída a seguro privado, que era de 4,6% em 2004, baixou para 4,0%, em 2005. A conclusão a tirar da análise deste indicador aproximado (*proxy*) de universalidade é que, pelo menos até 2005, primeiro ano incompleto de gestão do XVII Governo, o sistema de saúde, em Portugal continuou o seu caminho em direcção à universalidade.

Generalidade

A análise dos pagamentos directos, isto é, daqueles em que o desembolso é efectuado no momento do consumo, tem utilidade para sabermos qual a abrangência que o nosso sistema tem em matéria de cobertura das prestações de cuidados. Embora alguns pagamentos directos sejam reembolsáveis, a sua desagregação nas perguntas dos inquéritos nacionais de saúde permite conhecer, ao longo do tempo, a dinâmica do atributo da generalidade. O peso crescente das despesas directas de saúde no bolso dos consumidores é um facto[75]. Elas representavam, em 1980, 2,9% de todos os desembolsos, 3,3% em 1990 e 5,9% em 2000. O seu valor médio subiu em termos reais. O que significa que não foram só as despesas públicas que cresceram muito ao longo dos últimos 25 anos, também os gastos privados, embora em menor importância relativa nos gastos totais em saúde, como acabámos de ver.

A estrutura da despesa nestes gastos directos modificou-se muito, entre 1980 e 2000: a importância relativa dos medicamentos baixou, os encargos com cuidados hospitalares (internamentos em clínicas privadas e taxas moderadoras em hospitais públicos) também diminuíram de importância no período. Em compensação subiram de importância relativa os aparelhos e material terapêutico, as consultas da medicina privada, os serviços de enfermagem, paramédicos e outros, e os seguros de acidente e doença.

De entre a despesa que mais subiu, os serviços (consultas médicas, actos de enfermagem e de diagnóstico e terapêutica) nomeadamente as consultas privadas, revelam bem os pontos fracos de universalidade do

---

[75] A Sustentabilidade Financeira do Serviço Nacional de Saúde, 2007, Relatório, Coordenação de Simões J., Pita Barros, P., Pereira J., Ministério da Saúde.

SNS. O recurso a consultas privadas de especialidade é muito elevado em algumas disciplinas, mesmo tendo em conta que cerca de três quartos da população não tem outra cobertura para além do SNS.

A recente medida de criação de um programa público de rastreio e tratamentos de saúde oral para crianças à entrada e a meio do sistema de ensino, de disponibilização de cheques-dentista às grávidas que frequentam os centros de saúde e aos idosos que beneficiam de apoio financeiro para a aquisição ou renovação de prótese dentária insere-se no objectivo de alargar a generalidade no SNS, ampliando a equidade vertical.

Para combater a completa ausência anterior de cuidados de saúde orientados para o segmento final da vida foi criado o programa de cuidados continuados a doentes idosos ou com dependência[76]. Esta organização de cuidados constitui uma revolução na continuidade do apoio hospitalar. Dispõe ainda de cuidados paliativos, quer ambulatórios, quer no hospital.

Estes novos programas, ao alargarem o âmbito de intervenção do SNS, alargam a sua generalidade.

Tendencial gratuitidade

Estará a tendencial gratuitidade a ser atacada com as novas taxas moderadoras sobre o internamento e sobre a cirurgia ambulatória?

Ainda se não dispõe de informação tratada baseada nos inquéritos nacionais de saúde. Não se conhece exactamente o grau de cumprimento de uma medida que só entrou em vigor em Abril de 2007, não tendo ainda um ano de vigência, à data em que escrevemos. A única forma de podermos ter uma resposta, incompleta e ainda inconclusiva, consiste em conhecer o comportamento da receita hospitalar originada pelas novas taxas.

As novas taxas estão muito longe de ter um efeito financiador no SNS. Pelo contrário. Tendo em conta a alta percentagem de beneficiários do SNS que delas estão isentos, com tão pequeno montante não é possível afirmar que possam ter afectado a igualdade de acesso. Como veremos mais adiante, o montante das taxas moderadoras permanece simbólico, mesmo em 2007, abaixo de 1% da receita total do SNS.

---

[76] Decreto-Lei n.º 101/2006, de 6 de Junho.

Qualidade

A qualidade em saúde depende de muitos factores: entre eles, da organização dos procedimentos terapêuticos, da excelência das instalações e equipamentos onde são prestados e da competência dos profissionais que os dispensam. Apesar das restrições orçamentais, foram tomadas diversas medidas orientadas para a reforma do sistema numa perspectiva de ganhos de qualidade.

A criação de unidades de saúde familiar dentro dos centros de saúde, recolocam o cidadão no centro do sistema, numa relação ímpar com o seu médico e o seu enfermeiro de família. O doente é sempre visto por um médico da USF, como se fora o seu próprio médico, tornando-se desnecessária a presença do doente, ou de alguém por ele, de madrugada, à porta do centro de saúde, para obter uma senha de consulta. O alargamento das listas de 1.500 para quase 1.800 doentes por médico vem atribuir médico de família a pessoas que até aqui o julgavam impossível. Esta revolução silenciosa das USF é um enorme passo no aumento da qualidade e da acessibilidade aos cuidados de saúde primários.

Um outro vector da qualidade consiste no aperfeiçoamento das condições de trabalho hospitalar. Por todo o País, apesar das carências de recursos, se constatam obras em hospitais. Obra nova em alguns casos[77], obras de profunda remodelação, como nos grandes hospitais centrais e obras importantes nos novos centros hospitalares para lhes aumentar a capacidade produtiva em condições de melhor qualidade. Ao mesmo tempo continuam no seu ritmo laborioso os trabalhos de construção de novos estabelecimentos em parcerias público-privadas.

Estes estabelecimentos hospitalares, quer os novos, quer os renovados, obedecem a critérios de moderna tecnologia médica e a padrões de qualidade orientados para a segurança e conforto do doente.

Co-pagamento

Durante todo o ano de 2007, foi altamente debatida a engenharia social da política de preços e comparticipações em medicamentos.

---

[77] Como o Hospital Pediátrico de Coimbra, o Hospital de Seia e o Hospital de Cascais e, em breve, os hospitais de Braga, Vila Franca de Xira, Loures, Todos os Santos e Central do Algarve.

V. A combinação público-privado no sistema de saúde 163

Em regra, as oposições tenderam a ampliar o que entendiam ser efeitos negativos das medidas combinadas de redução de preços e de comparticipações, relutantes em aceitar que tivesse havido melhorias para o cidadão.

Chegou a questionar-se que tivesse havido real baixa de preços. Ora, um estudo realizado pelo Infarmed, no final de 2007, sobre os dez medicamentos de maior volume de prescrição, demonstrou que o preço pago pelo utente, teve reduções que oscilaram entre -0,25 e -4,62%, sendo a redução média de -1,73%.

Como atrás demonstrámos, confirma-se o bem fundado da política conjunta de redução de preços e redução de comparticipações: se nem uma nem outra tivessem sido realizadas, os utentes estariam, hoje, a consumir mais medicamentos, a pagar muito mais do que pagavam e o SNS a furar todos os tectos orçamentais, agravando a sua crónica e passada incapacidade de pagar às farmácias a tempo e horas.

Haverá ainda que salientar o pequeno mas selectivo efeito do dispositivo previsto no Decreto-Lei n.° 252/2007, de 5 de Julho, de criação de benefícios sociais para os idosos beneficiários de complemento solidário de pensão[78]. Duas outras medidas implicaram benefício para os cidadãos utilizadores de medicamentos: o aumento da quota de genéricos no mercado total, a qual atingiu um pouco mais de 19% a meio do ano de 2008; e a criação de lojas de venda de medicamentos não sujeitos a receita médica, em lugares de grande conveniência para o público, e onde se continuam a registar preços médios ligeiramente inferiores aos praticados na data de arranque[79].

Acessibilidade

Foram reais os ganhos de acessibilidade aos cuidados de saúde para os cidadãos ao longo do período em análise. Estão patentes em vários

---

[78] O benefício consiste em uma comparticipação financeira adicional de 50% da parcela do preço dos medicamentos não comparticipada pelo Estado. Este dispositivo encontra-se ainda não totalmente disseminado, por insuficiente conhecimento pelos destinatários. Tal conhecimento está a aumentar acompanhando o número de idosos que já beneficiam do complemento solidário de pensão.

[79] Setembro de 2005.

indicadores, registados ao longo dos três anos (2004-2007), ou ano mais próximo:

(a) acréscimo de 1,7 milhões das consultas programadas (mais 6,4%), realizadas nos centros de saúde, compensando, com melhor qualidade, a redução dos atendimentos em SAP e afins em 1,5 milhões;

(b) acréscimo de 832 mil novas primeiras consultas (mais 12,2%) em centros de saúde;

(c) acréscimo de 1,3 milhões de consultas hospitalares (mais 16,5%), com um ganho de 403 mil novos doentes em primeira consulta, por ano, passando estas de 25,2 para 26% do total das consultas;

(d) acréscimo de 10% no total das cirurgias, sendo de 11% nas programadas;

(e) acréscimo de 52 mil intervenções em cirurgia de ambulatório (mais 40%), passando esta prática de 24 para 32% do total das cirurgias;

(f) crescimento moderado das urgências, mais 293 mil pessoas atendidas (mais 5% no período);

(g) redução da lista de inscritos em cirurgia (LIC) de 241 mil em 2004 para 199.900 no final de 2007 (menos 41.451 doentes em espera), implicando uma redução da mediana de tempo de espera de 8,6 meses em 2005 para 4,2 meses em 2007, reduzindo-se em 65% o número de doentes em espera há mais de um ano e em 62% os doentes em espera há mais de dois anos;

(h) crescimento dos lugares em cuidados continuados de 797, em 2006, para 1825 no final de 2007;

(i) criação de 105 novas USF, até ao final de 2007, oferecendo médico de família a 152 mil portugueses, até então sem acesso a esse recurso;

(j) acréscimo da utilização dos cuidados de saúde primários pela população portuguesa, de 68% em 2004, para 76% em 2007, demonstrando que os cidadãos estão a recorrer mais ao SNS o que representa, entre outros factores, um aumento de confiança no sistema público de saúde.

VI. QUATRO IMPORTANTES REFORMAS

Durante os três anos que decorreram entre 2005 e 2008 foram tomadas medidas essenciais em quatro importantes áreas da saúde dos portugueses: na saúde oral, na saúde mental, na saúde sexual e reprodutiva das mulheres e na protecção dos cidadãos contra o fumo passivo. Tratava-se de problemas que há muito persistiam na vida dos portugueses sem solução à vista. A circunstância de existir um governo maioritário, o bom entendimento com o grupo parlamentar do partido que apoia o governo, a disponibilidade de uma plêiade de dirigentes que prepararam a regulamentação técnica complexa de alguns destes problemas e sobretudo um vasto consenso na sociedade portuguesa sobre a urgência da sua solução foram elementos essenciais da aprovação do lançamento das decisões que a estas matérias dizem respeito.

Comecemos pela **saúde oral**. Durante décadas o SNS não cobria cuidados dentários. De início, por falta de profissionais, depois por atavismo conservador e receio de elevado dispêndio que pusesse em causa a sustentabilidade financeira do sistema público de saúde. Pois bem. Esses temores foram vencidos com cuidadosa preparação técnica e salutar diálogo político com as representações dos profissionais envolvidos, sendo a Ordem dos Médicos Dentistas a mais representativa e a mais positivamente orientada. Na impossibilidade de o SNS dispensar cobertura universal e geral nesta matéria, embora se partisse de um ponto muito baixo, foi possível reforçar um programa destinados a crianças e jovens em idade escolar e criar dois novos programas, um destinado a grávidas que não têm senão o centro de saúde como local de acompanhamento da sua gravidez e um terceiro destinado aos idosos em condições económicas e sociais de maior fragilidade, os beneficiários de complemento solidário.

A **saúde mental** encontrava-se num "ghetto" doloroso. Apesar de inúmeros relatórios nacionais, de sólidas recomendações internacionais e de uma legislação teoricamente muito avançada, jamais executada na integralidade, a concentração de recursos materiais e humanos em hospitais psiquiátricos situados na faixa litoral impedia ou dificultava o acesso de populações do interior e da periferia das grandes áreas habitacionais a cuidados de saúde mental de acessibilidade e qualidade decentes. Os interesses dos profissionais foram-se enquistando, com o tempo, à volta dos hospitais psiquiátricos, favorecendo a psiquiatria asilar sobre a comunitária e a terapêutica química sobre a preventiva e a ocupacional. O modelo de centro de saúde mental comunitário só episodicamente encontrava radicação e em alguns casos assistiu-se a verdadeiro retrocesso no movimento de desmantelamento da psiquiatria asilar. A criação de uma comissão de alta qualidade, com forte liderança e a sua abertura ao diálogo e capacidade de demonstração da evidência da urgente reforma, foram elementos essenciais para se encetar um novo movimento reformador.

Na área da **saúde sexual e reprodutiva** das mulheres foi necessário intervir em diversos movimentos complementares. Primeiro, na liderança técnica do processo de preparação do referendo, seu resultado positivo e estudo da legislação que haveria de dar execução à resposta favorável à realização da interrupção voluntária da gravidez (IVG) em situações bem definidas e centradas na prevenção do flagelo do aborto clandestino. Depois, na maior generosidade do SNS no apoio à procriação medicamente assistida (PMA), até aí quase limitado à comparticipação medicamentosa. Finalmente, na inclusão da vacina contra o vírus do papiloma humano (VPH) no Programa Nacional de Vacinação, após cuidadosa avaliação técnica e financeira.

A quarta importante reforma tem a ver com a saúde pública e a promoção de um ambiente saudável. Consistiu na preparação da legislação sobre as restrições do **uso do tabaco em espaços fechados**, como protecção de trabalhadores e utentes e dissuasão dos hábitos tabágicos. Tratava-se de acompanhar um movimento mundial com forte apoio nas instituições da União Europeia, tal como na OMS, visando deixar aos nossos filhos um ambiente mais saudável e potenciar a redução futura de mortes, doenças e correspondentes encargos associados ao uso do tabaco.

Estas quatro áreas de saúde assinalaram esta legislatura e marcam uma época, pelo carácter estratégico de que se revestiram e pelo fortíssimo consenso social que conseguiram gerar.

VI-A. **Programa Nacional de Promoção da Saúde Oral**

Introdução

Em 23 de Novembro de 2007, na sessão de encerramento do XVI congresso da Ordem dos Médicos Dentistas foi assinado um protocolo de colaboração entre o Ministério da Saúde e aquela ordem, com vista à criação de um Programa Nacional de Promoção da Saúde Oral. O Programa está dividido em três projectos: "Saúde Oral das Crianças" "Saúde Oral da Grávida" e "Saúde Oral das Pessoas Idosas".

Durante a apresentação do orçamento para 2008 ao parlamento, o governo havia anunciado novas metas e novos públicos-alvo na área de saúde oral, assentes em diversos objectivos. O primeiro objectivo visava alargar o acesso a cuidados de medicina dentária, para grupos prioritários e vulneráveis, em especial crianças, grávidas e idosos com baixos rendimentos. É importante avaliar sistematicamente a situação de Portugal em termos de comportamentos, de hábitos de higiene oral e de alimentação. Mas não é suficiente. Um bom programa de saúde oral, para além de reduzir substancialmente a carga da doença oral a dezenas de milhares de crianças, mulheres grávidas e idosos, tem outra meta cuja importância merece ser destacada: a diminuição das desigualdades sociais na saúde oral.

Em Portugal, a cárie dentária apresenta na população infantil e juvenil um índice de gravidade moderada, isto é, o número de dentes cariados, perdidos e obturados (CPOD) por criança aos 12 anos de idade era de 2,95 e a percentagem de crianças livres de cárie dentária aos 6 anos é de 33%[80]. Outro estudo da OMS (1999) apresentava valores médios de dentes cariados, perdidos e obturados por criança de 1,5, com desvios acentuados entre grupos de diferentes níveis socioeconómicos. Apesar de os valores terem vindo progressivamente a melhorar, estes dados reforçam a necessidade de manter o investimento nesta área, se queremos contribuir para a redução das desigualdades em saúde. A estratégia europeia e as metas definidas para a saúde oral, pela OMS, apontam para que, no ano 2020, pelo

---

[80] Direcção-Geral da Saúde, 2000, Estudo Nacional de Prevalência da Cárie Dentária na População Escolarizada.

menos 80% (e nós vamos apenas em 51%) das crianças com 6 anos estejam livres de cárie e, aos 12 anos, o número de dentes cariados, perdidos e obturados não ultrapasse 1,5.

O segundo objectivo do programa consistia em diminuir a incidência e a prevalência das doenças orais nestes grupos-alvo (crianças, grávidas e idosos) para que conhecimentos e comportamentos relacionados com a saúde oral sejam precocemente interiorizados e progressivamente assumidos ao longo do ciclo de vida. No que se refere às crianças, o programa já existente na Direcção-Geral da Saúde, apesar de cobrir 60.000 crianças e jovens, encontrava-se desajustado. Tornava-se necessário avaliar, rever e reestruturar os cuidados médicos dentários para as crianças, de forma a assegurar a prestação equitativa de cuidados de saúde oral com base em procedimentos simplificados, garantindo o melhor acesso aos serviços e o alargamento progressivo até 80.000 crianças e jovens.

As mulheres grávidas representam um grupo populacional a merecer a atenção dos profissionais de saúde, uma vez que as alterações hormonais características deste período aumentam a frequência das doenças periodontais que, por sua vez, condicionam negativamente as práticas de higiene oral e favorecem o aumento da incidência e da gravidade da cárie dentária. O programa visa abranger 65.000 mulheres grávidas.

Finalmente, no que respeita aos idosos, o processo de envelhecimento contribui também para uma maior ocorrência de problemas de saúde oral, designadamente de periodontopatias e perda de peças dentárias, gerando uma maior necessidade de cuidados médicos dentários. O programa abrangeria um total inicial de 90.000 pessoas idosas com baixos rendimentos.

O Programa Nacional de Promoção da Saúde Oral assenta na execução de um conjunto de actividades de promoção, prevenção e tratamento das doenças orais, realizadas através da contratualização simplificada destes serviços. Relativamente às crianças, o valor máximo dos serviços contratualizados por criança tratada, do grupo etário dos 3 aos 16 anos de idade começou por ser de 75 €. No que respeita às mulheres grávidas, foi definido que o valor máximo contratualizado para as consultas e tratamentos seria de 120 €, distribuídos em três cheques-dentista. Quanto aos idosos beneficiários do complemento solidário, o SNS já participava financeiramente em 75% na despesa de aquisição e reparação de próteses dentárias removíveis, até ao limite de 250 euros. Passaram a estar cobertos os encargos com as consultas médicas necessárias à aplicação de próteses e suas posteriores afinações. O valor máximo das consultas e tratamentos contratualizados para os idosos será de 80 € distribuídos em dois cheques-dentista por ano[81].

O protocolo celebrado é simples, desburocratizado e baseado na confiança entre os agentes e os prestadores. Cria um método de acesso fácil, de livre adesão, com utilização da capacidade instalada. Nos concursos para contratualização poderão candidatar-se, através de formulário electrónico, estomatologistas e médicos dentistas inscritos nas respectivas ordens profissionais, a exercer em clínicas ou consultórios licenciados que possuam condições higio-sanitárias e de segurança devidamente comprovadas para o exercício da actividade. A lista de médicos aderentes estará disponível no *portal da saúde* e das ARS de forma a facilitar o acesso e a livre escolha regional dos utentes.

A facturação também seguirá um procedimento simplificado através da validação de cheques-dentista, enviados pelo médico aderente à ARS respectiva, acompanhados da informação necessária, registada no sistema de informação.

Médicos aderentes

O Programa Nacional de Promoção de Saúde Oral na grávida e nas pessoas idosas foram desenhados de forma a poderem a ele aderir os esto-

---

[81] O orçamento global, para 2008, da saúde oral nas crianças e jovens escolarizados até aos 16 anos baseou-se em um número de crianças abrangidas por tratamento estimado em 80.000. Com base no valor de compartição do SNS, por criança intervencionada de 75 €, os custos directos totais ascendem a 6 milhões de Euros. O projecto de saúde oral na grávida assenta na estimativa de 65.000 grávidas, em Portugal Continental, acompanhadas no SNS. Com base no valor total dos 3 cheques-dentista de 120 €, os custos directos totais ascenderão a 7,8 milhões de euros (valor máximo). O projecto de saúde oral nas pessoas idosas dirige-se a um total de 90.000 pessoas idosas abrangidas pelo complemento solidário de pensão, para o ano de 2008. Com base no valor total dos 2 cheques-dentista de 80 €, os custos directos totais ascenderão a 7,2 milhões de euros (valor máximo). Pelo que os custos directos, em 2008, do Programa Nacional de Promoção de Saúde Oral atingirão 21 milhões de euros, se a execução das metas for completa.

matologistas e médicos dentistas inscritos nas respectivas ordens, que aceitem as condições de adesão e execução dos projectos. Os higienistas orais poderão prestar, no âmbito das suas competências, cuidados de saúde oral sob a orientação e responsabilidade dos médicos aderentes. Os consultórios dos médicos aderentes devem respeitar as condições higio-sanitárias das instalações e equipamentos, de acordo com a legislação aplicável, garantindo o pleno cumprimento das obrigações impostas pela Entidade Reguladora da Saúde (ERS). Os médicos aderentes comprometem-se a aceitar as condições de adesão e a garantir a qualidade da prestação de cuidados, instalações e equipamentos, sem discriminação na marcação e na realização das consultas, em relação aos restantes doentes dos seus consultórios[82].

---

[82] Cada uma das ARS, I.P. anuncia a abertura de candidaturas de estomatologistas e médicos dentistas que pretendem aderir aos projectos. Os interessados preencherão o formulário electrónico, disponibilizado no sistema de informação dos projectos. A adesão definitiva terá lugar após entrega na ARS, I.P., do comprovativo de inscrição na respectiva ordem e do supra-citado documento escrito, com o qual se inicia a vigência do contrato de adesão. Após a adesão, a identificação do médico passará a constar automaticamente da lista de médicos aderentes, que será organizada por região e disponibilizada no *Portal da Saúde*, *sites* da DGS e das ARS. Na sequência desta validação, o médico receberá um *log in* e uma *password* que lhe permitirão o acesso ao sistema de informação do projecto, através do qual realizará os procedimentos exigidos pelo sistema de informação.

VI-B. Saúde Mental

O Plano de Saúde Mental

Em Abril de 2006, foi criada uma Comissão Nacional para a Reestruturação dos Serviços de Saúde Mental, com a missão de estudar a situação da prestação dos cuidados de saúde mental a nível nacional, propor um plano de acção para a reestruturação e desenvolvimento dos serviços respectivos e apresentar recomendações quanto à sua implementação.

O Plano Nacional de Saúde Mental que resulta do trabalho da referida comissão tem como objectivos fundamentais: (a) assegurar o acesso equitativo a cuidados de saúde mental de qualidade a todas as pessoas com problemas de saúde mental no país, incluindo as que pertencem a grupos especialmente vulneráveis; (b) promover e proteger os direitos humanos das pessoas com problemas de saúde mental; (c) reduzir o impacto das perturbações mentais e contribuir para a promoção da saúde mental das populações; (d) promover a descentralização dos serviços de saúde mental, de modo a permitir a prestação de cuidados mais próximos das pessoas e a facilitar uma maior participação das comunidades, dos utentes e das suas famílias; (e) finalmente, promover a integração dos cuidados de saúde mental no sistema geral de saúde, tanto a nível dos cuidados primários, como dos hospitais gerais e dos cuidados continuados, de modo a facilitar o acesso e a diminuir a institucionalização.

Implementar a reforma dos serviços de saúde mental constituiu um desafio e um imperativo ético, científico, económico e político. Todavia, o desafio ficou apenas no início. Para caracterizar as necessidades de cuidados de saúde mental das populações é fundamental que seja efectuado um inquérito de morbilidade psiquiátrica, quer de âmbito nacional, quer de âmbito regional, para conhecer a prevalência e a incidência da grande maioria das perturbações mentais em Portugal[83].

---

[83] Chama a atenção o facto de nunca ter sido efectuado tal inquérito em Portugal, o qual permitiria conhecer os índices epidemiológicos, ou estabelecer de uma forma cientificamente rigorosa a associação entre as perturbações psiquiátricas na população portuguesa e os seus eventuais determinantes, incluindo factores sócio-demográficos, económicos, comportamentais e de estilos de vida.

A reestruturação dos hospitais psiquiátricos e a sua progressiva substituição por serviços baseados na comunidade são prioritárias na reforma da saúde mental. São o passo mais emblemático mas também o mais difícil, pelos interesses que afrontam. Na verdade, a experiência reconhecida em muitos países demonstra que a melhor forma de responder às expectativas dos utentes e dos seus familiares é organizar os serviços com base em equipas de saúde mental comunitária. Mas outras áreas têm que ser abordadas em profundidade: os serviços de saúde mental da infância e adolescência, que exigem um planeamento específico; a articulação inter-sectorial – com os serviços sociais, os cuidados primários, a justiça e as ordens religiosas implantadas no terreno – para encontrar respostas para as diferentes necessidades das pessoas com problemas desta natureza.

A reforma da saúde mental articula-se com outras reformas prioritárias, nomeadamente com o desenvolvimento da rede de cuidados continuados e com a reforma dos cuidados de saúde primários. Os cuidados continuados têm, no plano de reestruturação proposto, um papel crucial na criação de respostas residenciais e reabilitativas para os doentes mentais graves. E as novas unidades de saúde familiares (USF) surgem como oportunidade a aproveitar para articulação com os cuidados primários, como modelo de desenvolvimento de novos esquemas organizativos de gestão dos serviços de saúde mental.

Reorganização da malha dos serviços

Graças aos avanços científicos registados nos últimos vinte anos, dispomos hoje de conhecimentos, capacidades e recursos que permitem tratar eficazmente uma parte significativa das pessoas com problemas de saúde mental e em alguns casos prevenir estes problemas. No entanto, apesar destes avanços, em Portugal estamos ainda muito longe de poder oferecer a todas as populações o acesso a cuidados essenciais de saúde mental.

Uma boa parte dos nossos recursos humanos e financeiros dedicados aos serviços de saúde mental continua concentrada nos hospitais psiquiátricos de Lisboa, Porto e Coimbra, instituições criadas de acordo com concepções hoje totalmente ultrapassadas. Fora destas cidades, os serviços ou não existem, ou estão impossibilitados, por falta de téc-

VI. Quatro importantes Reformas 173

nicos e de outros meios, de assegurar componentes essenciais dos cuidados de saúde mental. Mesmo nas grandes cidades, uma boa parte das populações não tem acesso a cuidados na comunidade e não beneficiam de intervenções e programas hoje considerados fundamentais. A reforma da saúde mental é indispensável para assegurar a integração dos serviços de saúde mental no sistema geral de saúde, aproximar os cuidados de saúde mental das populações, facilitar o acesso dos utentes e das famílias aos serviços, e desenvolver os programas comunitários integrados que a evidência científica mostra serem actualmente os mais efectivos.

Nos últimos 30 anos, vários processos de reforma da saúde mental foram iniciados no nosso país, com resultados positivos. Pode-se mesmo dizer que, em Portugal, a reforma começou cedo e começou bem. A lei de saúde mental de 1963 e a criação subsequente de centros de saúde mental cobrindo todos os distritos do país foi uma medida importantíssima, que permitiu oferecer pela primeira vez cuidados de saúde mental a nível local. Infelizmente, apesar de algumas tentativas, nos anos 80 e 90, estes esforços nunca conseguiram superar as dificuldades e os obstáculos encontrados na fase inicial da sua implementação. Mesmo a aprovação de uma nova lei de saúde mental no final dos anos 90, definindo em detalhe os princípios de organização dos serviços, acabou por ter um impacto menor na reforma e, quase dez anos passados, as medidas preconizados pela lei continuam em grande parte por implementar.

Desigualdades no acesso, estigma e exclusão

Esta situação, a todos os títulos inaceitável, não pode continuar. Completar a reforma dos serviços de saúde mental é hoje um imperativo ético, científico, económico e político[84]. Não podemos aceitar que uma parte importante das nossas populações continue a não ver respeitados os seus direitos de acesso a cuidados básicos de saúde mental, prestados de acordo com as regras de boa prática construída com base na evidência

---

[84] Objectivo a que Portugal se obrigou no compromisso assumido na Reunião Europeia de Helsínquia, em 2005.

científica disponível. Não podemos aceitar que os recursos públicos, em vez de promoverem o desenvolvimento dos serviços exigidos pelas necessidades das populações, continuem reféns de instituições e programas baseados em modelos há muito ultrapassados e que pouco têm a ver com estas necessidades. Não nos podemos conformar com modelos de organização e gestão que perpetuam a separação dos serviços de saúde mental do sistema geral de saúde e promovem o estigma e a exclusão dos utentes.

As doenças psiquiátricas são responsáveis por elevados custos para as sociedades, em termos de sofrimento e incapacidade individual, de disfunção familiar e de diminuição da produtividade no trabalho. Encontram-se estreitamente associadas a algumas das situações clínicas que levam a maiores índices de utilização de serviços e de consumo de medicamentos. A este impacto importa somar ainda o que resulta dos problemas ligados ao abuso de álcool e drogas, à violência doméstica e juvenil, aos comportamentos alimentares e sexuais, e à integração social de imigrantes e de grupos especialmente vulneráveis, sobretudo dos idosos, problemas indissociavelmente ligados à saúde mental e que têm vindo a adquirir uma importância crescente nas sociedades actuais.

Para tal, foi criada em Abril de 2006, a Comissão Nacional para a Reestruturação dos Serviços de Saúde Mental, com a missão de estudar a situação, propor um plano de acção e apresentar recomendações quanto à sua implementação.

O relatório, que inclui as propostas da comissão nacional, pôs à disposição dos interessados um notável conjunto de propostas. Trata-se de um trabalho rigoroso e tecnicamente bem fundamentado – além de juntar e analisar toda a informação disponível sobre a situação da saúde mental no país, a Comissão realizou um conjunto importante de estudos, com o apoio da Organização Mundial de Saúde. Para a sua realização, a Comissão auscultou os sectores relevantes na prestação de cuidados de saúde mental em Portugal (entidades do sector social e da justiça, associações científicas e de profissionais, representantes de utentes e familiares, ONG) e recorreu à colaboração de dezenas de profissionais das várias disciplinas, de todo o país.

O diagnóstico da situação identifica fragilidades e insuficiências graves no sistema de saúde mental, assimetrias na distribuição de recursos, problemas de acessibilidade aos cuidados especializados, qualidade dos serviços abaixo dos mínimos aceitáveis em vários aspectos importantes e problemas de equidade. Mas o relatório não assinala apenas as insuficiências, preocupando-se também em mostrar exemplos de boas práticas – programas na comunidade para doentes graves, esquemas de ligação com os cuidados primários, iniciativas de reabilitação promovidas por organizações não governamentais – e identificar as potencialidades do sistema que podem ser aproveitadas no desenvolvimento da reforma.

Reestruturação dos hospitais psiquiátricos

O plano de acção proposto pela comissão é abrangente, abarcando as áreas que, directa ou indirectamente, estão envolvidas na melhoria dos cuidados de saúde mental. A reestruturação dos hospitais psiquiátricos e a sua progressiva substituição por serviços baseados nos hospitais gerais e na comunidade merecem, como não podia deixar de ser, uma atenção especial. Mas outras áreas são abordadas em profundidade: os serviços de saúde mental da infância e adolescência, que exigem indiscutivelmente um planeamento específico; a articulação inter-sectorial (com os serviços sociais, os cuidados primários, a justiça, as ordens religiosas, entre outros), essencial para que se possam encontrar respostas para as diferentes necessidades das pessoas com problemas de saúde mental; a gestão e financiamento dos serviços, uma área em que se verificam constrangimentos e mau desempenho que só podem ser ultrapassados com mudanças profundas.

A reforma da saúde mental articula-se com outras reformas em curso, nomeadamente com o desenvolvimento da rede de cuidados continuados a idosos e a cidadãos com dependência (CCI) e com a reforma dos cuidados de saúde primários, através de unidades de saúde familiares (USF). Os cuidados continuados têm, no plano de reestruturação proposto, um papel crucial na criação de respostas residenciais e reabilitativas para os doentes mentais graves. E as novas USF surgem como oportunidade a aproveitar para articulação com os cuidados primários, como modelo de desenvolvimento de novos esquemas organizativos de gestão dos serviços de saúde mental.

O investimento na área de recursos humanos é essencial para o êxito das reformas. Reconhecendo que no conjunto dos serviços públicos de saúde mental os recursos humanos são escassos e se encontram mal distribuídos, uma maior participação e partilha de responsabilidades de enfermeiros, assistentes sociais, terapeutas ocupacionais nas equipas de saúde mental serão essenciais para promover uma eficiência muito maior no trabalho destas equipas. O desafio mantém-se.

Como realizar a mudança

A melhoria dos serviços passa obrigatoriamente pela transição de um modelo de cuidados, de base institucional e asilar, com séculos de existência, para um modelo comunitário, baseado num paradigma diferente. Esta transição implica mudanças institucionais, re-alocação de recursos, formação de profissionais, criação de novos serviços, objectivos que só podem ser alcançados com coordenação forte e tecnicamente competente e apoio sustentado a nível político.

A primeira mudança institucional consistiu na reunião dos hospitais psiquiátricos de Lisboa e Coimbra sob uma única administração. O segundo passo consistiu na sua transformação em centros hospitalares, em Lisboa, reunindo o Hospital Miguel Bombarda com o Hospital Júlio de Matos e em Coimbra reunindo o Hospital Sobral Cid, a Colónia Agrícola de Arnes e o Hospital Psiquiátrico do Lorvão. Desta forma se reduz a capacidade das forças centrífugas, sob um único comando. O próximo passo será a redução drástica de capacidades de internamento, tendo como alternativa o desenvolvimento dos serviços de saúde mental em hospitais gerais do interior do país.

VI. Quatro importantes Reformas   177

VI-C. Saúde Sexual e Reprodutiva da Mulher

1. *Interrupção Voluntária da Gravidez*

> *"O Governo tem sobre a despenalização da Interrupção Voluntária da Gravidez uma posição muito clara. Passaram seis anos desde a realização do referendo sobre esta matéria. Durante estes seis anos, o País assistiu a uma sucessão de julgamentos de mulheres pelo crime de aborto que confrontaram a nossa sociedade com uma lei obsoleta e injusta. O Governo assume o compromisso de suscitar um novo referendo sobre a despenalização da Interrupção Voluntária da Gravidez, nos termos anteriormente submetidos ao voto popular, e bater-se-á pela sua aprovação pelos portugueses".*

Assim dizia o programa do XVII Governo[85]. Era indispensável aprovar legislação moderna. Mas tornava-se essencial ganhar a sociedade para a causa, antes de pensar em ganhar o referendo. A verdadeira clivagem então existente não era entre ser "a favor" ou "contra" o aborto, mas entre os que se dispunham a conviver com a dramática realidade do aborto clandestino, mantendo a criminalização das mulheres que a ele recorriam e os que, não considerando desejável que o aborto persistisse e fosse usado como método de planeamento familiar, desejavam assegurar a progressiva passagem do recurso ao aborto da esfera da clandestinidade e da insegurança, para a esfera da legalidade, da assistência e da segurança médicas.

O debate não era novo, mas era ainda necessário. Apesar de a Lei n.º 6/84 de 11 de Maio ter excluído a ilicitude da interrupção voluntária da gravidez (IVG) em casos bem determinados, entre eles quando ela se mostrasse indicada para evitar perigo de morte ou de grave e duradoura lesão para o corpo ou para a saúde física ou psíquica da mulher grávida e fosse

---

[85] O grupo parlamentar do partido que apoiava o governo entendeu apresentar a proposta de realização de um referendo em que os cidadãos eleitores recenseados no território nacional foram chamados a pronunciar-se sobre a pergunta seguinte:
> *"Concorda com a despenalização da Interrupção Voluntária da Gravidez, se realizada, por opção da mulher, nas primeiras 10 semanas, em estabelecimento de saúde legalmente autorizado?"*

realizada nas primeiras 12 semanas de gravidez, a verdade é que continuavam a realizar-se 12 a 15 vezes mais abortos clandestinos do que o escasso milhar de intervenções praticadas anualmente em estabelecimentos do SNS.

O aborto clandestino é inseguro e altamente traumático para a mulher e sua família. Levava, em média, 3 a 5 jovens mulheres por dia, aos hospitais, sofrendo de complicações pós-aborto, ou seja cerca de 1.500 mulheres por ano, em 2004. Cerca de meia centena eram infecções graves, podendo ir até à *sepsis*. No topo da escala social, alguns milhares de mulheres dirigiam-se a Espanha, a Inglaterra ou a outros países próximos, pagando do seu bolso viagem e intervenção. Só numa cidade fronteiriça de Espanha, em 2005, foram assistidas para IVG cerca de 2.000 mulheres vindas de Portugal.

O que distingue estas duas situações – o aborto clandestino e inseguro e a IVG realizada de acordo com a lei nacional e a do País que a pratica – era apenas um factor: o nível sócio-económico da mulher. Mulheres com recursos iam a Espanha ou a outro país europeu. Mulheres sem recursos, sem informação, com precário acesso aos serviços de saúde devido a barreiras sociais, económicas e culturais, apenas tinham direito ao vão de escada, à garagem adaptada, à curiosa do lugar, com risco elevado e custo muito acima dos seus meios e até superior à despesa pública correspondente ao cumprimento da lei.

Estávamos perante uma das mais graves desigualdades e injustiças da sociedade portuguesa. Mas a desigualdade era ainda agravada pelo risco de perseguição criminal que havia conduzido a absurdas instruções preparatórias e a julgamentos onde a ambiguidade judiciária tentava evitar os efeitos mais negativos de uma lei injusta que, aplicada de forma persecutória, poderia condenar os praticantes até três anos de prisão. Não se tratava, então, de muito mais do que a lei já configurava. Tratava-se de passar da não punibilidade em casos limitados, à despenalização até às 10 semanas, independentemente da verificação dos actuais requisitos. O passo era essencial e também instrumental, pois sem ele, instituições e profissionais sentiam incerta a fronteira, insuficiente a cobertura legal e difícil a mudança de atitudes. E o exemplo tinha que vir do sector público. Certamente, já então era legalmente possível a IVG tanto no sector público como no sector privado, nos termos previstos no Código Penal, na versão de 1995 e na pequena revisão operada em 1997. Só que ela pouco se praticava, apesar de a lei ser quase igual à de Espanha, país

VI. Quatro importantes Reformas

que acolhia milhares de mulheres portuguesas para esta mesma finalidade.

Em 2004, em plena maioria de direita, a Resolução da Assembleia da República n.° 28/2004, impôs aos hospitais do Serviço Nacional de Saúde o integral e atempado cumprimento da lei da interrupção voluntária da gravidez de 1984, garantindo o acesso à IVG às mulheres em situação que preenchesse as condições legais. Resolução importante, pela cominação que também dirigia ao hospital onde a interrupção voluntária da gravidez fosse declarada impossível, para garantir o imediato acesso a outro estabelecimento público ou privado, suportando o SNS os respectivos encargos. Pois bem, tínhamos lei, tínhamos uma resolução da Assembleia da República de maioria conservadora e os progressos continuavam escassos ou nulos: cerca de um milhar de IVG a ocorrerem ao abrigo da lei, alguns milhares no estrangeiro e a maioria, dezenas de milhares, a ocorrerem na clandestinidade. Não havia bastado a lei: manteve-se o atavismo cultural relutante em reconhecer a gritante desigualdade e a necessária correcção pública.

O referendo representaria um importante factor de mudança desta cultura de duplicidade. Ele ajudaria muita gente: desde logo, os profissionais, a partir de então em ambiente menos tenso, a contribuírem para o cumprimento da lei; depois, ajudaria o SNS a organizar-se de forma mais condizente com a obediência à lei e às directivas regulamentares, em termos operacionais, práticos, afastando enleios e embargos; também o sector privado, parceiro de já hoje pelo menos 10% das acções de saúde materna, a poder organizar-se em segurança e sem má consciência; finalmente e sobretudo a própria mulher veria substituída a ilegalidade e o estigma, pela responsabilidade e tolerância.

Qualquer que viesse a ser o resultado do referendo haveria necessidade de tudo fazer para cumprir a lei então vigente. Seria necessário dar uma resposta baseada no mandato que a lei e a Resolução 28/2004 da Assembleia da República conferiam, para tratar dentro ou fora do SNS as interrupções de gravidez previstas na lei. Seriam sempre indispensáveis mais consultas de planeamento familiar e mais atendimentos para jovens a partir dos centros de saúde e USF. Seria necessário trabalhar muito mais para suprir a falta de informação relativa aos meios contraceptivos (incluindo a contracepção de emergência). Mas para pôr fim à perseguição judicial de mulheres e ao aborto clandestino seria indispensável contar com o apoio de amplos sectores da sociedade, com especial participação das mulheres e das suas organizações específicas, associando ainda os profissionais de saúde que assumissem uma visão democrática e progressista no que se refere à protecção da saúde sexual e reprodutiva das mulheres e à realização da interrupção voluntária da gravidez em meio hospitalar, como um acto médico cuja legalidade não podia mais ser adiada.

Razão de ser da intervenção do Ministério da Saúde

O programa do governo reconhecia a lei então vigente relativa à IVG como "obsoleta e injusta", por coexistir, com o "drama do aborto clandestino". Propôs a realização de um novo referendo relativo a uma despenalização mais alargada da IVG, associada à "efectivação da educação sexual, à garantia do acesso generalizado ao planeamento familiar e à promoção de uma política de direitos sexuais e reprodutivos"[86]. Se a lei existente fosse cumprida com rigor, tal significaria que, por ano, dever-se-iam investigar, julgar e punir (incluindo penas de prisão efectiva) milhares de mulheres, profissionais de saúde e outros intervenientes no processo de IVG clandestina. O facto de o número de casos investigados e julgados (37, entre 1997 e 2005[87]) ser muito inferior a qualquer estimativa da situação real da prática da IVG em Portugal, demonstrava que a lei então vigente não reflectia o consenso social sobre este problema.

Era imperativo intervir num domínio em que se colocavam sérios problemas de saúde pública. O aborto clandestino foi causa de 1/5 das mortes maternas ocorridas em Portugal, entre 1995 e 2004[88]. O aborto clandestino gera complicações, em quantidade e gravidade, muito superiores à IVG praticada em condições legais. O aborto praticado sem condições de segurança e higiene está associado a maior risco de infertilidade futura para as mulheres do que a IVG segura. Acresce que o estigma ligado ao aborto clandestino é factor de risco acrescido de problemas de saúde mental para as mulheres. O acesso à IVG praticada em condições de segurança contribui, indubitavelmente, para a melhoria da saúde das mulheres.

---

[86] Programa do XVII Governo Constitucional, "Uma política de verdade para a IVG", pág. 88.

[87] Ministério da Justiça, Correio da Manhã, 12.01.2007.

[88] Com base em dados do INE, de 1995 a 2004.

Uma terceira ordem de motivos para a intervenção do Ministério da Saúde prendia-se com os objectivos de equidade intrínsecos ao SNS. O panorama então existente configurava um inaceitável exemplo de desigualdades no acesso a cuidados de saúde e nos resultados em saúde, ou seja, mulheres de estratos sócio-económicos mais elevados acediam à IVG, realizada dentro ou fora do quadro legal, com mais segurança do que as de menor estatuto sócio-económico, empurradas para abortos menos seguros e dispendiosos. Acresce ainda que o drama do aborto clandestino era vivido, muitas vezes, em quase completa solidão da mulher. Do ponto de vista económico, a manutenção do quadro legal alimentava, por fim, um mercado negro de aborto clandestino e uma franja alargada de economia paralela e de ilegalidade, impossível de quantificar com exactidão, mas com que não era legítimo pactuar.

Estimativa de IVG praticada anualmente

Era impossível ter informação directa sobre a dimensão exacta do problema, apenas estimativas a partir de vários estudos, dados sobre complicações pós-aborto e comparações com outros países com cultura e sensibilidade religiosa semelhante às nossas. As estimativas apontavam, então, para 20 a 30 mil IVG por ano.

Um estudo da Associação para o Planeamento da Família (APF) moderara estas expectativas, estimando que, de entre as mulheres dos 18 aos 49 anos que já engravidaram, 1/5 já realizou pelo menos uma IVG. Aproximadamente 15% do total de mulheres nessa faixa etária já teriam realizado uma IVG, ou seja, entre 346.000 e 363.000 mulheres. A APF estimou então que se realizassem anualmente cerca de 18.000 IVG fora do quadro legal.

Grupos de cidadãos partidários do "NÃO" ao argumentarem que o gasto público de efectuar a IVG legalmente no SNS atingiria, entre 20 a 30 milhões de €, à razão de 650 € e 800 €, respectivamente, por acto[89], estavam implicitamente a usar uma estimativa de 30 a 38 mil IVG, por ano, a qual era manifestamente excessiva. Da comparação linear com Espanha, onde, em 2005, se realizaram 91.664 IVG, resultariam, em Portugal, aproximadamente 23.000 intervenções para IVG.

---

[89] Correio da Manhã, 05.01.2007.

Responsáveis de clínicas espanholas situadas junto da fronteira portuguesa (Cáceres, Mérida, Badajoz) apontavam para aproximadamente 5.000 IVG praticadas por cidadãs portuguesas, no quadro da lei espanhola, só nestas localidades. Nos hospitais públicos portugueses havia registo, para o ano de 2004, de apenas 790 IVG realizadas no quadro da lei anterior[90]. No entanto, havia igualmente registo de 1426 mulheres neles terem dado entrada sofrendo de complicações decorrentes da realização de IVG ilegal, valor que se sabia subestimar a realidade, quer por deficiências de registo, quer pelo estigma associado à ilegalidade da IVG detectada. Estas complicações podem abranger, nomeadamente, hemorragia, *sepsis*, peritonite, lesões na vagina e colo do útero, e ainda perfuração de órgãos abdominais. Admite-se que a grande maioria das mulheres com casos de complicações pós-aborto não recorressem a hospitais públicos, mas antes a clínicas ou consultórios privados. Só as mulheres mais pobres e os casos mais graves tenderiam a procurar o sector público.

A nível mundial, 20 a 50% das mulheres que praticam uma IVG sem condições de segurança têm complicações pós-aborto, e 13% das mortes maternas devem-se à prática de IVG insegura, de acordo com estatísticas internacionais conhecidas[91]. Em Portugal, devido a drástica redução da mortalidade materna por outras causas, os óbitos associados à IVG clandestina atingiram 19% do total dos óbitos maternos, entre 1995 e 2004[92].

Era, portanto, indesmentível que, por ano, milhares de portuguesas praticavam a IVG na clandestinidade. Seria impossível adiantar um valor preciso, mas a estimativa entre 12 e 20 mil parecia realista.

Situação da IVG face à lei anterior em Portugal. Situação em outros países da UE

O Código Penal não punia a IVG quando realizada:

- até às 12 semanas, se se mostrasse indicada para evitar perigo de morte ou de grave e duradoura lesão para o corpo ou para a saúde física ou psíquica da mulher grávida[93];

---

[90] "Registo dos Episódios de Internamento relacionados com a Interrupção da Gravidez", Ano 2004, DGS.

[91] *The Lancet*, vol. 368, 25 Novembro de 2006.

[92] Dados do INE, de 1995 a 2004.

[93] Artigo 142.°, n.° 1, al. b), do Código Penal.

- até às 16 semanas, caso a gravidez tivesse resultado de crime contra a liberdade e autodeterminação sexual[94];
- até às 24 semanas, se houvesse seguros motivos para prever que o nascituro viria a sofrer, de forma incurável, de doença grave ou malformação congénita[95];
- a todo o tempo, em situação de fetos inviáveis e quando fosse o único meio de remover perigo de morte ou de grave e irreversível lesão para o corpo ou para a saúde física ou psíquica da mulher[96].

Em Portugal, eram passíveis de ser considerados agentes dos crimes contra a vida intra-uterina:

- a mulher grávida que deu o consentimento ao aborto ou que, por facto próprio ou alheio, abortou[97];
- quaisquer pessoas, incluindo médicos e enfermeiros que, com ou sem o consentimento da mulher grávida, a fizeram abortar[98];
- o médico que deveria ter obtido os documentos comprovativos da verificação das circunstâncias que excluem a ilicitude do aborto[99].

Para que uma IVG não punível fosse realizada de acordo com a lei existente seria necessário o consentimento da mulher grávida, que a intervenção fosse efectuada por médico, ou sob a sua direcção, em estabelecimento de saúde oficial ou oficialmente reconhecido e que a verificação das circunstâncias que tornavam não punível a interrupção da gravidez fosse certificada em atestado médico, escrito e assinado antes da intervenção, por médico diferente daquele por quem, ou sob cuja direcção, a interrupção era realizada[100].

Na Europa existia já uma clara maioria de países que permitiam a IVG pelo menos até às 12 semanas, por simples solicitação da mulher, designadamente a Alemanha, a Áustria, a Dinamarca, a França, a Grécia, a Holanda e a Suécia. E permitiam-na há vários anos. É o caso da Áustria, cuja legislação sobre IVG data de 1974, e da Grécia, onde data de 1986.

---

[94] Artigo 142.°, n.° 1, al. d), do Código Penal.

[95] Artigo 142.°, n.° 1, al. c), do Código Penal.

[96] Artigo 142.°, n.° 1, als. a) e c), *in fine*, do Código Penal.

[97] Artigo 140.°, n.° 3, do Código Penal.

[98] Artigo 140.°, n.° 1 e 2, do Código Penal.

[99] Artigo 2.°, da Lei n.° 6/84, de 11 de Maio.

[100] Artigo 142.°, n.° 1 e 2, do Código Penal.

QUADRO VI-C. 1.1
IVG – Panorama na Europa [101]

País	IVG por solicitação da mulher, pelo menos até 12 semanas	Despesas com IVG legal financiadas pelo Estado
Alemanha	Sim.	Sim, pelo menos parcialmente.
Áustria	Sim.	Sim.
Bélgica	Não, excepto se verificado estado de angústia da mulher.	Sim.
Dinamarca	Sim.	Sim.
Espanha	Não, mas não existe punição para a mulher.	Sim, pelo menos parcialmente.
Finlândia	Não, excepto se invocada, nomeadamente razão sócio-económica ou risco para saúde psíquica.	Sim.
França	Sim.	Sim, pelo menos parcialmente.
Grécia	Sim.	Sim, quando praticada em hospitais públicos.
Holanda	Sim.	Sim, pelo menos parcialmente.
Irlanda	Não.	
Itália	Não, excepto nomeadamente se invocado risco para saúde psíquica da mulher.	Sim, quando efectuadas em instituições autorizadas.
Luxemburgo	Não, excepto nomeadamente por razão sócio-económica.	Sim.
Reino Unido	Não, excepto nomeadamente se invocado risco para saúde psíquica da mulher.	Sim, quando efectuadas em instituições públicas autorizadas.
Suécia	Sim.	Sim, pelo menos parcialmente.

Mas existem outros países que não a punem (Espanha), ou que a permitem sem punição quando existe "estado de angústia da mulher" (Bélgica), quando invocada razão sócio-económica ou risco psíquico

---

[101] Fonte: Legislação nacional dos países referidos.

VI. Quatro importantes Reformas 185

(Finlândia e Itália), quando existe razão sócio-económica (Luxemburgo), ou quando existe risco para a saúde psíquica da mulher (Reino Unido).

Quanto às despesas com a IVG por solicitação da mulher, na maioria dos países europeus que a permitem, é o Estado que as suporta, quer total, quer parcialmente.

A prática da IVG em Portugal era considerada das mais restritivas do quadro europeu a quinze, além do isolado caso irlandês.

Obrigação legal na IVG, em Portugal

Face à lei anterior, já competia ao Estado garantir a IVG às mulheres que se encontrassem em situação que preenchesse as condições legais de não punibilidade. Esta obrigação decorria, expressamente, da Portaria n.º 189/98, de 21 de Março,

Artigo 1.º "O presente diploma estabelece as medidas a adoptar nos estabelecimentos oficiais de saúde que possuam serviços de obstetrícia com vista à efectivação da interrupção da gravidez nos casos e circunstâncias previstos no artigo 142.º do Código Penal";

Artigo 2.º, n.º 4, "Após obtenção do consentimento esclarecido, escrito, da mulher grávida ou do seu representante legal, nos termos do n.º 3 do artigo 142.º do Código Penal, e do atestado médico, deve o estabelecimento oficial de saúde providenciar pela realização da intervenção adequada nos termos e prazos legais";

Artigo 6.º "Em quaisquer circunstâncias devem os estabelecimentos resolver qualquer situação dentro dos prazos previstos na lei para a interrupção da gravidez"

As obrigações do Estado decorriam, também, da Resolução da Assembleia da República n.º 28/2004, de 19 de Março, da iniciativa da maioria parlamentar de direita PSD e CDS/PP e com os seus votos favoráveis:

Ponto 4. "Na área da interrupção voluntária da gravidez: 4.1 – Garantir, através de orientações precisas aos hospitais do SNS, o integral e atempado cumprimento da Lei da Interrupção Voluntária da Gravidez, garantindo às mulheres, em situação que preencha as condições legais, a interrupção voluntária; 4.2 – Em caso de impossibilidade, o hospital deve garantir o imediato acesso a outro estabelecimento público ou privado, suportando o SNS os respectivos encargos; 4.3 – Apresentar um relatório anual na Assembleia da República sobre o grau de cumprimento da Lei da Interrupção Voluntária da Gravidez."

Obrigações de incontornável responsabilidade, impondo a necessidade de agir.

Sentido do Referendo de 11 de Fevereiro de 2007

O referendo não visava liberalizar, nem legalizar, nem estimular o aborto. Muito menos considerá-lo um método de planeamento familiar. A questão a referendar consistia em saber, se deviam ser investigadas, julgadas e punidas as mulheres que praticassem uma IVG até às 10 semanas. A aprovação do "SIM" significaria que, em total liberdade, a sociedade portuguesa entenderia que deveria ser despenalizada a prática do aborto até às 10 semanas, por opção da mulher, em estabelecimento legalmente autorizado, para além das situações já previstas na lei então vigente.

O estigma da clandestinidade seria fortemente diminuído. Não só os estabelecimentos do SNS assistiriam maior número de IVG previstas na lei, como o sector privado, autorizado, o poderia fazer. Também diminuiria o recurso à IVG no estrangeiro, promovendo maior igualdade no acesso a cuidados públicos de saúde.

Custo do aborto clandestino

Era sabido que o custo para as mulheres portuguesas de uma IVG clandestina – foi referido, na comunicação social, que o preço em clínica privada seria de cerca de 700 € –, era muito superior ao da IVG legal praticada em Espanha (média de 360 € por IVG[102]).

---

[102] De acordo com a *Asociación de Clínicas Acreditadas de Interrupción Voluntária del Embarazo* o preço varia entre 240 € e 480 €, o que resulta num valor médio de 360 €.

VI. Quatro importantes Reformas 187

Até ao referendo, os casos registados nos hospitais públicos portugueses como complicações pós-aborto custaram em média, em 2005, 795 € (sem recurso a bloco operatório) e 1.341 € (com recurso a bloco operatório)[103]. É admissível que cerca de 50% dos casos implicassem recurso a bloco operatório, pelo que o custo dos 1426 casos registados em 2004 como complicações pós-aborto, teria sido de cerca de 1,52 milhões de euros. Valor claramente inferior à realidade, pelas razões de sub-registo já atrás mencionadas.

O custo da clandestinidade e do risco que lhe andava associado era imenso em intranquilidade, insegurança, incerteza do desfecho, choque emocional e afectação das relações familiares. Perdas de produtividade, efeitos indirectos na saúde de filhos das mulheres com complicações pós--aborto, custos relacionados com a infertilidade, estigma e outras consequências sócio-psicológicas, de intangível mas elevado valor.

Acrescia que, nos últimos 10 anos (1995 a 2004)[104], haviam falecido 13 mulheres em consequência de complicações pós-aborto clandestino, e nenhuma após IVG legal, realizada de forma segura e em conformidade com a lei. Estas 13 mortes corresponderam a 1/5 do total de 67 óbitos maternos ocorridos no mesmo período. Mortes claramente evitáveis. Vidas de mulheres em idade reprodutiva, de valor incalculável.

Acresciam os riscos e o trauma do opróbrio no caso da perseguição judiciária, quer na fase da instrução, quer na fase de julgamento, como tinha sido publicamente testemunhado. A perseguição de mulheres forçadas a abortar era um sinal de grave desigualdade socioeconómica e de paralisia e retrocesso civilizacional.

Custo da intervenção do Estado, após o referendo

A questão da despenalização da IVG não podia ser analisada de um ponto de vista estritamente financeiro, tal como nenhuma outra questão de saúde pública socialmente relevante. Perdas de vidas humanas, sequelas físicas e psicológicas, estigma e desigualdade, mercado negro, alimentados pelo quadro legal actual, são socialmente vergonhosos e não quantifi-

---

[103] De acordo com dados apurados na Base de Dados dos GDH's, referente ao ano 2005, IGIF.

[104] Dados do INE, de 1995 a 2004.

cáveis do ponto de vista monetário. Todavia, num cenário em que o SIM vencesse o referendo seria possível, em base sólida, realizar a seguinte previsão:

(a) partindo dos valores médios estimados para o preço da IVG realizada em Espanha (média de 360 €[4]),
(b) considerando um total de IVG realizado anualmente em Portugal de 15 a 25 mil por ano,
(c) assumindo que todas as mulheres portuguesas com indicação para a prática de uma IVG recorreriam ao SNS ou ao sector convencionado, mesmo em caso de comparticipação a 100%, o custo anual oscilaria entre os 5,4 e os 9,0 milhões de euros.

Em Espanha, devido às características do SNS de separação das entidades financiadoras das entidades prestadoras, observa-se um considerável recurso a clínicas privadas especializadas na realização de IVG em ambulatório. Do total de IVG realizadas em Espanha, em 2005 (91.664 casos), 97% dos casos foram tratados em clínicas privadas. Destas, estima-se que, por opção de privacidade da mulher, apenas 50% tivessem sido realizadas sob convenção com o SNS espanhol.

Se, em Portugal, a proporção de casos publicamente financiados viesse a ser semelhante à da Espanha, aqueles valores de custo estimado reduzir-se-iam para custo público máximo de 3,6 a 5,4 milhões de euros anuais. Mas também se reduziriam os escondidos custos com sequelas e complicações pós-aborto, infertilidade evitável e traumas psíquicos, não quantificáveis actualmente. Bem como se reduziriam os custos associados à investigação judicial e à penalização dos casos de IVG actualmente ilegais.

A questão da confidencialidade

A legislação em vigor em Portugal, à semelhança dos restantes países europeus, exige a confidencialidade dos dados pessoais e do registo clínico, e os profissionais de saúde estão, em todos os contextos profissionais, obrigados, de igual modo, ao sigilo profissional, bem como o pessoal dos serviços administrativos ou auxiliares.

Por outro lado, a IVG, como qualquer outra intervenção clínica, exige um registo para efeitos de saúde e segurança futura da própria

VI. Quatro importantes Reformas

doente e também para efeitos de facturação. O que em nada tem que colidir com a confidencialidade do acto, assegurada em qualquer circunstância.

Sobre a IVG recai ainda um estigma social que exige mais discrição, nomeadamente quando praticada dentro de estruturas de saúde de grande dimensão. Este facto, associado ao carácter especializado da intervenção em causa, explica a tendência comum, nos vários países em que a IVG é permitida, para a criação de pequenas unidades funcionais, tanto públicas como privadas. O caso francês é paradigmático, como aliás o já referido caso espanhol. Em França, onde a IVG é autorizada até às 14 semanas, esta pode ser cirúrgica (58% dos casos) ou química (42%), neste caso até às 7 semanas. A IVG cirúrgica é realizada em estruturas públicas ou privadas mediante acordo com o Estado. A IVG química, autorizada após 1989, pode, desde 2003, ser realizada na clínica privada (*medicine de ville*), por médicos que tenham subscrito uma convenção com um centro dotado de idoneidade. Note-se que o sector público realiza, em França, 70% das IVG e a Segurança Social reembolsa a IVG a 70%[105]. Não se tem colocado qualquer problema de confidencialidade associado à sua prática. A questão da confidencialidade coloca-se, pois, da mesma forma no sector público, ou no sector privado, tanto em Espanha como em França, como seguramente em Portugal. Todavia, o normal desejo de reserva ou privacidade e a especialização técnica conduziram, em Espanha, a um maior desenvolvimento do sector privado e, em França, à criação de unidades funcionais ou centros autónomos de cuidados ambulatórios em hospitais e maternidades públicas. Do mesmo modo, em França, observou-se um mais rápido crescimento do recurso à técnica medicamentosa (aborto químico), realizada, sobretudo, em consultório privado.

Em Portugal, teria que ser assegurado às mulheres que recorressem ao sistema público para a prática da IVG legal, o acesso, em condições de igualdade, a cuidados de saúde de confidencialidade tão ou mais garantida que em qualquer outra situação clínica. A forma de organização destes cuidados, como para outras situações, foi implementada de modo a ir ao encontro das necessidades observadas.

---

[105] Dr. E. Aubérry, FIAPAC, Mise en Place de l'Avortement en France et pratiques actuelles, Dec. 2006.

Relação existente entre a despenalização da IVG e a natalidade

O comportamento da natalidade obedece a variáveis económicas, sociais e culturais, que nada têm a ver com a despenalização da IVG. A história demográfica da Europa a Quinze, dos últimos 50 anos, documenta a independência destas realidades. Entre os países europeus com legislação mais liberal relativamente à prática da IVG observam-se os índices de fecundidade mais elevados (nomeadamente países Nórdicos e da Europa Central[106]). Mas, os restantes países com legislação mais restritiva apresentam taxas de natalidade e índices de fecundidade baixos[107], à excepção da Irlanda[108]. Fenómenos independentes, como se vê.

É possível e desejável praticar uma política de despenalização da IVG e ao mesmo tempo criar incentivos à natalidade. Incentivos financeiros, como estão agora a iniciar as grandes potências da Europa Central, e incentivos sociais e legais. Estes concretizam-se, em especial, através de políticas de conciliação da vida profissional e familiar de mães e pais (p.ex. no que respeita à partilha das tarefas de cuidar dos filhos, ao aumento dos apoios em creches e sobretudo à reconfiguração dos locais da moderna convivialidade, como escolas, teatros, restaurantes, centros comerciais, transportes), criando condições favoráveis à permanência e guarda das crianças, mesmo de tenra idade, tornando mais atraente o segundo, terceiro e mais filhos.

2. *Vacina contra o vírus do papiloma humano (VPH)*

Em 6 de Novembro de 2007, o Primeiro-Ministro José Sócrates, anunciou que o Orçamento de 2008 contemplaria, para além de outros importantes programas, um novo programa para o Serviço Nacional de Saúde. Dizia respeito à vacina contra o vírus do papiloma humano, princi-

---

[106] Índice sintético de fecundidade em 2004 (descendência média por mulher): Dinamarca (1,80), Finlândia (1,80), Suécia (1,80), França (1,89) e Holanda (1,73).

[107] Taxa Bruta de Natalidade: Bélgica (10,8), Itália (9,4) e Portugal (10,41) e Índice sintético de fecundidade: Bélgica (1,53), Itália (1,20) e Portugal (1,44). Fonte: WHO//Europe, HFA Data Base, Junho 2006.

[108] Irlanda com índice sintético de fecundidade em 2004 de 1,95. Fonte: WHO//Europe, HFA Data Base, Junho 2006.

VI. Quatro importantes Reformas 191

pal responsável pelo cancro do colo do útero. Quando havia decorrido um mês desde o anúncio do programa, foi apresentado em 10 de Dezembro de 2007 o relatório que propunha a inclusão da vacina no Programa Nacional de Vacinação, o que ocorreria a partir de Setembro de 2008. A vacina fica integrada no Serviço Nacional de Saúde, assegurando que o acesso de todas as jovens não dependa das condições económicas das respectivas famílias.

A proposta havia sido preparada pela Direcção-Geral da Saúde, através da Comissão Técnica de Vacinação, dentro da estratégia global do Programa Nacional de Vacinação (PNV). Ao introduzir uma nova vacina no programa, a vacina contra o Vírus do Papiloma Humano (VPH), o Ministério da Saúde colocava-se na frente de luta contra os problemas e as assimetrias sociais, agindo em prol da saúde pública, principalmente da população que vive em condições mais desfavorecidas, garantindo igualdade de oportunidade para todas as jovens portuguesas.

O cancro do colo do útero continua a ser a segunda causa mais comum de cancro, depois do cancro da mama, entre as mulheres dos 15 aos 44 anos, na Europa. Portugal regista a maior incidência da doença entre os restantes países da União Europeia – cerca de 17 casos por cada 100 mil habitantes, com 900 novos casos por ano. Todos os anos morrem mais de 300 mulheres em Portugal com este tipo de cancro.

As infecções por VPH são muito comuns, estimando-se que mais de 70% das pessoas com uma vida sexual activa possam contrair, pelo menos uma infecção deste tipo. A esmagadora maioria das infecções é controlada pelo nosso sistema imunitário e quase inofensiva, mas cerca de 20% tornam-se crónicas e podem originar cancro, sobretudo se associadas a outros factores, como o tabagismo. Como se trata de uma doença silenciosa, o rastreio deste tipo de cancro é fundamental, uma vez que, quando detectado no início, o tratamento pode ter uma taxa de sucesso de 100%. Com rastreio adequado, isto é, com prevenção para que a identificação da doença seja rápida, é possível actuar com eficácia no sentido da cura. A existência de uma nova vacina contra o VPH pode inverter a tendência de aparecimento da doença, através de prevenção primária. Todavia, ela deve ser combinada com a prevenção secundária, na fase adulta da mulher, através da generalização do exame citológico do colo do útero.

A opção pela inclusão da vacina no PNV, actuando ao nível da prevenção primária, surge com a descoberta de duas vacinas, uma contra os subtipos de VPH 6 e 11 e outra contra os 16 e 18. Os estudos realizados demonstram que qualquer das vacinas será 100% eficaz na prevenção de lesões pré-cancerígenas e adenocarcinomas não invasivos do colo do útero.

A estratégia proposta pela Comissão Técnica de Vacinação consistiu em três passos: (a) administrar a vacina a raparigas com 13 anos de idade, com início em 2008, para a coorte nascida em 1995; (b) realizar uma campanha de repescagem, entre 2009 e 2011, com vacinação da coorte de raparigas que completasse os 17 anos no ano da campanha (coortes nascidas em 1992, 1993 e 1994); (c) a partir de 2012, passará a ser vacinada apenas uma coorte por ano. A vantagem desta estratégia mista e abrangente resulta da vacinação, num curto espaço de tempo, das coortes que apresentam maior risco de infecção por VPH e que mais beneficiam com a prevenção vacinal. A opção de inserir a vacina no Programa Nacional de Vacinação, ao invés da comparticipação das vacinas disponíveis no mercado, prende-se com o facto de os jovens iniciarem a vida sexual cada vez mais cedo e a doença atingir mais mulheres entre os 25 e os 44 anos.

Os benefícios de introduzir esta vacina no sistema de vacinação nacional irão ter repercussões positivas nas mulheres e nas suas famílias durante várias gerações. Apesar das promessas trazidas pela vacinação, não há dúvidas de que esta deve ser acompanhada pela melhoria dos rastreios citológicos, sobretudo à mulher adulta, uma área onde há ainda muito a fazer. A prevenção é sempre melhor do que a cura e esta vacina vai evitar que muitas mulheres sejam infectadas pelo vírus do Papiloma Humano, podendo vir a ser salvas muitas vidas, tanto no imediato, como daqui a alguns anos.

3. *Procriação medicamente assistida (PMA)*

Estimativa das necessidades em PMA

As necessidades em tratamentos de PMA têm sido estabelecidas internacionalmente em termos de 1.500 ciclos de fecundação in vitro (FIV) e injecção intra-citoplasmática de espermatozóides (ICSI) por milhão de habitantes/ano, do que resulta, para Portugal, uma estimativa de necessidades que alcançará os 15.000 ciclos de FIV/ICSI, por ano.

VI. Quatro importantes Reformas

Sabendo-se que a produção nacional é estimada em 2.500 ciclos/ano (250 ciclos por milhão de habitantes/ano), um valor muito aquém do recomendado, pretender dar resposta total às necessidades estimadas seria, de todo, irrealista.

Da análise do conjunto dos laboratórios que participaram no registo nacional de PMA, verifica-se que a média de utilização dos tratamentos, em 2004, foi de 1.166 ciclos de FIV/ICSI por milhão de habitantes/ano, rácio inferior ao valor de referência da *European Society for Human Reproduction and Embryology* (ESHRE).

Para desenhar cenários de simulação do impacto orçamental do financiamento proposto, dadas as limitações relativas ao registo nacional de PMA, pelo carácter fragmentário dos registos baseados em processos totalmente voluntários, optou-se por utilizar valores globais de aumento da produção, tendo como tecto máximo teórico o recomendado pela ESHRE.

Começou por se efectuar o levantamento dos recursos disponíveis no SNS, em cuidados de infertilidade, tendo sido apurado que das 41 instituições com serviço de ginecologia/obstetrícia do Continente:

- 31 tinham consulta de infertilidade, dos quais:
  - (a) 9 realizavam técnicas de PMA, directa (6) ou indirectamente (3)
  - (b) 5 realizavam Indução ou Estimulação Ovárica (IO) e Inseminação Intra-Uterina (IIU)
  - (c) 10 realizavam apenas IO
  - (d) 2 não realizavam IO, nem IIU

- 8 não dispunham de consulta de infertilidade, mas com capacidade para o diagnóstico da infertilidade e identificação do factor em causa, masculino ou feminino

- 8 não tinham consulta, nem possibilidade de diagnóstico

Neste contexto de grave carência da actual resposta pública, era expectável que só a implementação de orientações técnicas, acompanhada por acções de formação, dirigidas quer à especialidade de medicina geral e familiar, quer à de ginecologia/obstetrícia, permitiriam estabelecer uma rede de cuidados em infertilidade susceptível de dar resposta conveniente à grande maioria destas situações.

Estimativas de impacto orçamental

A situação actual caracterizava-se por uma produção anual total de 2.500 ciclos de FIV/ICSI e por um financiamento integral dos tratamentos realizados nos estabelecimentos públicos e nenhum financiamento ou comparticipação dos tratamentos realizados pelos casais no sector privado, a não ser indirectamente, pela via da dedução fiscal em sede de IRS das despesas com a saúde. No que se refere ao custo dos medicamentos, o regime de comparticipação geral abrangia a medicação prescrita no sector público e no privado, com base numa comparticipação média do SNS de 37% destes encargos.

A proposta de alteração do financiamento dos tratamentos de infertilidade consistia em:

(a) iniciar o processo de financiamento integral (100%) dos tratamentos de IIU até ao limite máximo de 3 ciclos e do primeiro ciclo dos tratamentos de PMA, propriamente ditos (FIV e ICSI), independentemente de se realizarem no sector público ou privado. São diversas as vantagens de se iniciar este processo com uma limitação ao financiamento dos tratamentos:

- garantir a capacitação do sector público, ao qual vai ser exigido que duplique a sua produção do primeiro ano e, no mínimo, triplique, nos anos seguintes. Com efeito, seria necessário elevar os níveis de resposta das unidades de infertilidade e dos centros públicos de PMA, reforçando o investimento e a formação nesta área;
- avaliar a implementação do sistema, a procura real destes tratamentos, passando do plano teórico para o prático, a produção gerada de PMA, pública e privada, e os seus impactos financeiros concretos;
- analisar o impacte da regulação clínica no terreno, com aplicação de um protocolo clínico, e do sistema de gestão de cuidados em infertilidade.

Desta forma, se poderia garantir que o incremento da actividade não seria obtido através do aumento mais do que proporcional do sector privado, estando controlado o requisito do sistema de, pelo menos 50% dos casais referenciados, serem orientados para o sector público.

VI. Quatro importantes Reformas

(b) No início do segundo ano, após avaliação da implementação do processo, e se fosse financeiramente comportável, deveria alargar-se o financiamento integral (100%) dos tratamentos de PMA (FIV/ICSI) até ao limite máximo dos 3 ciclos recomendados, independentemente de se realizarem no sector público ou privado, desde que referenciados pelo sistema de gestão dos cuidados em infertilidade, centralizado no Ministério da Saúde, obedecendo a condições constantes de um protocolo de orientação clínica.

A evidência científica que sustentava a opção pelo financiamento dos 3 ciclos de tratamento de PMA é conhecida. As recomendações de boas práticas internacionais consideram que a realização de apenas um ciclo por casal, poderia, por um lado, ser um incentivo a estimulações ováricas mais agressivas, com consequente aumento do número de óvulos e embriões obtidos, e por outro, induzir a transferência de um número excessivo de embriões, gerando multiparidade indesejada. A recomendação estritamente técnica do SNS não poderia ser no sentido contrário às boas práticas. No entanto, tendo em conta os condicionalismos orçamentais e o equilíbrio necessário entre o sector público e o privado, seria desejável que esta alteração do financiamento e consequente alargamento da oferta ao sector privado fosse efectuada de forma gradual e economicamente sustentável.

A proposta de, a partir do segundo ano do programa, poder ser alargado o financiamento até ao limite dos três ciclos de tratamentos de PMA, representaria um grande esforço financeiro em relação à situação actual, mas do ponto de vista técnico justificava-se, podendo conduzir a curto e médio prazo a uma importante melhoria da qualidade dos cuidados, com consequente reflexo na diminuição das despesas relacionadas com a hospitalização durante a gravidez, parto e pós-parto, custos neo-natais em cuidados intensivos e custos a longo prazo com incapacidades. Refira-se que um estudo, realizado em 2005[109], tendo

---

[109] Silva, Vladimiro J., Análise económica dos custos de gestação múltipla consequente ao tratamento de infertilidade com estimulação ovárica, Dissertação de mestrado na Faculdade de Economia da Universidade de Coimbra, 2005.

por base o universo dos partos ocorridos no Hospital de Santa Maria, Hospital S. João e Maternidade Bissaya Barreto, apurou um incremento de 646,1 mil euros nas despesas ocasionadas com o aumento da realização de cesarianas e utilização de cuidados intensivos decorrentes da aplicação de tratamentos de PMA. Por extrapolação para o nível nacional, o mesmo estudo referia valores da ordem dos 13,7 milhões de euros.

Nas simulações do impacto orçamental para o financiamento dos tratamentos de PMA não foram considerados:

- os custos directos da indução da ovulação, uma vez que de acordo com o circuito de referenciação estas técnicas serão realizadas nas unidades de infertilidade dos hospitais do SNS, recorrendo-se aos mecanismos de contratualização habituais;

- o financiamento autónomo da criopreservação de embriões, mas apenas o valor correspondente à transferência de embriões criopreservados (TEC), como medida que reconhece a existência de criopreservação, mas que deliberadamente não tenciona estimular ou proporcionar meios que venham a desenvolver uma criação incontrolada de embriões excedentários, apenas os necessários para o êxito do processo;

- as alterações ao regime de comparticipação de medicamentos, que representam, em média, no orçamento público, 37% do total destes encargos com medicamentos.

Resultados esperados

É importante dar a conhecer o custo comparado, para as famílias, para o SNS e para a sociedade no seu todo, das diversas alternativas que se colocaram aos decisores, quer para o ano de arranque, quer para os anos subsequentes. De acordo com as estimativas elaboradas, a despesa actual do SNS com os tratamentos de PMA era de aproximadamente 6,5M€. No entanto, a parcela a cargo dos casais estimava-se que fosse superior à pública (7,5 M€).

A recomendação dos especialistas fez-se no sentido de se começar com um primeiro ciclo de tratamentos para todas as candidatas, estimando-se uma produção total de 5 000 ciclos, o que representaria um

VI. *Quatro importantes Reformas* 197

aumento da actual comparticipação global nestes tratamentos, de 47 para 55%, com um encargo adicional de 7,3 milhões de euros para o SNS. A passagem a uma comparticipação de 80% implicaria um acréscimo de encargos de 19,6 milhões de euros. A cobertura segundo os níveis propostos pela ESHRE, também a 80%, custaria ao SNS mais 44,9 milhões de euros do que o que actualmente despende com esta actividade (Quadro VI-C. 3.1).

QUADRO VI-C. 3.1
**Encargos totais, para o SNS e para as Famílias,
com diversas alternativas de apoio à PMA,
milhões de euros**

Alternativas	Encargo total para a Sociedade	Encargo SNS	Encargo Famílias
Situação actual: 2500 ciclos FIV/ICSI	14,01	6,52 *(47%)*	7,49 *(53%)*
1º ano: 1º ciclo, com duplicação de actividade: 5000 ciclos	25,1	13,8 *(55%)*	11,3 *(45%)*
Anos seguintes: 3º ciclo, com duplica actividade: 5000 ciclos	21,5	17,1 *(80%)*	4,4 *(20%)*
Anos seguintes: 3º ciclo, triplica actividade: 7500 ciclos	32,3	25,7 *(80%)*	6,6 *(20%)*
Níveis recomendados pela ESHRE	64,5	51,4 *(80%)*	13,1 *(20%)*

FIV: Fertilização in vitro
ICSI: Injecção intra-citoplasmática de espermatozóides
ESHRE: European Society for Human Reproduction and Embryology

VI-D. Protecção contra o fumo do tabaco [110]

Magnitude do problema

O consumo de tabaco é uma das principais causas evitáveis de doença, incapacidade e morte, a nível mundial, representando cerca de 12,3% do peso da doença nos países europeus, expresso em anos de vida ajustados para a incapacidade (DALY)[111].

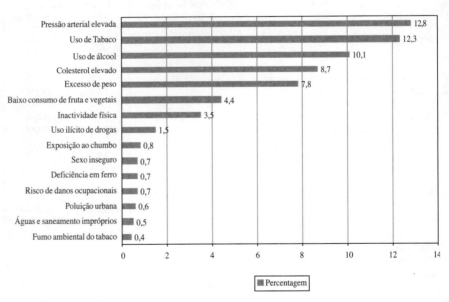

FIGURA VI-D. A
Proporção do peso da doença expresso em DALY atribuíveis a 15 factores de risco conhecidos, na Região Europeia da OMS, 2000

Fonte: Adaptado de WHO, The European Health Report, 2005

---

[110] Esta secção deste capítulo foi baseada em materiais preparados pela Direcção--Geral da Saúde e em intervenções públicas do autor.

[111] Um DALY (disability adjusted life year) corresponde à perda de um ano de vida saudável.

VI. Quatro importantes Reformas 199

De acordo com estimativas da Organização Mundial de Saúde, morrem anualmente cerca de cinco milhões de pessoas em todo o mundo, em consequência deste consumo. Se não forem instituídas medidas efectivas de prevenção e controlo, dentro de vinte a trinta anos, assistir-se-á à morte anual de cerca de dez milhões de pessoas, mortes atribuíveis ao uso do tabaco.

Estima-se que, em 2000, o consumo de tabaco tenha sido responsável por cerca de 15% do total da mortalidade verificada na União Europeia (25 Estados-Membros), por cerca de 85% da mortalidade por cancro do pulmão, por cerca de 25% das mortes por qualquer outro tipo de cancro, por cerca de 30% da mortalidade por doenças do aparelho respiratório e por cerca de 10% do total de mortalidade por doenças cardiovasculares.

Em Portugal, no ano 2000, segundo as estimativas de Peto, Lopez e colaboradores (dados revistos em Junho de 2006), o consumo de tabaco foi responsável por cerca de 8.100 mortes. Destas, 3.400 foram provocadas por cancro em diferentes localizações, das quais 2.100 por cancro do pulmão, 1.800 por doenças do aparelho circulatório, 1.400 por outras doenças do aparelho respiratório e 1.500 por patologias diversas.

A exposição ao fumo ambiental é igualmente nociva para os não fumadores, aumentando o risco de doenças cardiovasculares, de doenças respiratórias e de cancro do pulmão. Estima-se que, em 2002, tenha sido responsável pela morte de cerca de 20.000 pessoas não fumadoras na União Europeia (25 Estados-Membros).

O consumo de tabaco constitui, assim, um dos mais graves problemas de saúde pública, com repercussões em toda a população, fumadora e não fumadora.

Tabaco e Saúde

Os primeiros estudos científicos, bem fundamentados, relacionando o consumo de tabaco com o aparecimento de cancro, remontam à década de cinquenta (século XX). Destes estudos, os realizados por Richard Doll e Bradford Hill, primeiro em doentes afectados por cancro do pulmão e depois assentes na observação longitudinal de uma coorte de médicos ingleses, ao longo de cinquenta anos, iniciada em 1951, foram decisivos para a compreensão dos efeitos na saúde relacionados com o consumo de tabaco e dos benefícios que podem ser obtidos com a cessação tabágica.

Em 1964, nos Estados Unidos, é publicado um extenso relatório oficial – "Smoking and Health" – sobre os efeitos na saúde decorrentes do consumo de tabaco. Neste relatório assume-se pela primeira vez, em documento oficial, a existência de uma relação causal entre consumo de tabaco e algumas formas de cancro, pulmão e laringe, no homem. Estudos posteriores vieram a confirmar a associação do consumo de tabaco com outros tipos de cancro, tanto no homem, como na mulher.

Quarenta anos após a publicação deste relatório, o *U.S. Department of Health and Human Services* fez publicar um novo relatório, sobre a mesma temática, no qual se revêem, à luz de critérios de evidência científica, os resultados da investigação neste domínio realizada naquele período.

No momento actual, as consequências do consumo de tabaco estão bem estabelecidas para um grande número de doenças, com particular destaque para o cancro em diferentes localizações, para as doenças do aparelho respiratório, para as doenças cardiovasculares e para os efeitos na saúde reprodutiva. Os efeitos na saúde decorrentes da exposição ao fumo do tabaco continuam em investigação, e a associação com situações patológicas, para as quais a evidência não é hoje suficiente, poderá vir a ser reconhecida no futuro.

O consumo de tabaco contribui para a redução da longevidade. Os estudos de Doll e colaboradores mostraram que um em cada dois fumadores que inicie o consumo na adolescência e fume ao longo da vida, morre por uma doença provocada pelo tabaco, um quarto dos quais nas idades compreendidas entre os 35 e os 69 anos. O consumo de tabaco na infância e adolescência tem consequências imediatas. É lesivo para a maturação e função pulmonares, contribui para agravar a asma ou dificultar o seu controlo, bem como a sintomatologia respiratória, como a tosse e a expectoração, diminui o rendimento físico e altera os lípidos no sangue, designadamente o aumento das lipoproteínas de baixa densidade (LDL).

Na mulher, o consumo de tabaco contribui para uma menor fertilidade, para uma menopausa mais precoce, para o aparecimento de osteoporose e, em conjugação com a pílula contraceptiva combinada, nas mulheres com mais de 35 anos, para um risco aumentado de doença cardiovascular. Na gravidez, o consumo regular de tabaco aumenta o risco de baixo peso ao nascer, prematuridade, placenta prévia, descolamento da placenta e mortalidade perinatal. Há evidência sugestiva de que possa aumentar, também, o risco de aborto espontâneo. O risco é tanto maior quanto maior o consumo. Este diminui para níveis semelhantes aos das mulheres não fumadoras no caso de a mulher parar de fumar antes da gravidez ou durante o primeiro trimestre.

Efeitos da exposição ao fumo ambiental do tabaco

O fumo ambiental do tabaco, também designado por fumo em segunda mão ou fumo passivo, é constituído pela corrente principal do fumo, expirada pelo fumador, e pela corrente secundária libertada directamente para a atmosfera.

O reconhecimento de que a exposição ao fumo ambiental do tabaco afecta a saúde dos não fumadores é relativamente recente. Consolidou-se após a publicação dos primeiros estudos relacionando a exposição ao fumo ambiental com o aparecimento de cancro do pulmão em mulheres não fumadoras, casadas com fumadores. Hoje, é consensual reconhecer que o tabagismo é um factor de risco não só para o próprio fumador, mas também, para os não fumadores expostos em espaços poluídos pelo fumo do tabaco.

As pessoas expostas ao fumo ambiental do tabaco têm uma maior probabilidade de vir a contrair cancro do pulmão, doenças cardiovasculares, bem como diversas patologias respiratórias de natureza aguda e crónica. As crianças filhas de pais fumadores têm problemas respiratórios e do ouvido médio com maior frequência e agravamento das crises de asma, no caso de sofrerem desta doença. Os dados de evidência actualmente existentes permitem concluir, conforme é reconhecido pela OMS, pela *International Agency for Research on Cancer (IARC)*, pelo *U.S. Department of Health and Human Services* e por outras entidades internacionais, que todos os produtos e formas de tabaco, incluindo o tabaco de uso oral, são nocivos para a saúde, não havendo um limiar seguro de exposição ao fumo do tabaco presente no ambiente.

Consumo de tabaco. Caracterização epidemiológica

Tendo por base uma análise comparativa entre os dados obtidos pelos Inquéritos Nacionais de Saúde (INS) 1998/99 e 2005/06, verifica-

-se ter havido um ligeiro decréscimo nas prevalências totais de consumo em Portugal Continental, na população inquirida com 15 ou mais anos, de 20,5% para 20,2%. O consumo de tabaco continua a ter uma maior prevalência no sexo masculino, 31,0% nos homens e 10,3% nas mulheres. Registou-se, no mesmo período, uma descida nas prevalências de consumo no sexo masculino, mais marcada no grupo etário dos 25-44 anos. Pelo contrário, nos inquiridos do sexo feminino, registou-se um aumento de consumo em todos os grupos etários, mais marcado no grupo etário dos 15 aos 24 anos (Figura VI-D. B).

FIGURA VI-D. B
Evolução do consumo diário de tabaco, por sexo e grupos de idade.
Análise comparativa entre os resultados obtidos nos INS
1998/99 e 2005/06

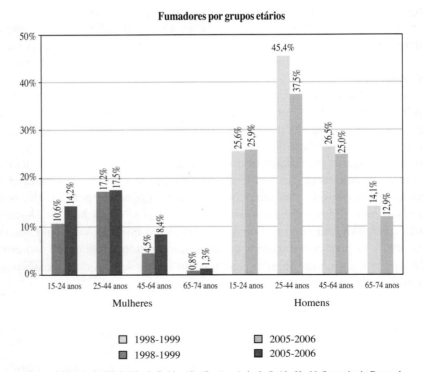

Fonte: Adaptado de: Ministério da Saúde, *Alto Comissariado da Saúde*, Health Strategies in Portugal 2004-2010.

VI. *Quatro importantes Reformas* 203

A percentagem de ex-fumadores na população inquirida com mais de 15 anos, em Portugal Continental, tem vindo a aumentar em ambos os sexos, de acordo com os dois últimos Inquéritos Nacionais de Saúde (Quadro VI-D. 1).

QUADRO VI-D. 1
Evolução da percentagem de ex-fumadores,
segundo o sexo, nos inquiridos com mais de 15 anos.
INSA/INE, 3.° e 4.° Inquéritos Nacionais de Saúde
1998/99 e 2005/06

	1998/99	2005/06
Homens	23,5%	26,5%
Mulheres	4,4%	5,8%
Totais	13,4%	15,7%

Fonte: Gouveia M, Borges M, Pinheiro LS et al. Carga e custo da doença atribuível ao tabagismo em Portugal. Uma reflexão nacional. Portugal sem Fumo. Hospital do Futuro [disponível em http://www.portugalsemfumo.org/, acedido em 3 de Setembro de 2007].

Em relação aos jovens, no âmbito do Programa "Estudos em Meio Escolar", promovido pelo Instituto da Droga e da Toxicodependência (IDT), foi observado que o consumo de tabaco nos jovens inquiridos (prevalências nos últimos 30 dias) foi de cerca de 8%, aos 13 anos, (7% nos rapazes e 8% nas raparigas) e de 35% aos 18 anos, (38 % nos rapazes e 33% nas raparigas). Aos 18 anos, apenas 29% dos rapazes e 32% das raparigas referiram nunca terem fumado.

De 2002 para 2006, de acordo com os dados do estudo *"Health Behaviour in School-aged Children"*, que incide em jovens escolarizados (6.°, 8.° e 10.° anos, Portugal Continental), ter-se-á assistido a uma redução na percentagem de jovens que experimentaram tabaco (de 37,1% para 32,8%). Essa redução verificou-se tanto nos rapazes (de 37,8% para 34%) como nas raparigas (de 36,4% para 31,7%).

Também no que diz respeito ao consumo de tabaco, comparando os resultados obtidos em 2002 com os obtidos em 2006, verificou-se igualmente uma redução no consumo de tabaco (opção "todos os dias", de 8,5% para 5%), tanto para os rapazes (de 8,8% para 4,6%), como para as raparigas (de 8,1% para 5,4%).

A importância da cessação tabágica

Com base nas estimativas do Banco Mundial e da OMS, o investimento na cessação tabágica constitui a via mais efectiva para a obtenção, a curto e a médio prazo, de melhorias nos indicadores de morbilidade e mortalidade relacionados com o consumo de tabaco. De facto, a menos que os actuais fumadores parem de fumar, o número de mortes relacionadas com o consumo de tabaco continuará a aumentar nos próximos anos, dado o tempo de latência entre o início do consumo de tabaco e as doenças com ele associadas.

De acordo com as estimativas elaboradas por Peto, Lopez e colaboradores, se até 2020 for possível fazer diminuir para metade o número de jovens que anualmente começam a fumar, evitar-se-ão vinte milhões de mortes acumuladas até 2050. No entanto, se até 2020 metade dos actuais fumadores parar de fumar, o número acumulado de mortes evitadas, em 2050, será de cento e oitenta milhões.

Assim, embora o investimento na prevenção do consumo de tabaco nos jovens deva, naturalmente, continuar a merecer um forte investimento, em particular no contexto dos programas e iniciativas de promoção da saúde familiar, da saúde materna, infantil e juvenil e em meio escolar, há necessidade de pôr em prática e de reforçar as estratégias de apoio aos fumadores que desejem parar de fumar, em simultâneo com a implementação de medidas que visem a criação de ambientes livres de fumo do tabaco e que facilitem a adopção de estilos de vida promotores de saúde.

Benefícios para a saúde associados à cessação tabágica

A cessação tabágica tem sempre como consequência uma melhoria do estado de saúde individual. Promove benefícios imediatos em ambos os

VI. Quatro importantes Reformas   205

sexos, em todas as idades, em indivíduos com ou sem doenças relacionadas com o tabaco.

O relatório do *U.S. Surgeon General* sobre as consequências para a saúde associadas ao consumo de tabaco, revisto em 2004, chama mais uma vez a atenção para os benefícios para a saúde decorrentes da cessação tabágica, que se iniciam quase de imediato após o consumo do último cigarro e se continuam a manifestar ao longo dos anos.

Uma vez finalizado o consumo de tabaco:

- **20 minutos** depois, o ritmo cardíaco baixa.
- **12 horas** depois, o nível de monóxido de carbono no sangue regressa aos valores normais.
- **2 semanas a 3 meses** depois, o risco de ocorrência de enfarte de miocárdio desce e a função pulmonar aumenta.
- **1 a 9 meses** depois, a ocorrência de tosse e dispneia diminuem.
- **1 ano** depois, o risco de doença cardíaca coronária é metade do de um fumador.
- **5 anos** depois, o risco de acidente vascular cerebral iguala o de um não-fumador.
- **10 anos** depois, o risco de cancro do pulmão é cerca de metade do de um fumador. O risco de cancro da boca, faringe, esófago, bexiga, rim e pâncreas também diminui.
- **15 anos** depois, o risco de doença cardíaca coronária é igual ao de um não-fumador.

Para além do referido, parar de fumar antes ou durante os primeiros meses de gravidez reduz o risco de ter um filho com baixo peso ao nascer para níveis idênticos aos de uma mulher não-fumadora. Há também redução da morbilidade e da mortalidade nas situações de doença arterial periférica, úlcera péptica, cancro do colo do útero e doença pulmonar obstrutiva crónica (DPOC).

Não são ainda de menosprezar outros benefícios decorrentes da cessação tabágica, como sejam os económicos, os sensoriais, os estéticos e a melhoria da auto-estima. Parar de fumar é benéfico em qualquer idade, mas os benefícios são tanto maiores quanto mais cedo se verificar a cessação tabágica. Os estudos de Richard Doll nos médicos ingleses permitiram concluir que parar de fumar antes dos trinta anos reduz significativamente os riscos associados ao consumo.

Imperativo de acção

A política de prevenção do tabagismo foi consagrada no ordenamento jurídico português pela Lei n.º 22/82, de 17 de Agosto, regulamentada pelo Decreto-Lei n.º 226/83, de 27 de Maio. Ao longo de mais de vinte anos de vigência, foram dezenas as alterações sofridas por estes diplomas, sem que tal permitisse, em muitos casos, a obtenção de um impacto positivo.

Havia-se generalizado o movimento mundial em torno da protecção dos que se encontram expostos ao fumo do tabaco. Tornava-se necessário dar seguimento, sob a forma de proposta de lei à Assembleia da República, ao disposto no Decreto n.º 25-A/2005, de 8 de Novembro, que aprovou a Convenção-Quadro da Organização Mundial da Saúde para o Controlo do Tabaco.

Com a proposta de lei que o Governo levou à Assembleia[112], visou-se proteger os cidadãos da exposição involuntária ao fumo do tabaco, quer nos locais de trabalho, quer nos espaços de lazer. Foi também necessário apresentar medidas de redução da procura relacionadas com a dependência e a cessação do consumo do tabaco, já que a nicotina, presente no tabaco, é uma substância com propriedades psico-activas que gera dependência, pelo que é necessário prestar um maior apoio aos fumadores que pretendam abandonar este hábito. Acrescia o facto de muitas das normas constantes da proposta de lei serem provenientes de directivas comunitárias, que têm de ser respeitadas pelo legislador nacional.

São, assim, pontos fundamentais no diploma a protecção dos não fumadores da exposição ao fumo passivo, a proibição da publicidade ao tabaco, a utilização de advertências de saúde nas embalagens, o apoio na cessação tabágica e a informação e educação para a saúde, em particular das crianças e dos jovens.

A coerência de conteúdos e de construção técnica da proposta de lei tem também de ser confrontada com a sua exequibilidade. O País manteve durante uns longos 25 anos uma lei, socialmente avançada para a época, mas largamente por cumprir, tendo como excepções positivas entre outras, a cessação do hábito de tabaco nas salas de aula e nos transportes públicos. Algo se conseguiu, mas muito abaixo do desejável.

---

[112] Intervenção do Ministro da Saúde na Assembleia da República, em 2 de Maio de 2007.

VI. *Quatro importantes Reformas*

A nova iniciativa do Governo revelava, segundo vários estudos de opinião, um alto grau de adesão dos cidadãos à longa lista das suas medidas restritivas. Com uma excepção, a da proibição total de fumar em cafés, restaurantes e bares com menos de 100 m² de área, onde a adesão era mais baixa, revelando-se, em contrapartida elevada aceitação de um modelo opcional, por decisão do proprietário ou responsável pelo estabelecimento.

Haviam sido realizadas duas sondagens de opinião com um intervalo de cerca de nove meses. Na primeira sondagem, realizada em Julho de 2006[113], concluiu-se que 28,4% da população inquirida se reconhecia fumadora, sendo 26,9% do sexo feminino e 30,0% do sexo masculino. A população inquirida, maior de 15 anos, revelava um grau muito elevado de conhecimento e aceitação da proposta de lei. De facto, 82,1% sabiam estar em discussão uma proposta do governo no sentido de introduzir, entre outros aspectos, a proibição de fumar em determinados locais e 76,4% achavam que essa intenção era correcta. Os aspectos mais apoiados pela opinião pública eram a proibição da venda de tabaco a menores de 18 anos (86% dos inquiridos), a proibição de fumar em estabelecimentos de saúde (94,5%), em estabelecimentos de ensino (67,8%), em meios de transporte (65,3%) e em locais de trabalho (66,2%). Em contrapartida, o aspecto que reunia menor adesão era o da proibição de fumar em bares e "pubs" (25,4%) e em discotecas (24,4%). Relativamente à questão considerada mais sensível no então projecto de diploma, 70,7% dos inquiridos achavam que o proprietário de restaurante, bar, discoteca, ou hotel, deviam poder escolher se o seu estabelecimento era para não-fumadores ou para fumadores, publicitando-o à entrada. 71,5% preferiam a opção de serem criadas zonas de fumo ou livres de fumo. Opinião contrária tinham, no primeiro caso, 20,9% e no segundo 22,5%.

A segunda sondagem confirmou os resultados da primeira, apenas com maior grau de expectativa no cumprimento generalizado da lei, o que levou a concluir ter sido útil o longo período de espera entre a primeira versão da proposta de lei e a lei tal como foi publicada.

---

[113] Ministério da Saúde, 2006, *Estudo de opinião sobre hábitos tabágicos e protecção do fumador passivo em locais de acesso ao público*, Eurosondagem, SA, (comunicado de imprensa do gabinete do Ministro da Saúde de 7 de Agosto de 2006, ficha técnica no comunicado).

Os legisladores parlamentares tinham diante de si uma ponderação de interesses entre uma medida sociologicamente exigente, coerente com princípio de defesa da saúde dos trabalhadores contra o fumo passivo, mas potencialmente mais frágil em termos de cumprimento, ou a sua atenuação através da opção livre de não se fumar, tomada pelo proprietário ou responsável.

Dir-se-ia que a atenuação respeita melhor as liberdades do comércio, obtendo também importante efeito dissuasor e sobretudo facultando aos não-fumadores a fruição de um espaço livre de fumo por mútua opção, do agente económico e do cliente. Todavia, teria que se contrapor a perda de coerência da "ratio legis": construída para proteger fumadores passivos não-voluntários, acabaria por tolerar que os trabalhadores dos locais consentidos fossem expostos ao fumo do tabaco, mesmo não o querendo. E com um importante efeito adverso adicional: a concentração de fumadores em locais de fumo consentido torna estes locais de mais difícil convivialidade para quem, não sendo fumador, os frequenta involuntariamente.

Na procura de um equilíbrio entre o rigor na defesa da saúde dos trabalhadores e a capacidade de este dispositivo da lei ser ou não cumprido residia, porventura, o cerne das dificuldades da peça legislativa.

Solução adoptada pelo Parlamento

Foi deliberado encurtar significativamente a "vacatio legis" geral de um ano, tornando-a mais curta para todas as proibições onde a demora na execução da lei fosse apenas justificada pela necessidade de adaptação física dos locais, com explícita exclusão de qualquer fundamentação de aculturamento à nova situação de restrição do fumo. Foi também decidido adoptar a opção do proprietário de estabelecimento entre a sua frequência ser para não-fumadores ou para fumadores. No segundo caso, tal só seria possível criando condições aceitáveis de ventilação do ar. Para os restaurantes e equiparados com mais de 100 m^2, seria possível a criação de uma zona separada para não-fumadores. Não foi aceite a inclusão de gravuras relativas ao efeito destruidor do tabaco para a saúde (*picturals*), uma das mais veementes recomendações da EU.

Situação actual

Não existe ainda uma avaliação da execução da nova lei. A Direcção-Geral da Saúde criou um conjunto de indicadores (infoTabac) que visam colher, de forma regular, informação relevante e pertinente em relação aos objectivos da alteração legal.

Existem apenas informações dispersas sobre venda de tabaco, as quais não têm correspondência necessária com o hábito tabágico, por não incluírem os volumes de tabaco de contrabando ou contrafacção. As informações surgidas na imprensa dão conta de uma redução das vendas, desde o início do ano, 16% no primeiro mês e 13% no segundo. É ainda cedo, todavia, para se saber se esta redução estabiliza, se está associada a outros factores, como o custo de vida, ou se retoma o sentido anterior à lei.

VII. TRÊS REFORMAS CONTROVERSAS; MEDICAMENTOS, TAXAS MODERADORAS E REDE DE SERVIÇOS (MATERNIDADES E URGÊNCIAS)

VII-A. Medicamentos, farmácias e despesa pública[114]

Definição e objectivos da politica pública do medicamento

Na área do medicamento há que ponderar não só as finalidades da política de saúde, mas também as finalidades da política económica, por este ser um domínio em que a importância do conhecimento e da investigação científica é considerável, o volume de emprego da indústria farmacêutica significativo e as questões de valor, em termos de trocas comerciais entre países, ganham importância crescente. Existe hoje uma consciência generalizada de que a indústria farmacêutica, parceira da política de saúde, é responsável por inovações terapêuticas que trouxeram ganhos em saúde aos cidadãos e geram riqueza nacional. Mas é, por outro lado, consensual que nem toda a inovação apresenta valor terapêutico acrescentado, e que apenas uma parte limitada da rentabilidade desta indústria favorece a prossecução de fins públicos. Daí a importância da regulação pública deste domínio.

A regulação do mercado de medicamentos é muito complexa e não comparável com outros sectores de mercado. Ela envolve uma relação per-

---

[114] Uma parte deste capítulo remete para artigo de co-autoria: Sena, C., Ferreira, A. S., Campos, A. C., Ramos F. 2007, A política do medicamento, *O Economista*, Revista da Ordem dos Economistas.

manente e dinâmica entre governos e múltiplos actores, tais como a indústria farmacêutica, a distribuição, as farmácias, os médicos e os pacientes, todos com diferentes graus de acesso a informações relevantes. Existem imperfeições no mercado, do lado da oferta, relacionadas com protecções de patentes e com todo o processo de autorização de introdução de medicamentos e do lado da procura, como a assimetria de informação e a relação quadripartida onde o médico prescreve, o farmacêutico dispensa, o doente consome e um terceiro responsável paga[115].

Em geral, através da regulação deste sector, o Ministério da Saúde pretende melhorar o acesso dos cidadãos a medicamentos seguros, eficazes e acessíveis, salvaguardar a saúde pública, incentivar a qualidade da prescrição de medicamentos e promover a prescrição e utilização de genéricos, num quadro de contenção de custos e de melhoria da eficiência dos serviços de saúde.

A situação do sector em 2005

Quando o XVII Governo iniciou funções, o sector do medicamento podia caracterizar-se da seguinte forma:

* Preços unitários muito elevados, na comparação internacional. Na análise da OCDE, os gastos em medicamentos medidos em paridade de poder de compra (PPC), colocavam Portugal em lugar cimeiro entre os países onde a factura farmacêutica era mais elevada, representando 23,1% do total dos gastos em saúde, ou 2,3% do PIB, em 2004[116]. Este elevado gasto público em medicamentos determinava um pesado ónus para as famílias e para o Serviço Nacional de Saúde (SNS), uma vez que apenas 58,6% dos encargos com medicamentos tinham financiamento público, em 2005[117].
* Reduzida quota dos genéricos no mercado e nos encargos com medicamentos vendidos em farmácias: 8,6% do mercado total em

---

[115] Mossialos, E.; Mrazek, M.; Walley, T., 2004 (eds.), *Regulating Pharmaceuticals in Europe: striving for efficiency, equity and quality*, European Observatory on Health Systems and Policies, Open University Press.

[116] OECD, 2006, *Health Data*.

[117] OECD, 2007, Health at a Glance, *OECD Indicators*.

VII. *Três reformas controversas...* 213

valor e 5,1% em volume (número de embalagens) em Dezembro de 2004;

- Difícil acesso físico às farmácias depois da hora regular de funcionamento: poucas farmácias de serviço permanente, grande distância entre elas e taxas cobradas por atendimento nocturno de legalidade contestável;
- Escassa e irregular distribuição de farmácias no território nacional: excessiva no interior das cidades e escassa nas periferias, incluindo nos locais de maior concentração de comércio, bem como escassez acentuada nos meios rurais[118].
- Legislação restritiva da abertura que protelava por vários anos a conclusão dos concursos para novas farmácias: Pharma 2001, aberto em 2001, concluído só em Outubro de 2006; Pharma 2003, aberto em 2003, ainda em fase de análise de incompatibilidades; Pharma 2005, ainda em elaboração a lista de admitidos e excluídos;
- Complexidade burocrática e barreiras à transferência de localização de farmácias já instaladas, impedindo uma saudável adaptação entre a oferta e a procura;
- Apesar do aparente rigor legislativo sobre a exclusividade de propriedade por farmacêuticos, estimava-se que algumas centenas de farmácias tivessem propriedade simulada, pertencendo, na realidade, a não farmacêuticos;
- Triplo monopólio:

  a) Monopólio de propriedade, legalmente restrita a farmacêuticos;

  b) Monopólio de implantação, dados os estritos limites geográficos e de densidade populacional, bem como as incompatibilidades que transformavam o território numa quadrícula rígida e disfuncional, ao arrepio das boas regras da concorrência;

  c) Monopólio de venda de medicamentos. Mesmo os medicamentos não prescritos, só nas farmácias podiam ser vendidos.

---

[118] A aplicação da regra de densidade populacional de Espanha ou de França, respectivamente, 2.800 e 3.000 habitantes por farmácia, levaria a que, em Portugal, pudesse haver mais 923 ou mais 720 novas farmácias, consoante o país de comparação.

- Rigidez do preço fixo de todos os medicamentos prescritos e não-prescritos, impedindo que os descontos de quantidade que a produção e a distribuição concedem à farmácia (bónus) pudessem ser repercutidos favoravelmente no consumidor.

A difícil regulação de um sector produtivo muito inovador, a pressão dos profissionais e do público induzidas, uma e outra, por marketing agressivo, permanente e bem focalizado, transformam em presa fácil as autoridades de saúde dos países, como Portugal, que se prezam de respeitar os acordos internacionais da propriedade intelectual e industrial. Daí o crescimento constante do mercado farmacêutico total e, dentro dele, do mercado a cargo do SNS, no ambulatório e seus hospitais. Entre 1998 e 2002 a parte de ambulatório a cargo do SNS cresceu anualmente à taxa média de 9,0%, e a parte hospitalar, à taxa anual de 16,1%. A impossibilidade de controlo deste crescimento era tacitamente tolerada ao nível político, saldando-se por enormes dívidas a fornecedores tornando permanentemente frágil a posição do SNS. Era vulgar o SNS estar em dívida para com as farmácias, no final de cada exercício orçamental, nos valores médios correspondentes a oito ou mais meses. Os montantes em dívida implicavam despesa adicional em juros, no caso das farmácias, e em sobrecustos no caso dos hospitais, estes últimos devidos a juros implícitos estimados em 28% do preço inicial, em estudo realizado em 2006[119], tornando o Estado presa fácil dos seus fornecedores.

A evolução da despesa com medicamentos
Enquadramento internacional

Nas últimas duas décadas e meia, a maior parte dos países da Europa dos quinze (UE15) apresenta aumentos substanciais das despesas com medicamentos, medidos em termos de percentagem do PIB *per capita*, avaliada em dólares e normalizada em termos de paridade de poder de compra ($US PPC) (Quadros VII-A. 1 e 2).

---

[119] Resultados da avaliação dos hospitais SA, 2006, Comissão nomeada pelo Ministro da Saúde, presidida por Miguel Gouveia, slide 87.

Quadro VII-A. 1
Despesas com medicamentos em % do PIB

	1980	1985	1990	1995	2000	2004
Luxemburgo	0,8	0,8	0,8	0,7	0,6	0,7
Dinamarca	0,5	0,6	0,6	0,7	0,7	0,8
Irlanda	0,9	0,7	0,7	0,7	0,7	0,9
Holanda	0,6	0,7	0,7	0,9	0,9	1,0
Bélgica	1,1	1,1	1,1	1,4	–	1,1
Suécia	0,6	0,6	0,7	1,0	1,2	1,1
Reino Unido	0,7	0,8	0,8	1,1	–	1,1
Finlândia	0,7	0,7	0,7	1,0	1,0	1,2
Áustria	–	–	–	0,9	1,2	1,3
Alemanha	1,2	1,2	1,2	1,3	1,4	1,5
Grécia	1,2	1,1	1,1	1,5	1,5	1,7
Itália	–	–	1,7	1,5	1,8	1,8
Espanha	1,1	1,1	1,2	1,4	1,5	1,8
França	1,1	1,3	1,4	1,7	1,9	2,0
Portugal	1,1	1,5	1,5	1,9	2,1	2,3

Fonte: OCDE Health Data, 2006

Contrariamente à tendência observável na generalidade dos restantes países da UE15, em Portugal, o peso da despesa com medicamentos no PIB, já comparativamente elevado em 1980, mais do que duplicou em 25 anos e tornou-se o maior daquele grupo de países, em 2004. Sabe-se que este crescimento dos gastos com medicamentos no nosso país, para além da parte devida ao aumento dos preços, deve-se ao crescimento do volume de prescrição e consumo, aliado à inexistência ou reduzida intensidade e eficácia de políticas públicas de racionalização do gasto neste domínio. A evolução do padrão de consumo de medicamentos teve forte reflexo no crescimento da despesa, por via da prescrição de volume crescente de medicamentos relativamente mais caros e, por outro lado, do aumento do consumo de medicamentos em geral, pela população.

Quadro VII-A. 2
Evolução das despesas com medicamentos
per capita ($US PPC)

	1980	1985	1990	1995	2000	2004
Reino Unido	61	100	134	211	–	241
Dinamarca	56	82	114	167	209	270
Holanda	60	91	137	200	264	318
Irlanda	57	65	97	127	192	321
Bélgica	110	150	208	306	–	344
Suécia	61	89	127	214	314	348
Finlândia	63	94	134	201	266	364
Grécia	92	106	120	197	242	377
Áustria	–	–	–	205	336	407
Portugal	58	107	167	258	363	421
Alemanha	128	191	248	285	357	429
Luxemburgo	93	136	229	245	327	434
Espanha	76	101	155	230	323	477
Itália	–	–	297	324	457	520
França	112	176	258	357	498	599

Fonte: OCDE Health Data, 2006

No que respeita à despesa com medicamentos *per capita*, medida em $US PPC, Portugal também ocupa um lugar de topo nessa evolução entre 1980 e 2004. Neste caso, o indicador apresentando um dos valores mais baixos em 1980, sofreu um acréscimo de 626% até 2004, ano em que Portugal já alinhou com o grupo dos 5 países com maior despesa *per capita* em medicamentos da UE15, em PPC.

O peso das despesas com medicamentos, no total da despesa em saúde, tem vindo a aumentar em todos os países (Quadro VII-A. 3).

Quadro VII-A. 3
Evolução da % das despesas medicamentos no total das despesas em saúde

	1980	1985	1990	1995	2000	2004
Luxemburgo	14,5	14,7	14,9	12,0	11,0	8,5
Dinamarca	6,0	6,6	7,5	9,1	8,8	9,4
Bélgica	17,4	15,7	15,5	16,8	16,5	11,3
Holanda	8,0	9,3	9,6	11,0	11,7	11,5
Suécia	6,5	7,0	8,0	12,3	13,8	12,3
Irlanda	10,9	9,9	12,2	10,4	10,6	12,4
Áustria	–	–	–	9,2	12,6	13,0
Alemanha	13,4	13,8	14,3	12,8	13,6	14,1
Reino Unido	12,8	14,1	13,5	15,3	–	15,8
Finlândia	10,7	9,7	9,4	14,1	15,5	16,3
Grécia	18,8	–	14,3	15,7	15,0	17,4
França	16,0	16,2	16,9	17,6	20,3	18,9
Itália	–	–	21,4	21,1	21,9	20,3
Espanha	21,0	20,3	17,8	19,2	21,3	22,8
Portugal	19,9	25,4	24,9	23,6	22,4	23,1

Fonte: OCDE Health Data, 2006

Constata-se que, na UE15 há enormes diferenças entre os países neste indicador, apresentando os do Sul uma factura relativa de gastos com medicamentos bastante mais relevante. Em 2004, Portugal, comparativamente com os restantes países da UE15, apresentava a maior parcela de gastos com medicamentos (23,1%) no total da sua despesas com a saúde. Já em 1980 ocupava um lugar de relevo quanto a este indicador. Infelizmente não houve melhoria, mas aumento desequilibrado desta despesa. A este facto não é alheio o padrão português de consumo de medicamentos, onde o volume de prescrições médicas *per capita* é internacionalmente muito elevado (Quadro VII-A. 4).

Quadro VII-A. 4
N.º de embalagens prescritas *per capita*

Países	Nº de Embalagens
Alemanha (2004)	14
Bélgica (1998)	11
Espanha (1998)	15
Holanda (2002)	11
Irlanda (2001)	7
Portugal (2002)	**23**
Reino Unido (2002)	12

Fonte: Autoridade da Concorrência, 2005[120]

Este facto confere ainda maior relevo à necessidade de uma política que racionalize a utilização do medicamento, por razões de ordem económica e por razões de saúde pública. Sabe-se, nomeadamente, que o consumo de antibióticos de terceira geração, com indicações terapêuticas restritas, apresenta um volume de consumo desproporcionado no nosso País, em termos comparativos[121], o que é clinicamente desadequado e não custo-efectivo. Na verdade, em 2005 ocupávamos o terceiro lugar entre os países da OCDE de maior consumo de antibióticos, em dose diária definida (DDD), por 1000 habitantes e por dia[122].

Acresce, ainda, que as despesas com medicamentos representam um esforço considerável no orçamento familiar, sendo este aspecto agravado com o facto de esta despesa pouco variar com o rendimento, apresentando características regressivas[123]. Embora a proporção dos pagamentos directos dos cidadãos com medicamentos tenha vindo a diminuir nestas duas últimas décadas, estes representavam, em 2000, quase metade dos pagamentos directos totais[124].

---

[120] Autoridade da Concorrência, 2005, *A situação concorrencial no sector das farmácias*, Centro de Estudos de Gestão e Economia Aplicada, Universidade Católica Portuguesa, Porto.

[121] Observatório Português dos Sistemas de Saúde, *Relatório da Primavera*, 2004.

[122] OECD, Health at a Glance 2007, *OECD Indicators*.

[123] Comissão para a Sustentabilidade do Financiamento do SNS, Relatório Final, 2007.

[124] No total dos pagamentos directos dos cidadãos, os gastos com medicamentos pesavam 64% em 1980, 49% em 1990 e 48% em 2000.

A importância do objectivo de contenção dos gastos com os medicamentos em Portugal ganha maior relevância ao termos presente que um estudo recente prevê que, em 2020, o mercado farmacêutico global poderá vir a atingir mais do dobro da sua actual facturação, ascendendo a, aproximadamente, 925 mil milhões de euros[125].

Em termos de tendência na UE15, o peso da componente pública nas despesas com medicamentos registou uma evolução não linear (Quadro VII-A. 5). No entanto, a generalidade dos países europeus tem levado a cabo políticas de contenção de gastos neste domínio e, uma parte significativa destes países, políticas de maior partilha de encargos com os cidadãos.

QUADRO VII-A. 5
**Evolução da % das despesas públicas em medicamentos
no total de gastos com medicamentos**

	1980	1985	1990	1995	2000	2004
Itália	–	–	62,8	38,3	44,4	50,2
Dinamarca	49,9	45,5	34,2	48,6	48,7	55,9
Finlândia	46,7	44,5	47,4	45,3	50,2	56,0
Holanda	66,7	63,3	66,6	88,8	58,3	57,2
Portugal	68,6	64,7	62,3	63,3	56,2	58,6
Reino Unido	67,6	64,1	66,6	63,5	–	64,2
Alemanha	73,7	71,9	73,1	70,8	72,2	69,7
Suécia	71,8	70,9	71,7	73,4	70,0	70,0
França	66,5	67,1	61,9	61,4	65,1	70,6
Áustria	–	–	–	58,3	68,5	70,7
Espanha	64,0	62,5	71,7	71,1	73,5	72,3
Bélgica	57,3	51,0	46,8	43,0	–	77,4
Grécia	60,0	–	56,7	70,9	70,5	77,9
Luxemburgo	86,4	86,0	84,6	81,7	81,6	83,7
Irlanda	52,7	60,7	65,0	77,3	80,1	88,7

Fonte: OCDE Health Data, 2006

---

[125] De acordo com a Pricewaterhouse Coopers (*Pharma 2020:The vision. Which path will you take, 2007*), o mercado global de medicamentos facturará, em 2020, 1.3 triliões de $US. Este valor, na escala curta, foi convertido para Euros, na escala longa.

Importância económica do mercado global de medicamentos em Portugal

O mercado global de medicamentos em Portugal decompõe-se em duas grandes parcelas: o mercado de ambulatório que se refere aos medicamentos vendidos comercialmente, com ou sem prescrição de diferente origem, pelas designadas farmácias de oficina, ou pelos estabelecimentos autorizados a venderem MNSRM; e o mercado hospitalar, que respeita aos medicamentos comprados directamente pelos estabelecimentos de saúde e por eles directamente administrados aos utentes, em internamento, ou cedidos gratuitamente no ambulatório hospitalar. No primeiro caso, há uma venda directa de medicamentos aos cidadãos, ao passo que tal não se verifica no mercado hospitalar. A participação das empresas nestes mercados não obedece a um perfil uniforme.

O mercado global de medicamentos de ambulatório em Portugal representou, em 2007, 3,279 mil milhões de euros[126]. Em termos de estrutura do mercado a partir da origem da prescrição, 65,9% deste valor foi gerado por prescrições no SNS, 12,7% teve origem nos subsistemas (públicos e privados) e 21,4% foi relativo a compra, por iniciativa do cidadão, de MNSRM, e ao restante mercado.

Pode também ser analisada a decomposição do valor global do mercado de ambulatório, em termos do financiamento dos medicamentos. Neste caso, em 2007, 51,4% do valor foi publicamente financiado e 48,6% ficou a cargo dos utentes, quer decorrente da parcela não-comparticipada (27,2%), quer resultante da compra de MNSRM e restante mercado (21,4%)[127].

Os gastos em comparticipações de medicamentos vendidos pelas farmácias representam a segunda rubrica de despesa mais importante do SNS (a primeira corresponde às despesas com pessoal), com 19% dos orçamentos de 2006 e 2007 canalizados para o pagamento das comparticipações medicamentosas (Quadro VII-A. 6).

---

[126] Em termos exactos, 3.279.426 milhares de euros (*Estatística do Medicamento 2005*, Infarmed, 2007).

[127] Estatística do Medicamento, 2007, Infarmed, valores provisórios. Uma análise mais detalhada sobre o actual regime de comparticipação na aquisição de medicamentos no âmbito do SNS encontra-se nos capítulos desta obra relativos `a combinação público-privado e a taxas moderadoras.

Quadro VII-A. 6
Evolução recente do orçamento do SNS e da despesa pública com a comparticipação de medicamentos vendidos em ambulatório em Portugal

	1995	2000	2005	2006	Previsão 2007
Orçamento do SNS (milhões €)	3.001,7	4.569,4	7.634,0	7.631,9	7.674,8
Despesa do SNS com medicamentos não hospitalares (MNH)* (milhões €)	611,5	1.032,3	1.479,6	1.452,4	1.439,3
Despesa do SNS (% do orçamento do SNS)	20,4%	22,6%	19,4%	19,0%	18,8%
Despesa do SNS (% do PIB)	0,7%	0,8%	1,0%	1,0%	n.d.

* Produtos vendidos por farmácias (ambulatório).
n.d. – não disponível.
Fonte: Administração Central do Sistema de Saúde (ACSS)

Ao adicionar a esta despesa o valor correspondente às compras de medicamentos feitas directamente pelos hospitais e ministrados em meio hospitalar, o valor dos gastos totais com medicamentos no total do orçamento do SNS, em 2006, eleva-se aproximadamente em mais 11 pontos percentuais, alcançando 30%. Ou seja, quase um terço do valor total do financiamento público canalizado para o SNS, em 2006, foi despendido em medicamentos.

A Política Pública de Medicamentos em Portugal no período recente

Três áreas de intervenção determinaram a acção do Governo, em matéria de política do medicamento, nos primeiros dois anos e meio do actual ciclo político: (a) a melhoria do acesso aos medicamentos por parte dos cidadãos, através de genéricos e da criação de lojas de venda de medicamentos não sujeitos a receita médica; (b) o controlo sustentado dos gastos com medicamentos; (c) o reforço do papel regulador do Estado.

Aumentar a acessibilidade ao medicamento
Genéricos

O aumento da despesa com medicamentos levou diversos governos a desenvolverem políticas de apoio à introdução dos chamados genéricos, em tudo equivalentes aos produtos de marca (qualidade, segurança e eficácia terapêutica), excepto no preço, bem inferior. A competição introduzida pelos genéricos incentivou as empresas de marca a tornarem-se mais inovadoras, aumentando a sua despesa em I&D –actualmente à volta de 15% das vendas – agregando outras empresas por fusão ou aquisição, subcontratando actividades de I&D com centros de excelência, um pouco por todo o mundo e criando as suas empresas de genéricos, também. O que significa uma alteração radical do modelo de negócio da indústria farmacêutica mundial, até aqui baseada em "blockbusters" ou medicamentos inovadores na altura em que surgem, de longa vida comercial e alto preço.

Basicamente, o aparecimento de genéricos no mercado visou gerar dois efeitos: permitir poupanças significativas nos orçamentos da saúde, abrindo espaço à comparticipação de novos e mais eficientes medicamentos, obviamente mais caros; e em segundo lugar, beneficiar financeiramente os cidadãos que pagariam menos por medicamentos até então mais dispendiosos.

O mercado de genéricos na Europa não é uniforme. As variações acentuadas que se observam são devidas, entre outros factores explicativos, a opções políticas e ao ambiente regulador vigente nos diversos países. O potencial de benefícios dos genéricos está longe de estar esgotado, são necessárias, neste domínio, políticas coordenadas entre mais que um ministério, sendo que o incentivo mais eficaz à difusão e aceitação dos genéricos reside na redução de gastos para os cidadãos. Em qualquer caso, há uma considerável mudança de paradigma.

Todavia, não podemos ignorar que esta profunda alteração do perfil do mercado se processa em ambiente de grande conflictualidade. Por um lado, as empresas de marca defendendo em profundidade os seus direitos de propriedade industrial (patentes). Por outro lado as empresas de genéricos que desafiam as fragilidades e os eventuais abusos das anteriores. No meio, uma enorme armada de advogados de patentes e consultores científicos, pagos generosamente por ambas as partes. Todos procurando mobilizar a seu favor as tutelas da saúde.

VII. Três reformas controversas...

É indiscutível que Portugal e a Europa necessitam de uma competitiva indústria de genéricos, capaz de lidar com actores poderosos como são as correspondentes indústrias da Índia e China e outras economias emergentes. Todavia, essa competitividade não deverá nunca ser conseguida sacrificando verbas do orçamento do estado dedicadas à saúde. Claramente, os ministérios da saúde não fazem nem devem fazer política industrial.

Lojas de venda de medicamentos não sujeitos a receita médica

A acessibilidade aos produtos farmacêuticos foi ampliada com a abertura de centenas de lojas de venda de MNSRM, mantendo-se o seu preço médio sem oscilações significativas (-0,1% abaixo do preço inicial, registado em Agosto de 2005)[128].

A história desta decisão, pelo seu carácter pioneiro e simbólico, merece ser contada[129]. O Governo decidiu abrir a comercialização fora das farmácias de medicamentos não sujeitos a receita médica – antigamente conhecidos por "medicamentos de venda livre" –, porém sem dispensar a intervenção de técnicos qualificados no seu fornecimento ao público. A decisão foi anunciada pelo próprio Primeiro-Ministro no discurso de tomada de posse do Governo.

Os MNSRM encontravam-se sujeitos ao mesmo regime de distribuição ao público dos medicamentos sujeitos a receita médica. Só podiam ser adquiridos em farmácia, por intermédio de um farmacêutico ou de um seu colaborador. Embora o seu preço de produção não fosse em princípio regulado, salvo quando se tratasse de medicamentos comparticipados, já eram reguladas as suas margens de comercialização por grosso e no retalho. A existência de um preço de venda a público fixado por via administrativa, ainda que por proposta das empresas titulares de autorizações de introdução no mercado, impedia a concorrência nos preços.

---

[128] No final de Dezembro de 2007 estavam em funcionamento 614 lojas de venda de MNSRM.

[129] O governo foi autorizado a legislar sobre distribuição fora de farmácias de medicamentos que não necessitem de receita médica, pela Lei n.º 38/2005, de 21 de Junho. O regime de venda foi estabelecido pelo Decreto-Lei n.º 134/2005, de 16 de Agosto e as condições de venda pela Portaria n.º 827/2005, de 14 de Setembro.

Do que se tratava, então, era de liberalizar o comércio retalhista de tais medicamentos, permitindo a sua distribuição ao público em outros estabelecimentos que não as farmácias, em regime de preços livres e de livre concorrência. Manter-se-ia, porém, o requisito de intervenção de um técnico farmacêutico no fornecimento de tais medicamentos.

Neste aspecto, o novo regime proposto divergiu do que foi adoptado em outros países que liberalizaram a venda de MNSRM fora das farmácias, pois em geral estes dispensaram a exigência de intervenção de farmacêuticos ou técnicos de farmácia no seu fornecimento, possibilitando mesmo o livre acesso e o auto-abastecimento por parte dos consumidores. De acordo com o anterior regime, a dispensa de medicamentos cabia exclusivamente aos farmacêuticos ou a "ajudantes da farmácia" sob controlo daqueles. A solução poderia ser conservada também em relação à venda de medicamentos fora das farmácias, mesmo estando em causa apenas medicamentos que não exigem receita médica. Mas sem dificuldade se compreende que poderia ser excessivo exigir uma tal solução nesse caso, podendo ser suficiente a intervenção de outros técnicos com formação adequada em farmácia, sem serem necessariamente farmacêuticos, como são os técnicos de farmácia.

Não existiam obstáculos de índole constitucional a esta reforma. O anterior regime exclusivo de dispensa de medicamentos em farmácias, pelo menos no que respeita a MNSRM, não constituía obviamente um imperativo constitucional. De resto, tal como as farmácias podem proceder à venda de outros produtos que não os medicamentos, tem toda a lógica que outros estabelecimentos possam proceder à distribuição de medicamentos, desde que se trate de medicamentos que não necessitem de receita médica.

Também não existia barreira constitucional à possibilidade de permitir a dispensa de MNSRM por técnicos de farmácia, e não necessariamente por farmacêuticos, ao menos quando essa actividade decorra fora das farmácias. É certo que o anterior regime da actividade farmacêutica e o estatuto profissional dos farmacêuticos reservavam a estes essa actividade. Mas tal não decorria de nenhuma imposição constitucional de exclusivo de competência farmacêutica. A única derrogação a introduzir seria a permissão de dispensa desses medicamentos também pelos técnicos de farmácia, em alternativa aos farmacêuticos, quando fora das farmácias. A não exigência de acompanhamento por farmacêutico é uma característica universal – e por assim dizer, natural – da liberalização da venda de medicamentos fora das farmácias.

VII. Três reformas controversas... 225

Por último, também não existiam impedimentos constitucionais à possibilidade de os farmacêuticos e os técnicos de farmácia poderem exercer a sua profissão fora das farmácias, até porque se tratava de ampliar a esfera do exercício da profissão. O facto de a anterior legislação – o regime da actividade farmacêutica e o estatuto profissional dos farmacêuticos – só mencionarem o exercício da actividade de dispensa de medicamentos no espaço das farmácias decorria do simples facto de até agora estas terem o monopólio da venda de todos os medicamentos. Mas tal exclusivo não era um dado constitucional.

Ao contrário do que sucede noutros países, não passou a haver entre nós venda livre de medicamentos em sentido próprio, por acesso directo dos próprios consumidores ou por intermédio de leigos. Também não se optou pelo sistema britânico, segundo o qual os medicamentos que não precisam de prescrição médica se dividem em duas categorias: *(i)* os medicamentos que, apesar de não precisarem de prescrição médica, só podem ser vendidos em farmácia, sob controlo farmacêutico e *(ii)* os medicamentos que podem ser vendidos livremente fora das farmácias, inclusive mediante acesso directo dos consumidores, à margem de qualquer controlo.

Entre nós preferiu-se uma aproximação diferente, mas igualmente cautelosa. Por um lado, permitiu-se a venda de todos os MNSRM fora das farmácias (com a excepção já indicada quanto aos medicamentos comparticipados); por outro lado, exigiu-se para todos eles a intervenção de técnico farmacêutico. Mesmo se adquiridos fora das farmácias, os medicamentos continuam a ser "mercadorias especiais", cuja aquisição não dispensava a intermediação de um técnico.

Tendo em conta o papel que estes novos estabelecimentos desempenham no bem-estar dos cidadãos, com salvaguarda da segurança na venda, supervisionada por farmacêutico ou técnico de farmácia, foi ainda alargado o leque dos produtos que podem ser comercializados (o número de MNSRM passou de 338 para 406 princípios activos) e permitida a venda de MNSRM comparticipados, caso os cidadãos os desejem comprar mesmo sem benefício de comparticipação, o qual só é praticável nas farmácias[130].

---

[130] Decreto-Lei n.º 238/2007, de 6 de Dezembro, que altera o Decreto-Lei n.º 134//2005, de 16 de Agosto.

Compromisso com a Saúde

Precisamente com o objectivo de melhorar a acessibilidade do cidadão à dispensa de medicamentos, foi assinado, em Maio de 2006, um Compromisso com a Saúde, entre o Ministério da Saúde e a Associação Nacional de Farmácias (ANF).

Neste acordo foram previstos, entre outros aspectos, a revogação da reserva da propriedade exclusiva de licenciados em ciências farmacêuticas, a eliminação das restrições ao trespasse, à cessão de exploração e à transferência da localização da farmácia e a eliminação da identidade obrigatória entre propriedade e direcção técnica da farmácia, facilitando a abertura de novas farmácias e incentivando maior concorrência num mercado de elevado valor económico.

Acordou-se, ainda, na redução da capitação mínima de 4.000 para 3.500 habitantes por farmácia; em autorizar as vendas, pelas farmácias, de medicamentos à distância (nomeadamente, através da *internet*); e no alargamento do horário de funcionamento das farmácias para 55 horas semanais, com anulação da taxa do serviço nocturno.

Trata-se de melhorias consideráveis no que respeita ao acesso dos consumidores ao medicamento. A título de exemplo, a alteração das regras de distância entre farmácias e de densidade populacional, permite a criação de entre 250 a 350 novas farmácias, por concurso individual, com base em regras claras e processualmente simples. E ao impedir-se que cada proprietário detenha mais do que quatro farmácias, de forma directa ou indirecta, combate-se a concentração, mas admite-se que um aumento de escala do agente económico permita a prática a melhores preços, ampliando a concorrência.

As farmácias ficaram ainda autorizadas a praticar descontos na venda dos medicamentos, descontos esses que apenas incidirão na componente paga pelo utente e não na comparticipada pelo Estado e está ainda a ser preparada a regulamentação da dispensa de medicamentos em unidose, inicialmente limitada às farmácias dos hospitais, que terá reflexos positivos no orçamento das famílias.

Um outro passo importante no aumento da acessibilidade dos cidadãos à dispensa de medicamentos – designadamente os que sofrem de doenças crónicas – consistirá na possibilidade de dispensa, pelas farmácias de oficina, de medicamentos que, actualmente, são distribuídos, em exclusivo, pelos hospitais.

Foram também tomadas medidas que permitem a abertura de farmácias de venda a público, a funcionar 24 horas por dia, nos hospitais do SNS, com vista a aumentar o acesso ao medicamento em situação de urgência.

Garantir a sustentabilidade do gasto com medicamentos

O segundo objectivo da política do medicamento desenvolvida pelo Ministério da Saúde foi o controlo dos encargos com medicamentos, tornando o seu crescimento sustentável, quer no contexto da economia familiar, quer no contexto da economia do sector da saúde e da economia nacional.

O protocolo celebrado com a associação representativa da indústria farmacêutica (APIFARMA), por 3 anos, teve como objectivo estabilizar a despesa com medicamentos para o mercado ambulatório (0%) e, pela primeira vez, para o mercado hospitalar (4%), facultando às empresas e aos serviços do SNS um quadro pré-determinado de controlo destes gastos.

Em dois anos consecutivos, 2006 e 2007, foram tomadas medidas específicas de redução do preço dos medicamentos em 6%, afectando indústria farmacêutica, distribuidores, grossistas e farmácias. Houve, ainda, uma redução das taxas de comparticipação de medicamentos (entre 1% e 5%), para os diversos escalões, com salvaguarda em 100% para os regimes especiais e situações de mais elevada dependência económica.

Eliminou-se a majoração em 10% da comparticipação dos medicamentos genéricos, uma vez que se verificava um crescimento sustentado deste mercado, tanto em valor como em volume (Figura VII-A. A).

FIGURA VII-A. A
Quota de Mercado dos Medicamentos Genéricos (%)

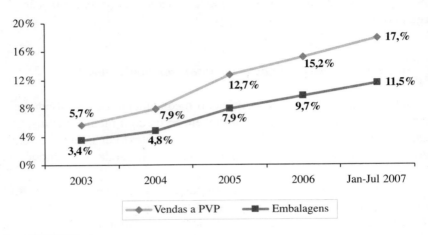

Fonte: INFARMED

Naturalmente que esta evolução do mercado não teria sido possível sem a colaboração dos médicos que passaram a adoptar como normal a prescrição de genéricos, e dos cidadãos que passaram a solicitar a prescrição dos medicamentos mais baratos, com total salvaguarda da sua qualidade.

Foi publicada legislação que cria um novo mecanismo de formação de preços dos medicamentos, com os seguintes objectivos:

- Redução de preços dos produtos já à venda, por comparação com os praticados em outros países;
- Estabilidade de preços assegurada durante três anos, garantindo a sua não subida;
- Princípio da revisão anual dos preços em baixa, tendo como referência o grupo comparado de quatro países (Espanha, França, Itália e Grécia);
- Redução do preço dos genéricos, em função do aumento da sua quota de mercado, bem como incentivo à introdução de genéricos em gamas de medicamentos de preços baixos.

Ao nível do mercado de ambulatório os resultados são visíveis, com uma redução efectiva dos encargos do SNS com medicamentos, no final de 2006, de -1,4%. E os dados apurados no final do ano de 2007, comparados com o período homólogo, apontam para a continuação do controlo desta despesa (-1,6%) (Quadro VII-A. 7).

QUADRO VII-A. 7

**Evolução recente da despesa pública
com a comparticipação de medicamentos vendidos
em ambulatório em Portugal**

(Milhares de €)

	2004	2005	2006	2007
Encargos do SNS –ambulatório	1.394,6	1.451,3	1.431,5	1.402,4
Var. % anual	*9,6%*	*4,1%*	*-1,4%*	*-1,6%*

Fonte: INFARMED

Ao nível hospitalar, a situação teria que ser diferente, para acomodar a inovação terapêutica: o crescimento da despesa com medicamentos no ano de 2006, situou-se em 3,6%. Atendendo a que, no período entre 1995 e 2004, a taxa média de crescimento anual da despesa com medicamentos hospitalares no SNS se situara acima dos 10%, constata-se um forte abrandamento do ritmo habitual de crescimento destes gastos públicos.

O facto de se terem definido tectos máximos de crescimento da despesa hospitalar com medicamentos (4% sobre o ano precedente), não diminuiu a qualidade dos cuidados prestados. O controlo da despesa eliminou desperdícios, ainda assim com uma margem de crescimento admitido que permite a introdução da verdadeira inovação terapêutica através dos hospitais.

Para atingir estes resultados nos hospitais foi fundamental a acção ao nível da gestão do sector público empresarial respectivo. O tecto máximo de crescimento fixado desencadeou processos de negociação externa da compra de medicamentos, sob a forma de compras conjuntas entre hospitais, potenciando reduções do preço decorrente de economias de escala.

A nível interno, criaram-se mecanismos de contratualização promotores de maior responsabilização e racionalidade na prescrição terapêutica.

Fruto de um investimento estratégico nos sistemas de informação, o Ministério da Saúde dispõe agora de instrumentos de monitorização mensal do consumo dos medicamentos, que permitem identificar os principais grupos farmacêuticos por patologias, respectiva substância activa e fornecedores com maior impacto no crescimento do seu consumo.

A valorização da farmácia hospitalar está a ser desenvolvida através do Programa do Medicamento Hospitalar, criado em Março de 2007. O objectivo principal deste programa apoia-se na introdução e disseminação de procedimentos-padrão que assegurem a implementação de boas práticas, a gestão integrada do plano terapêutico e a capacitação e qualificação das comissões de farmácia e terapêutica.

Reforço da capacidade reguladora do Estado

A rigidez legislativa, a pressão da oferta, a indução da procura pela inovação terapêutica geradora de ganhos em saúde, o poder do marketing farmacêutico no nosso país, e as permanentes restrições orçamentais, geradas por suborçamentação crónica, explicam a passada captura do sector da saúde por forças múltiplas e poderosas, concorrendo para um acréscimo descontrolado e ingovernável da despesa nas décadas recentes.

As condições institucionais e de relacionamento entre o Estado e os parceiros económicos, têm vindo a ser alteradas, de modo a restituir àquele o seu papel regulador e a anular as tentativas de captura que, dada a importância económica do sector, sobre ele tendem a exercer os actores económicos e sociais do sector dos medicamentos.

Para prevenir qualquer derrapagem imprevista da despesa bens e serviços convencionados foi criado um Fundo de Apoio ao Sistema de Pagamentos do SNS, que visa cobrir rupturas no pagamento atempado das dívidas do Estado tanto às farmácias, como a outros prestadores, reforçando o poder negocial do Estado. O facto de esse fundo não ter sido utilizado, pelo menos até ao final de 2007, constituiu um sinal positivo da eficácia dos mecanismos de contenção, sem que, nem a equidade, nem a qualidade, estejam a ser prejudicadas.

O protocolo celebrado com a APIFARMA, com o objectivo de estabilizar a despesa com medicamentos para os mercados ambulató-

VII. Três reformas controversas...

rio e hospitalar, norteou o estabelecimento de um quadro pré-determinado de controlo dos gastos, fulcral para orientar decisões de despesa pública e de investimento privado. Tal como o "Compromisso com a Saúde", assinado com a ANF, que permitiu que se garantisse um funcionamento do mercado da farmácia, do ponto de vista da estruturação da oferta mais competitivo, mais transparente e mais consentâneo com as regras da concorrência, cujos efeitos se sentirão ainda mais no médio e longo prazo.

Podemos afirmar que o conjunto de medidas adoptadas tem libertado o SNS da captura em que se encontrava desde há décadas, permitindo um reequilíbrio institucional e económico do poder do Estado face aos actores económicos deste sector, reforçando a sua capacidade reguladora e de governo.

Três anos depois: 2007

O sector é sempre dificilmente governável. Todavia, em três anos tudo mudou, tendo-se tornado possível imprimir nova governabilidade ao sector:

- Autorizada a venda de medicamentos não-sujeitos a receita médica (MNSRM) fora de farmácias[131], em menos de dois anos e meio abriram, pelo menos, 652 lojas (dados de Março de 2008). Foi alargado o número de MNSRM de 338 para 406 princípios activos. Passou a ser possível vender nessas lojas MNSRM comparticipados, embora sem benefício de comparticipação;
- A quota de mercado dos genéricos aumentou, tanto em valor como em volume, alcançando, respectivamente 17,9% e 11,5% do mercado total (Dezembro de 2007).
- Foi alargado o período de abertura das farmácias para 55 horas semanais e anulada a taxa de serviço nocturno[132];
- A nova legislação sobre farmácias de oficina[133], ao alterar as regras de distância entre farmácias e de densidade populacional, irá

---

[131] Lei n.º 38/2005, de 21 de Junho e pelo D.L. n.º 134/2005, de 16 de Agosto.
[132] Lei n.º 38/2005, de 21 de Junho e pelo D.L. n.º 134/2005, de 16 de Agosto.
[133] Lei n.º 20/2007, de 12 de Junho e D.L. n.º 307/2007, de 31 de Agosto.

permitir a criação de entre 250 e 350 novas farmácias, por concurso individual, permitindo o acesso de novos e mais jovens operadores à propriedade plena;
- Foi permitida a abertura de farmácias de venda a público (24 horas) em hospitais do SNS[134];
- Por duas vezes (2005 e 2007) foi reduzido em 6% o PVP dos medicamentos vendidos em farmácia, o que compensou e superou com vantagem a redução da comparticipação nos medicamentos comparticipados pelo SNS;
- Foi criado um complemento social para idosos abaixo do limiar da pobreza, no valor de 50% da parte não comparticipada pelo Estado no preço dos medicamentos, subsídio que acresce à pensão a receber no mês seguinte[135];
- Foi regulamentada a venda de medicamentos pela Internet, através das farmácias de oficina e locais de venda de MNSRM, bem como a respectiva entrega domiciliária[136];
- Foram definidos os serviços farmacêuticos que as farmácias possam dispensar[137];
- Preparou-se a dispensa, pelas farmácias, de alguns produtos farmacêuticos até aqui de fornecimento exclusivamente hospitalar, os quais serão acessíveis aos doentes crónicos mediante acordo caso-a-caso, entre hospital e farmácia.

Em 2006, conteve-se o crescimento global da despesa pública em comparticipações, face ao ano anterior, em -1,4% nos medicamentos vendidos em farmácias e em 4% nos medicamentos consumidos nos hospitais[138]. A despesa continuou controlada no final de 2007: -1,6% de crescimento nas farmácias e 3,1 % nos hospitais. Para estes resultados, foram essenciais, entre outras, as seguintes medidas:

- Garantia de medicamentos seguros, eficazes e acessíveis;

---

[134] Decreto-Lei n.° 235/2006, de 6 de Dezembro.

[135] Decreto-Lei n.° 252/2007, de 5 de Julho.

[136] Decreto-Lei n.° 307/2007, de 31 de Agosto e Portaria n.° 1427/2007, de 2 de Novembro.

[137] Portaria n.° 1429/2007, de 2 de Novembro.

[138] Estes crescimentos comparam com valores homólogos de 9,0% nas farmácias e de 16,1% nos hospitais, crescimento médio anual entre 1998 e 2002.

VII. Três reformas controversas... 233

- Combate diário à ineficiência, ao esbanjamento e à não prestação de contas nas unidades do Serviço Nacional de Saúde;
- Colaboração dos médicos, prescrevendo com mais sobriedade; adoptando como normal a prescrição de genéricos;
- Colaboração dos cidadãos, chamando a atenção dos prescritores para a existência de medicamentos genéricos, os quais implicam menor despesa para o cidadão e para o Estado;
- Crescimento sustentado do mercado de genéricos;
- Redução do PVP em 6%, em 2005, repetida em 2007, no mesmo valor;
- Acordo com a indústria sobre redução obrigatória de preços nos medicamentos comparticipados;
- Análise económica prévia e obrigatória, na apresentação de cada novo produto, para entrada no formulário hospitalar[139].

O conjunto de medidas adoptadas libertou o SNS e o Estado da captura em que se encontravam durante anos a fio, desde há décadas. A relação com os actores económicos e sociais foi frontal, muitas vezes polémica, mas sempre fundamentada no interesse público, em defesa do cidadão. Esta relação foi solidificada no protocolo celebrado com a indústria farmacêutica (APIFARMA), em Fevereiro de 2006 e no "Compromisso para a Saúde", celebrado com a Associação Nacional de Farmácias, em Maio de 2006.

Sustentabilidade das políticas

As medidas para devolver governabilidade ao SNS, atrás descritas, foram adoptadas com prévio diálogo com os agentes e parceiros do sector, muito embora alguns dos actores económicos discordassem e continuem a discordar de várias destas medidas, por não favorecerem os seus interesses corporativos. Esta discordância terá passado ao estado larvar, mas não desapareceu. Renascerá com maior agressividade quando encontrar condições propícias. O que coloca a questão da sustentabilidade das decisões.

---

[139] Decreto-Lei n.° 195/2006, de 3 de Outubro.

Temos bem a consciência de que se ficou aquém do necessário, sobretudo nas matérias relativas à fixação dos preços dos medicamentos e sua revisão. Comecemos então por aí. Todos sabemos que alguns dos preços dos medicamentos de marca e genéricos, apesar das reduções efectuadas e programadas, estão ainda acima do que deviam estar em termos de paridade do poder de compra, na comparação internacional. As razões para se ter adoptado uma descida de preços programada e não súbita têm a ver com a sobrevivência da indústria nacional e, no caso da indústria de genéricos, para permitir o rápido crescimento das suas quotas de mercado[140]. O preço destes, embora cumprindo a redução obrigatória inicial face ao preço dos de marca, é ainda hoje anormalmente elevado na comparação internacional.

Estas duas disposições são hoje dificilmente defensáveis: a indústria nacional teve vários anos de transição para se adaptar e se o não fez em tempo útil não deverá haver lugar a mais privilégios que saem consideravelmente caros ao SNS e aos cidadãos consumidores. Sobretudo quando, dado o passado próximo, nada garante que a indústria nacional viesse agora a actuar de forma diferente da que tem praticado. No caso dos genéricos, não faz sentido o seu elevado preço face a países próximos e haverá que encontrar indutores da sua baixa. Há trabalho por realizar, nestas duas áreas.

Mas existe um factor de maior desconforto: é sabido que tanto nos genéricos, como nos MSRM, como nos medicamentos de marca produzidos sob licença, se instituiu um incentivo de enorme força na cadeia de distribuição: o bónus ao armazenista e ao farmacêutico. A legalidade do bónus sem reflexo na redução do preço para o cidadão e da comparticipação para o estado é questionável, mesmo que todas as obrigações fiscais tenham sido cumpridas. Mas o certo é que o seu imenso benefício em termos de baixa de preço não alcança o consumidor. Apesar de o preço ter deixado de ser fixo para ser apenas máximo, até à chegada do produto às mãos do público toda a gente ganha com o seu preço final inaceitável e imoralmente alto, excepto o consumidor. Veja-se o que ainda se passa com os MNSRM: tem sido de tal forma fidelizada a distribuição final,

---

[140] A criação de genéricos de marca, no final da década de noventa, correspondeu à necessidade de se vencer a forte obstrução inicial ao aparecimento desses produtos. Passando a ser reconhecidos por uma marca respeitada, a sua penetração foi viabilizada.

que se torna difícil promover a competição entre preços. Apesar destes se manterem estáveis desde Setembro de 2005, data do início da medida de criação das respectivas lojas, ou até se terem ligeiramente reduzido, só as grandes superfícies baixaram visivelmente os preços. Para os restantes agentes de mercado a prática de bónus não fura a barreira do ponto de venda e não beneficia o consumidor. A manter-se ou a deteriorar-se esta situação, só novas medidas de liberalização total da abertura de farmácias, com controlo da sua propriedade em termos de dimensão por grupos, a par da generalização das farmácias hospitalares de venda a público, poderão conferir a este mercado a fluidez que os seus agentes hoje impedem.

Haverá ainda trabalho a realizar na forma de conseguir a baixa de preços para os ajustar ao comparador internacional. Os métodos até aqui usados não são selectivos em termos de eficácia do medicamento. Por naturais dificuldades na análise substantiva do valor do medicamento e sua comparação com competidores e similares, as medidas que têm sido adoptadas são basicamente administrativas. Carecem de muita afinação, não só pelo valor intrínseco do produto, mas também por negociação com o produtor, o qual mais facilmente aceitará uma baixa de preço de ela for compensada, ao menos parcialmente, pela admissão de um novo medicamento comparticipado.

Um dos maiores obstáculos a este trabalho reside na actual composição das comissões encarregadas desta tarefa, a qual tende sempre para o imobilismo interessado. A composição das comissões sofre de conflitos de interesses, explícitos ou implícitos, que a cultura tradicional tolera com fatalidade e resignação. Carece de refrescamento urgente, com especialistas mais jovens e mais independentes. O recurso a especialistas estrangeiros, contratados para o efeito, poderia melhorar rapidamente a sua composição. Finalmente, uma interrogação permanece: que fazer para impulsionar a indústria nacional?

É reconhecida a importância da indústria farmacêutica na economia nacional, sendo um imperativo o seu desenvolvimento. O Ministério da Saúde decidiu activar o seu relacionamento com as empresas do sector, nacionais ou estrangeiras. Esse relacionamento foi determinado por objectivos precisos:

- aumentar a participação das empresas de direito nacional no mercado, através de novos produtos, processos ou serviços;

- que tais produtos sejam inovadores, de modo a garantirem alargamento e aprofundamento da base tecnológica e aumentar a competitividade nos mercados – nacionais e internacionais – das empresas que os produzem;
- que as empresas, cientes da existência de um Plano Tecnológico Nacional, beneficiem das oportunidades oferecidas e a oferecer pelo Estado, para materializarem projectos de inovação podendo estes assumir diversas formas, nomeadamente, parcerias com outras empresas e centros de investigação – nacionais ou estrangeiros – o que se traduzirá num desejável aumento do emprego científico e tecnológico altamente qualificado.

Dos contactos havidos com todos os empresários, resultaram manifestações de investimento que têm estado a ser avaliadas nas sedes próprias, quer no Ministério da Economia, quer no Ministério da Ciência e Ensino Superior.

A projecção dos produtos das empresas nacionais nos mercados internacionais tem beneficiado de apoio continuado. O projecto Pharma-Portugal está a contribuir para a desejável e possível duplicação das exportações de produtos farmacêuticos na presente legislatura.

No que toca à internacionalização dos nossos laboratórios de I&D de referência, também aqui se tem alertado a indústria farmacêutica, nacional e internacional, para possíveis parcerias, através da prestação contratualizada de serviços de I&D, o que garantirá mais emprego de licenciados, mestres e doutores. Foi nesta área que, sem surpresa, se obtiveram bons resultados. Alguns centros de I&D nacionais de excelência e os seus investigadores demonstraram a sua competência em fornecer às empresas multinacionais a oportunidade para contratualizarem o fornecimento de serviços de alta tecnicidade. Acresce que assim se garantiu a fixação em Portugal de pessoal altamente qualificado que, de outro modo, inexoravelmente se encaminharia para outros países mais acolhedores.

VII-B. Taxas moderadoras

Partilha de gastos: taxas moderadoras e co-financiamentos

Apesar de em Portugal o enfoque das políticas de saúde não ter sido nunca a contenção de custos, em momentos episódicos a partilha de gastos foi em Portugal, como em outros países europeus, usada como um método explícito de controlo da despesa com a saúde.

Existe partilha de gastos tanto no sector público como no sector privado prestador, em quase todos os sistemas de saúde. Há duas modalidades principais: os co-pagamentos, taxas de utilização ou taxas moderadoras (TM), onde o utente paga um valor fixo no momento da utilização do serviço e o co-financiamento ou co-seguro, onde o utente paga uma fracção ou percentagem do custo do serviço, como acontece na parte não comparticipada dos medicamentos prescritos no âmbito do SNS.

Existem, desde 1982, taxas moderadoras em consultas de ambulatório, tanto em centros de saúde como em hospitais, em atendimentos de urgência, visitas domiciliárias, exames de diagnóstico e actos de terapêutica. Os montantes das taxas moderadoras são normalmente reduzidos, não representando senão uma pequena parte do custo real (por exemplo, na urgência hospitalar, uma TM de 8,75 euros corresponde ao custo total de 143,5 euros). O montante global das TM cobradas nos hospitais do SNS não ultrapassou, em 2005, 0,7% do gasto total do SNS, sendo de 0,28% o valor correspondente a taxas cobradas nos cuidados de saúde primários o que, adicionado, representou menos de 1% (0,98) do total da despesa do SNS.

Já o co-financiamento ou co-seguro na parte a cargo do utilizador na aquisição de medicamentos é mais elevado: atingiu, em 2007, 35,4% do gasto farmacêutico total em medicamentos dispensados com receita médica, comparticipados pelo SNS[141].

Isenções

Tanto nas taxas moderadoras como nos co-financiamentos existe um complexo conjunto de isenções para benefício dos titulares de baixos ren-

---

[141] Estatística do Medicamento, 2007, Infarmed, valores provisórios.

dimentos[142]. O total dos cidadãos isentos de taxas moderadoras, em 2006, segundo dados publicados no Relatório sobre a Sustentabilidade Financeira do SNS, alcançava 4,2 milhões de cidadãos (Continente e Açores), ou seja, cerca de 41% da população. Esta percentagem sobe para 56% se considerarmos apenas a população que dispõe do SNS como seu único sistema de saúde.

No caso dos medicamentos, o co-financiamento a cargo do utilizador varia entre 5 e 80%, em função da utilidade terapêutica do medicamento, para o utilizador não-pensionista. Os pensionistas com rendimento abaixo da pensão mínima pagam de 0 a 70%. Os produtos anti-diabéticos, anti-epiléticos, anti-parkinsonianos, anti-neoplásicos e imunomoduladores, hormonas de crescimento e anti-diurética, medicamentos específicos para hemodiálise, medicamentos para a fibrose quística, o glaucoma, a hemofilia, medicamentos anti-retrovirais, anti-tuberculose e anti-lepra são cobertos a 100%. Finalmente são ainda totalmente gratuitos os medicamentos dispensados em hospitais, mesmo em regime ambulatório. A partir do Verão de 2007, os cidadãos idosos com pensões muito baixas, beneficiários do complemento solidário para idosos a cargo da segurança social, passaram a beneficiar de uma comparticipação adicional de 50% da parte não comparticipada dos medicamentos que adquiram no SNS[143].

De entre onze dos países da EU com os quais é possível compararmo-nos – Alemanha, Bélgica, Dinamarca, Espanha, França, Grécia, Irlanda, Itália, Portugal, Reino Unido e Suécia – em cinco deles não existem taxas moderadoras no ambulatório (Dinamarca, Espanha, Grécia, Itália e Reino Unido) e em outros cinco existem taxas moderadoras tanto no ambulatório como no internamento. É o caso da Alemanha, França, Bélgica, Irlanda, Suécia e Portugal a partir de 2007. Na verdade, a partir de Abril de 2007 nos hospitais do SNS português passaram a existir taxas moderadoras nos episódios de internamento hospitalar (5 euros por dia até um máximo de dez dias) e na cirurgia em ambulatório (10 euros por acto). Esta decisão foi altamente controversa e vale a pena descrever a sua génese.

---

[142] Decreto-Lei n.° 173/2003, de 1 de Agosto.
[143] Decreto-Lei n.° 252/2007, de 5 de Julho.

Taxas moderadoras. História recente

A nossa relação com taxas moderadoras, quer no plano doutrinal, quer no plano prático, é já longínqua. Poupamos os leitores à leitura de trabalhos passados e para situá-la no contexto político, transcrevemos parte de um artigo que publicámos no jornal *Público*, por volta de Setembro de 2004, sobre a intenção manifestada pelo Governo Santana Lopes de as transformar de moderadoras em financiadoras:

> *"O argumento é sedutor, antigo, mas falacioso: por que razão um milionário português paga o mesmo que o motorista da minha faculdade, para fazer uma operação às coronárias, ou seja, nada? Daqui até ao argumento do utilizador-pagador vai um pequeno passo. Quem usa auto-estradas deve pagá-las (...), quem entra na Universidade deve pagar propinas, está a investir para subir na escala social. Parecem situações iguais, mas são diferentes.*
>
> *Em primeiro lugar o Estado tem interesse social e económico na saúde pública (...). Todos desejamos acesso igual aos serviços no ponto de encontro do doente com o SNS, sem que o rendimento, a profissão, a classe social, a raça ou a cultura nos separem. Depois, porque existe enorme consenso social na justiça distributiva de um mínimo de partida para todos, ou até um pouco mais para os que estão pior. Finalmente porque, dado o custo crescente dos cuidados, seria catastrófico, mesmo para um remediado, pagar 20% de um bypass das coronárias, o qual custa hoje em Portugal cerca de 50 mil euros. (...). Não haverá então espaço para modernizar a administração das taxas moderadoras, ganhando em receita, sem perder em justiça social? Sim, há. Em primeiro lugar, elas devem ser actualizadas anualmente, em função do salário mínimo e não abandonadas longos anos sem alteração; devem ser revistas algumas isenções menos justificáveis; realizado um esforço sério de cobrança, o que o Governo tarda em fazer, certamente pela pequenez da receita (...); diferenciado o valor das taxas mais em função inversa da gravidade da doença que em função do custo do serviço; finalmente elas devem ser diferenciadas em função das alternativas: se o doente prefere ir à urgência hospitalar (...) em situação não-grave nem seguida de internamento, então nada de injusto aconteceria se a sua preferência temporal e de conforto em*

relação à rotina e demora no centro de saúde, fosse diferenciada por uma taxa moderadora bem mais elevada que a do acesso a uma consulta."

Nunca tendo sido fanáticos defensores das taxas moderadoras, também nunca fomos seus detractores. Consideramo-las bem aceites na Constituição, indiscutíveis como instrumento para disciplinar e orientar a procura, ajustando melhor as necessidades à oferta de cuidados e totalmente acolhidas pelos cidadãos que a elas se habituaram desde há mais de vinte anos. Acresce que o seu relativamente baixo valor em relação ao custo real do serviço, as tornam simbólicas para a grande maioria dos que a elas estão sujeitos. As isenções são muito numerosas, talvez numerosas de mais e, baseando-se em dois critérios não necessariamente compatíveis – incapacidade económica e severidade da doença – perdem selectividade no benefício que facultam. Por outras palavras, há pessoas de altos rendimentos que não se justifica, em boa justiça, beneficiarem das isenções e há pessoas de baixos rendimentos que não se enquadram no benefício da isenção.

Não é fácil, por exemplo, encontrar razões sociais para isentar todas as crianças até 12 anos e todas as grávidas, ricas e pobres, tal como não parece justo que os cidadãos da classe média baixa, sofrendo de doença crónica, mas não catastrófica, que implique frequente recurso ao SNS, não estejam isentos. Todos sabemos quão difícil é mudar um sistema de benefícios sociais sem trazer mais injustiça que a que se pretende evitar e não é fácil, em sistemas desenhados para a universalidade, enxertar selectividade ou diferenciação positiva. O actual sistema tem, pelo menos, o mérito de moderar alguma procura desnecessária. A sua actualização anual, acompanhando a inflação, é absolutamente necessária para que hospitais e centros de saúde sintam a utilidade de montarem um sistema de cobrança eficaz, do qual resultem benefícios laterais no aperfeiçoamento das cobranças aos subsistemas e seguradoras. Ao longo dos três últimos anos a cobrança tornou-se mais rigorosa, eficaz e mais acessível aos cidadãos, pelo recurso a máquinas automáticas instaladas nas consultas e ao *multibanco*. Desapareceram fraudes como as da não contabilização dessa receita em pequenos centros de saúde transformando-a em "saco azul" e as isenções não previstas na lei como as de que beneficiavam o pessoal e familiares em grandes hospitais centrais.

Taxas moderadoras diferenciadas

A diferenciação das taxas moderadoras em função do rendimento é uma questão nova, a qual nunca havia sido claramente colocada no debate anterior. Sem mudar a sua natureza moderadora da procura pareceu-nos sempre uma necessária linha de acção. Daí as declarações que proferimos em entrevista ao jornal Semanário Económico, logo em Abril de 2005: *"A diferenciação das taxas moderadoras, a ocorrer, será concretizada na última etapa do processo de reorganização dos cuidados primários. Cada cidadão deve ter acesso ao seu centro de saúde quando dele precisa, evitando a deslocação, quando desnecessária, a uma urgência hospitalar. Enquanto não estiverem reunidas condições para que tal aconteça, dificilmente se poderá fazer essa diferenciação. Reconheço, porém, que como a própria designação indica, as taxas moderadoras servem e pretende-se que continuem a servir, para moderar a procura dos cuidados de saúde".*

Em Janeiro de 2006, em entrevista ao mesmo jornal (27.01.06) ao comentarmos o razoável desempenho financeiro de 2005, em boa parte devido às melhores condições de gestão propiciadas pelo orçamento rectificativo de mais 1 800 milhões de euros, reafirmava-se o princípio de não alterar as TM, apenas aumentando um pouco as taxas nas urgências e em contrapartida melhorando o acesso na periferia através de disponibilidade de transportes, unidades móveis e entrada em funcionamento do centro de atendimento permanente (*Saúde 24*).

Desde então se definiu a eficiência de gestão como objectivo principal da sustentabilidade financeira do SNS com os recursos disponíveis: *"quero apelar a todos os profissionais que sentem que o SNS é uma coisa deles – do ponto de vista social, político e económico – para a necessidade de estarem sintonizados com esta defesa. Caso contrário o SNS não se aguenta. Estou empenhado em demonstrar que o modelo é economicamente viável. E os primeiros indícios são positivos"*[144].

O debate sobre as taxas

No mês seguinte (17.02.06) numa conferência de administradores de hospitais dedicada ao tema do financiamento, foram desafiados os

---

[144] Declarações do Ministro da Saúde à Comunicação Social.

participantes a colaborar na batalha da eficiência, através de poupança e rigor na gestão dos serviços. *"Se não se verificar nenhum milagre de crescimento económico, se não conseguirmos concretizar a cruzada em que estamos empenhados, o leque de soluções alternativas ao actual sistema de financiamento da saúde é muito estreito"*. Mesmo assim, existe *"a convicção plena de que se poderá chegar ao fim de 2006 e mostrar que o actual modelo é viável"*. Apresentada como hipótese a ponderar, foi retomada a ideia da diferenciação, com três patamares, um de cobertura a 100 por centro, outro de cobertura a 75 por centro e outro a 50 por cento, pagando os utentes o restante. Esta fórmula, que seria aplicável por via fiscal e nunca no ponto de contacto do doente com o sistema, teria cobertura constitucional na natureza "tendencialmente gratuita" do SNS, "tendo em conta as condições económicas e sociais dos cidadãos".

A declaração, formulada num contexto profissional limitado e sempre sob condição de esgotamento do modelo actual, o qual estaria a comportar-se bem, não passou despercebida e gerou imediatas ondas de choque[145]. De nada valeu declarar-se reiteradamente a boa saúde financeira do SNS nos tempos que corriam e a natureza hipotética do debate sobre uma potencial alternativa para financiamento do SNS.

Comissão para a Sustentabilidade do Financiamento do SNS

No mês seguinte, em Março, foi criada a Comissão para a Sustentabilidade do Financiamento do SNS, pelo Despacho conjunto dos Ministros das Finanças e da Saúde n.º 296/2006, de 30 de Março[146]. A Comissão deveria colher informação do debate nacional e internacional sobre o financiamento sustentável da saúde, a partir da identificação da evolução recente das necessidades, identificando os factores que a condicionam.

---

[145] A primeira teve origem em declarações do "pai" do SNS, António Arnaut: *"(...) este ministro está a ofender a Constituição da República. Vivemos num estado social e não liberal, um ministro de uma área tão sensível como a Saúde não pode dizer que o SNS – tendencialmente gratuito que só permite o pagamento de taxas moderadoras – está em vias de ser aniquilado"*.

[146] A Sustentabilidade Financeira do Serviço Nacional de Saúde, Coordenação de Jorge Simões, Pedro Pita Barros e João Pereira, *Comissão para a Sustentabilidade do Financiamento do Serviço Nacional de Saúde*, Portal da Saúde, p. 186, 2007.

Deveria igualmente propor medidas para controlo de gastos no SNS e, ainda analisar à luz da Constituição diversas modalidades de partilha de custos na saúde, alternativas possíveis e seus impactes na procura de cuidados e na despesa agregada. O relatório da comissão foi entregue ao governo em Fevereiro de 2007 e publicamente disponibilizado em Junho desse ano.

Primeiras medidas de controlo de gastos

Ao longo do ano de 2006, o facto de a dotação orçamental do SNS ter sido a mesma de 2005 em termos nominais, levantava constantes preocupações sobre a sustentabilidade financeira do SNS. Já havia sido determinada a redução administrativa em 6% do preço de venda a público dos medicamentos comparticipados, fixado o tecto zero para o seu crescimento no ambulatório e de 4% no contexto hospitalar. Foi também fixado um tecto para a despesa em convenções de meios de diagnóstico e terapêutica, continuando congelada a abertura de mais operadores. No capítulo do pessoal havia sido lançada a redução das horas extraordinárias e dos horários acrescidos, tanto nos serviços prestadores como nos próprios serviços administrativos, mesmo regionais, distritais e centrais, onde o abuso da lei era notório. O programa PRACE dava os primeiros passos na concentração de serviços e redução de chefias, ao mesmo tempo que a reorganização da malha hospitalar em hospitais EPE e a criação de centros hospitalares em todo o país racionalizava o gasto, tornando hospitais e serviços da administração central concentrada e desconcentrada mais eficientes e menos dispendiosos. A política de conter as admissões pela substituição de dois e três reformados por apenas um novo admitido dava um sinal visível a todo o sistema.

Novas medidas para 2007

A preparação do orçamento para 2007 trouxe a impossibilidade de nesse ano se reforçar o orçamento do SNS, pelo que, pelo terceiro ano consecutivo iríamos viver com o mesmo orçamento nominal de 2005, sem actualização pela inflação, mesmo conhecendo as desfavoráveis diferenças entre preços relativos gerais e da saúde. Os receios de insustentabilidade financeira aumentaram, apesar de o desempenho de 2006 dar sinais de contenção e de caber na disciplina geral definida para todo o Estado. À medida que se aproximava a preparação do orçamento para 2007 sentimos necessidade de preparar a opinião pública para se ampliar o âmbito de aplicação das taxas moderadoras ao internamento hospitalar e à cirurgia de ambulatório. O argumento de que a procura deste tipo de cuidados não é determinado pelo doente, mas sim pelo SNS, é exactamente o mesmo que leva à existência de co-financiamento na parte não comparticipada dos medicamentos e no acesso aos meios complementares de diagnóstico e terapêutica dispensados em ambulatório por prestadores privados. De resto, à medida que surgem meios tecnológicos mais dispendiosos, o montante de co-financiamento passou a ser tão elevado que deixou de ser apenas moderador da procura para ser, pelo menos em parte, co-financiador em alguns desses consumos.

A Alemanha havia adoptado uma taxa moderadora no internamento hospitalar, nos últimos anos de Schroeder, com grande protesto público, mas razoáveis ganhos de eficiência, num sistema onde o efeito da gratuitidade no risco moral era visível. Porém, a razão mais importante para o alargamento das TM ao internamento e à cirurgia do ambulatório não foi nem o objectivo moderador, nem o objectivo financiador, mas sim uma preparação da opinião pública para a eventualidade de todo o sistema de financiamento ter que ser alterado, caso as medidas de boa gestão que tínhamos adoptado no SNS não se revelassem suficientes para garantir a sustentabilidade financeira do sistema.

Foi assim que anunciámos, em Setembro de 2006, que se ponderava a criação de novas taxas em serviços onde elas até então não existiam. A declaração suscitou novo coro de protestos. O artigo que nessa altura publicámos visou responder aos principais críticos:

> *"A declaração do Ministro da Saúde de que "pondera" a criação de taxas moderadoras em serviços hoje gratuitos, como o internamento e a cirurgia do ambulatório, gerou um coro de protestos. Os principais argumentos contrários foram os seguintes: (a) as taxas moderadoras vêm tornar insustentável a vida dos mais desprotegidos; (b) se o SNS necessita de mais recursos, deve ir buscá-los aos impostos; (c) uma taxa moderadora "modera" procura excessiva, não a procura induzida pelo médico ou por uma real necessidade de saúde; (d) o Governo explora os doentes, por não conseguir controlar o desperdício na saúde; (e) ao alargar os pagamentos no ponto*

de consumo, o Governo está a violar a gratuitidade da Saúde, propugnada pela Constituição.

A discussão de fundo deste importante tema não pode ser antecipada em relação ao próximo debate orçamental. A necessidade de reduzirmos o défice das contas públicas gastando menos e melhor, para que a economia possa crescer e desse crescimento um pouco mais possa ser redistribuído, veio para ficar, não para ser atirada para trás das costas. Sem antecipar esse debate em todos os seus pormenores técnicos, é importante esclarecermos os conceitos, sem o que o debate será tortuoso, desgastante e improdutivo. Vejamos cada argumento de per si.

(a) As taxas moderadoras atacam os mais fracos. Falso. Os mais fracos, por razão económica, social, ou de doença estão defendidos, não pagam taxa: as isenções actuais já abrangem grávidas e parturientes, crianças até 12 anos, jovens deficientes, beneficiários de subsídio mensal vitalício, pensionistas até ao salário mínimo nacional, desempregados, trabalhadores por conta de outrem com rendimentos abaixo do salário mínimo, respectivos cônjuges e filhos menores dependentes, pensionistas de doença profissional, beneficiários do rendimento social de inserção, insuficientes renais crónicos, diabéticos, hemofílicos, parkinsónicos, tuberculosos, doentes com Sida e seropositivos, doentes oncológicos, com espondilite e esclerose múltipla, doentes mentais, alcoólicos e toxicodependentes em tratamento, outros doentes crónicos, dadores benévolos e bombeiros. Ao todo, cerca de 56% dos Portugueses.

(b) Taxas não devem substituir impostos: claro que não, mas existe a alternativa de os aumentar? Não é possível, quando o SNS custa já a todos nós mais do que rendem as receitas do IRS.

(c) Taxas não "moderam" internamentos nem cirurgias, induzidas por orientação médica e que é suposto ninguém utilizar em excesso, mas por necessidade. Na verdade, taxas com o nome de "moderadoras" existem nos meios complementares de diagnóstico e nos medicamentos comparticipados prescritos por médico. O nome está longe de ser perfeito, mas é a tradução literal das expressões estrangeiras que influenciaram o nosso sistema de saúde. E em muitos desses países a "taxa moderadora" incide sobre o internamento hospitalar (França, Bélgica, Alemanha, Suécia, entre outros). Todavia, o papel anunciado para as taxas de internamento, de moderação

e valorização, corresponde à exacta realidade: o internamento hospitalar não é uma fatalidade obrigatória, pode ser evitado e encurtado, com vantagem para doentes e hospitais, vejam-se a consistente redução das demoras médias, a concentração do internamento de 2.ª a 6.ª e, sobretudo, a cirurgia ambulatória. Do mesmo modo, o pagamento de uma taxa diária (até um limite de 10 dias para casos catastróficos), ainda que muito baixa, valoriza a passagem do doente pelo hospital, torna-o mais exigente, e gera maior responsabilidade nos que dele cuidam. Valores não despiciendos.

(d) O Governo "não controla o desperdício" na Saúde. Falso. O Governo está a conter a despesa, cortando na gordura para reforçar o músculo. Basta consultar-se o Boletim da Direcção Geral do Orçamento relativo a Agosto. Desenganem-se os que esperam para ver, no fim do ano, orçamento rectificativo ou défice ignóbil.

(e) O Governo violaria a Constituição, transformando a gratuitidade tendencial em onerosidade tendencial. Falso. É a própria Constituição que condiciona a tendencial gratuidade "às condições económicas e sociais dos cidadãos" (art. 64.°, n.° 2, alínea a).

Finalmente, dizem os detractores, "ah! ah! o que o Governo quer é cobrar mais dinheiro aos cidadãos!" E que mal há nisso se forem isentados os que mais sofrem, os que não podem pagar? Não será excelente exercício de equidade vertical ou "tratamento desigual de desiguais", também conhecido como diferenciação positiva?

É pouco dinheiro, quase nada, menos de 1% do total da receita do SNS, mas de pequenos grãos se faz a farinha que a todos alimenta. Nos tempos que correm, o rigor e o sucesso na gestão da Saúde medem-se em escassas dezenas de milhões. Esta "quase insignificante" receita ajudará a gastar melhor onde hoje se gasta mal."

O alargamento das taxas moderadoras aos internamentos hospitalares e à cirurgia de ambulatório acabou por ser vertido na Lei Orçamental para 2007 (Lei n.° 53-A/2006, de 29 de Dezembro), com a seguinte redacção:

Art. 148.°
Taxa Moderadora

1 – São criadas taxas moderadoras para acesso às seguintes prestações de saúde, no âmbito do Serviço Nacional de Saúde:
a) Taxa de € 5 por dia de internamento até ao limite de 10 dias;

VII. Três reformas controversas... 247

b) *Taxa de € 10 por cada acto cirúrgico realizado em ambulatório.*

2 – Estão isentos do pagamento das taxas moderadoras referidas no número anterior os utentes referidos no artigo 2.° do Decreto-Lei n.° 173/2003, de 1 de Agosto.

A entrada em vigor das taxas só teve lugar em Abril de 2007, devido às vicissitudes e habituais demoras na regulamentação da Lei Orçamental. O ruído que havia sido violento antes e durante a discussão do Orçamento, praticamente desapareceu no início do período da aplicação das novas taxas[147].

As taxas no relatório da Comissão da Sustentabilidade

O Relatório da Comissão para o Estudo da Sustentabilidade Financeira do SNS, em oito das suas recomendações, dedica duas às taxas moderadoras:

"Recomendação n.° 4: *Revisão do regime vigente de isenções das taxas moderadoras, com uma redefinição das isenções baseada em dois critérios: capacidade de pagamento e necessidade continuada de cuidados de saúde.*

Num sistema de financiamento em que existem múltiplas excepções para o pagamento de taxas moderadoras, existe sempre pressão política para alargar a isenção a novos grupos. (...) Importa que as isenções tenham o papel de levar a que não sejam excluídos do

---

[147] A Lei n.° 53-A/2006, de 29 de Dezembro consagrou ainda outras importantes medidas de contenção do gasto público com a saúde: a redução em 6% dos preços de venda a público dos medicamentos comparticipados (artigo 147.°), a fixação em 0% do crescimento da despesa das convenções celebradas pelo SNS, em relação à despesa verificada em 2006, através de mecanismos de variação de preços em relação inversamente proporcional ao crescimento da quantidade (artigo 149.°), a redução dos escalões de comparticipação nos medicamentos, de um ponto na anterior comparticipação a 70% de três pontos na anterior comparticipação a 40% e de cinco pontos na anterior comparticipação a 20% (artigo 150.°) e ainda na fixação de preços máximos de 6% em relação aos observados no ano anterior para a aquisição pelos hospitais de produtos farmacêuticos e produtos de consumo clínico.

acesso grupos de população especialmente vulneráveis. Por esse motivo a definição da isenção deverá ter em conta a capacidade de pagamento. Por outro lado, as TM em caso de necessidades continuadas de cuidados não contribuem para um consumo de recursos racional e impõem custos desproporcionados a quem tem essas condições clínicas, pelo que não deverão ter lugar".

Esta recomendação faz todo o sentido: com finalidades de introduzir mais diferenciação positiva no sistema, propõe a diferenciação das taxas em função da capacidade de pagamento e recomenda que nas isenções sejam incluídos doentes crónicos (independentemente da sua condição etária ou de rendimento) que frequentam continuadamente o SNS. A operacionalidade da proposta está todavia, longe de ser fácil: como promover diferenciação positiva sem testes de meios ou o aperfeiçoamento do sistema fiscal? Como identificar as doenças crónicas que careçam de continuidade de cuidados, além daquelas que a lei já considera como dando lugar à isenção?

"Recomendação n.° 5: *actualização do valor das TM como medida de disciplina da utilização excessiva do SNS, de valorização dos serviços prestados e de contributo para o financiamento do SNS.*

A utilização de co-pagamentos enquanto instrumento de financiamento do SNS não se encontra constitucionalmente excluída, devendo ser clarificada através da alteração da Lei de Bases da Saúde. A utilização de TM tem como objectivo promover uma utilização eficiente de recursos, no sentido de uma escolha adequada na decisão de recorrer a cuidados de saúde e evitar uma sua utilização excessiva. Encontra-se documentado na literatura que os pagamentos directos pelos utilizadores no momento de consumo, têm efeitos negativos em termos de equidade no financiamento das despesas com saúde. Contudo, a actualização do valor das taxas moderadoras é essencial para estas manterem o seu valor relativo face a outros consumos. As taxas moderadoras devem ser actualizadas pelo menos ao ritmo da inflação. No caso de um crescimento muito acelerado dos custos unitários de prestação de cuidados médicos, a actualização da taxa moderadora deverá ser superior à inflação".

Esta recomendação baseia-se no que se conhece sobre barreiras-preço no ponto de consumo de cuidados de saúde: elas são sempre discriminatórias para os cidadãos de menores rendimentos. Mas ao propor a actualização anual em função da inflação não se está a contrariar aquela evidência, porque uma taxa moderadora nunca pode ser vista como barreira-preço, tal a desproporção entre o seu valor e o custo do serviço. Está-se, e bem, a manter o valor relativo das taxas face a outros consumos. Se tal não for feito regularmente, é o próprio conceito de moderação e orientação da procura que perde relevância. Mas a recomendação vai mais longe: em situações de crescimento muito acelerado dos custos unitários das prestações médicas, recomenda-se uma actualização da taxa em valor superior à inflação. A justificação decorre da explicação que acabou de ser dada sobre preços relativos.

O Relatório da Comissão propõe ainda uma recomendação excepcional:

> *"Se se vier a constatar a incapacidade do Orçamento do Estado em realizar as transferências para o SNS e como solução de último recurso, poderá ser equacionada a imposição de contribuições compulsórias, temporárias, determinadas pelo nível de rendimento, utilizando o sistema fiscal e direccionando as verbas obrigatoriamente para o SNS".*

Traduzamos este calão técnico: contribuições compulsórias, temporárias, determinadas pelo nível de rendimento o que são? O relatório equipara-as a um seguro social obrigatório, esforço adicional temporário, sob a forma de aumento de impostos com base no rendimento. Não quaisquer impostos, mas um imposto sobre o rendimento, consignado ao SNS, transparente, gerido pela própria Administração Central do Sistema de Saúde, entidade gestora do SNS. Desta forma, colocando sob a mesma autoridade o novo financiamento e a procura de eficiência, segundo a Comissão, seriam prevenidas contradições entre financiamento e gestão. É uma proposta que deve merecer atenção.

A Constituição e as taxas

Estava no auge a discussão pública levantada pelo desafio lançado, no início do ano de 2006, aos administradores hospitalares para uma gestão responsável e eficiente, para que não fosse necessário alterar o sistema de financiamento do SNS. Muitos eram os comentários publicados e os argumentos esgrimidos. O constitucionalista Vital Moreira, por exemplo, explicitava os argumentos que em seu entender militavam contra a ideia de pagamento ou co-pagamento dos cuidados de saúde pelos beneficiários, em função da capacidade económica[148].

O primeiro seria de natureza política (enquanto houver auto-estradas em regime de SCUT, ou ocupação gratuita de espaço público para fins privados como o estacionamento automóvel, "(…) é pelo menos indecente a ideia de fazer pagar os cuidados de saúde". O segundo seria de "(…) índole constitucional, visto que a nossa Constituição estabelece que o SNS é universal e tendencialmente gratuito", sendo sabido que essa fórmula se destinou a eliminar *a posteriori* as dúvidas levantadas pela introdução das taxas moderadoras, que aliás não se destinam propriamente a pagar os cuidados de saúde recebidos, mas sim a funcionar como um elemento dissuasor do seu consumo excessivo ou desnecessário. É possível defender que as taxas moderadoras podem ser de montante variável, de acordo com os rendimentos dos interessados, ao contrário do que sucede hoje, sendo evidente que uma taxa de dez euros pode dissuadir quem tenha um rendimento reduzido, mas já não tem nenhum efeito moderador sobre quem seja milionário. Mas daí a admitir a elevação generalizada das taxas moderadoras para além do seu objectivo específico, de modo a torná-las um meio enviesado de co-pagamento substancial dos cuidados de saúde, seria claramente abusar da noção constitucional da gratuitidade tendencial do SNS."

O terceiro argumento seria "(…) de natureza ideológica (…). Todos os sistemas de saúde públicos associados à garantia de um direito universal à saúde estão vinculados à ideia de que, pela sua natureza de risco, os cuidados de saúde não devem ser onerosos para quem os recebe no momento em que são necessários".

O autor concluía afirmando que "(…) a alternativa ao financiamento por via do Orçamento e dos impostos gerais só pode estar no recurso a esquemas de seguro de saúde obrigatórios, públicos ou privados, substitutivos ou complementares da cobertura orçamental (…)."

---

[148] Vital Moreira, A questão financeira do SNS, *Público*, 21.02.06.

Concentremo-nos no argumento constitucional: para Vital Moreira as TM podem ser diferenciadas em função do rendimento dos interessados, mas não podem ser generalizadamente elevadas transformando-as num "meio enviesado de co-pagamento dos cuidados de saúde", pois tal seria abusar da gratuitidade tendencial do SNS.

A Comissão da Sustentabilidade havia solicitado ao constitucionalista Jorge Reis Novais, um parecer sobre a constitucionalidade de várias alternativas de aumento e garantia de financiamento sustentável do SNS[149].

Nas conclusões do seu parecer e na parte relativa às TM, aquele jurista considera que "(...) a tendencial gratuitidade significa que (...) a tendência do SNS é a do não pagamento directo dos respectivos custos por parte dos utentes, o que se garante através do financiamento básico através do Orçamento do Estado, através do não impedimento, por razões económicas, do acesso de quaisquer utentes aos cuidados de saúde prestados pelo SNS e através da integral gratuitidade para os grupos e cidadãos mais carenciados.

Em contrapartida e garantida a observância dos limites anteriores, a tendencial gratuitidade é compatível, não apenas com o pagamento e actualização das taxas moderadoras nos moldes actualmente praticados, como também com a fixação de um seu montante variável em função das disponibilidades económicas e condição social dos utentes, em ordem a poderem desempenhar uma função efectivamente racionalizadora do acesso aos cuidados de saúde no âmbito do SNS.

Segundo Reis Novais, a tendencial gratuitidade é igualmente compatível, respeitados aqueles limites, com a instituição condicionada da obrigatoriedade de um pagamento, por parte dos utentes, do custo pelo menos parcelar de prestações de cuidados de saúde no âmbito do SNS, desde que o legislador possa demonstrar a necessidade de instituição desse pagamento como forma, no seu entender politicamente mais adequada, de garantir de acordo com o actual contexto a sua evolução previsível, a sustentabilidade de um SNS universal e geral.

---

[149] Anexos ao relatório "A Sustentabilidade Financeira do Serviço Nacional de Saúde", Coordenação de Jorge Simões, Pedro Pita Barros e João Pereira, *Comissão para a Sustentabilidade do Financiamento do Serviço Nacional de Saúde*, Portal da Saúde, p. 332, 2007.

Finalmente, afirma o mesmo autor, que a instituição deste tipo de pagamento não pode, em geral, ser excessiva e traduzir-se no impedimento ao acesso a cuidados de saúde por razões económicas. Não pode ainda, em especial, pôr em causa a gratuitidade da prestação de cuidados de saúde no âmbito do SNS aos grupos mais carenciados que actualmente usufruem da isenção de pagamento de taxas moderadoras.

"Os critérios para graduação da gratuitidade e do montante variável a pagar pelos utentes são essencialmente os da capacidade económica e condição social dos utentes do SNS".

Quanto ao veículo jurídico para a consagração destas propostas, afirma o mesmo jurista que "(...) ela pode ser expressamente consagrada em futura revisão constitucional, como forma de dissipar quaisquer eventuais dúvidas de constitucionalidade, já que a sua instituição é desde já possível no actual quadro constitucional, mediante a correspondente alteração da lei de bases da saúde e dos correspondentes decretos-lei de desenvolvimento".

Existem muitos pontos comuns na argumentação de ambos os constitucionalistas: (a) a constitucionalidade das actuais taxas e da sua actualização regular (Vital Moreira não abordou este segundo ponto mas a aceitação decorre de todo o seu raciocínio); (b) a possibilidade de as taxas serem diferenciadas, em função dos rendimentos dos cidadãos, possibilidade expressamente consagrada na fórmula muitas vezes omitida de "(...) e tendo em conta as condições económicas e sociais dos cidadãos, tendencialmente gratuito".

Já nos parece existir diferença de opiniões quanto à possibilidade de as TM serem um meio de co-financiamento. Vital Moreira acha impossível a sua elevação generalizada, pois tal seria um meio enviesado de co--pagamento substancial, abusando-se assim do conceito de gratuitidade tendencial. Reis Novais, considera a tendencial gratuitidade compatível com a instituição condicionada da obrigatoriedade de um pagamento do custo, pelo menos parcelar, de prestações de cuidados de saúde no âmbito do SNS, desde que se possa demonstrar a necessidade desse pagamento como a forma politicamente mais adequada para garantir a sustentabilidade de um SNS universal e geral. Sendo a alteração da actual lei de bases da saúde e legislação complementar a melhor forma de consagrar tal demonstração, sem embargo de maior clarificação em futura revisão constitucional.

VII. Três reformas controversas... 253

Montante da receita gerada pelas velhas e novas taxas moderadoras

Como oportunamente afirmámos, o montante da receita gerado pelas taxas moderadoras situa-se hoje, abaixo de 1% do total da receita do SNS. Segundo estimativas da ACSS elaboradas já no último trimestre de 2007, o total das taxas moderadoras cobradas deve ter atingido quase 70 milhões de euros (69,744), para os doze meses desse exercício, o que representa 0,86% da receita total estimada para o exercício (8086,4 milhões de euros) e 0,91% da dotação do SNS no Orçamento de Estado para 2007 (7673,4 milhões de euros). A parte cobrada em hospitais (SPA+EPE) é a mais importante, 61,5% do total, sendo a parte cobrada nas ARS (cuidados primários) de 38,0%.

As estimativas sobre o impacto diferenciado das novas taxas são ainda muito incompletas. Dividindo o ano de 2007 em duas partes, até Março e até Setembro (mês a que respeitam os últimos dados reais), observamos uma progressão de 13,7% na cobrança acumulada até Setembro, sendo que a cobrança das novas taxas no internamento foi de 1,490 milhões nos seis meses entre Abril e Setembro o que atirará para um pouco mais de 3 milhões para um ano completo. Admitindo que os meses iniciais tenham sido de alguma hesitação e a medida não tenha tido aplicação imediata, não andaremos longe da verdade se, aos valores de 2007, estimarmos uma receita potencial de 5 milhões, atribuível à nova taxa no internamento hospitalar. Não existem dados diferenciados sobre a receita gerada pela taxa de 10 euros por cirurgia ambulatória.

Como se vê, novas e velhas taxas estão muito longe de ter um efeito financiador no SNS, mas a polémica teve um papel no aumento do rigor geral da cobrança das taxas. O crescimento geral da cobrança de 13,7%, observado nos nove primeiros meses de 2007, é explicado por um aumento de 18,6% no universo hospitalar, cabendo às ARS um acréscimo de apenas 6,7%. O que pode significar mais rápida resposta nos hospitais, melhor organizados e mais sensíveis a pressões para ganhos de rigor e de eficiência, dada a sua autonomia de gestão, do que os centros de saúde, onde os ganhos de eficiência têm um efeito muito longínquo nas respectivas autonomia e responsabilidade.

Conclusão

Nem a actualização regular das TM em função da inflação, nem a criação de novas taxas de valor insusceptível de se considerar financiador, para internamentos e cirurgia ambulatória colocam em risco o preceito constitucional de um SNS universal, geral e, tendo em conta as condições económicas e sociais dos cidadãos, tendencialmente gratuito, desde que se mantenha toda a vasta rede de isenções. Não se avançou na diferenciação das TM, mas parece também líquido que ela estaria consentida no texto constitucional.

Quanto a alternativas futuras, visando directamente o aumento do financiamento, não se antevê como provável, por altamente discutível em termos constitucionais e políticos, a cobrança de receita diferenciada por categoria de rendimento no ponto de contacto do utente com o sistema. Mesmo que se pretenda apenas alcançar a equidade horizontal, (cuidados iguais para necessidades iguais), pode facilmente cair-se no desrespeito da equidade vertical, (cuidados desiguais para desiguais necessidades). Na verdade, um sistema de financiamento diferenciado no momento da prestação do serviço apenas diferencia a condição económica do utente não a sua necessidade de saúde, a qual não é absolutamente paralela da primeira. Uma pessoa com capacidade de pagar, se for doente crónico de doença não catastrófica mas financeiramente dispendiosa, seria tratado financeiramente de forma desigual à de um doente em escalão inferior ou isento, para cobrir os encargos com um serviço ligeiro que bem poderia caber nas suas capacidades financeiras. Neste contexto, afastado o uso de co-pagamentos no momento do acto, restaria a possibilidade de os instalar por via fiscal, quer directa, através de novo imposto progressivo em função do rendimento, quer indirecta, através da retirada regressiva da dedução em créditos ou isenções fiscais. Em teoria estaríamos perante um seguro social adicional, diferenciado não em função do risco, mas do rendimento.

VII-C. Maternidades, urgências e serviços de atendimento permanente

Requalificação de salas de partos

O Programa do Governo[150] recomendava a *"actualização da carta nacional de equipamentos de saúde (incluindo os privados e as associações sem fins lucrativos), tendo em conta as redes de referenciação hospitalar definidas"*. A actualização da carta *"permitiria a integração de cuidados de saúde, melhorando a cobertura geográfica, evitando duplicações desnecessárias entre investimentos públicos e não-públicos, optimizando o uso dos existentes, e ainda, relocalizando equipamentos públicos redundantes, ou insuficientemente explorados, em instalações onde tivessem melhor e mais eficiente utilização"*.

Esta recomendação ditou a intervenção do governo na requalificação de salas de partos, na concentração de urgências em uma rede ordenada, cobrindo a totalidade do território e na progressiva substituição de serviços nocturnos de atendimento permanente (SAP), por unidades de saúde familiares ou por urgências básicas.

A concentração de meios parecia ser matéria consensual entre os dois maiores partidos. O programa de candidatura de Santana Lopes, em 2005 recomendava expressamente a *"criação de uma Carta Nacional de Equipamentos de Saúde com vista a evitar sobreposição de estruturas e a proporcionar uma correcta gestão da capacidade instalada"*. Luís Filipe Menezes, já em 2006[151], a propósito do encerramento de várias maternidades em hospitais de menor dimensão, afirmava: *"O PSD devia assumir uma postura verdadeira e tecnicamente inquestionável. Deve apoiar esta medida do Ministério da Saúde. A diminuição da rede de maternidades significa a existência de hospitais com massa crítica, em termos quantitativos, por forma a garantir cuidados de saúde do primeiro mundo, principalmente naqueles casos, felizmente poucos, em que a mãe e/ou o filho correm risco de vida. Só essa medida pode fazer com que as estatísticas que nos aproximaram da Europa nas décadas de 80 e 90 nos permitam*

---

[150] Programa do XVII Governo, página 82.
[151] Correio da Manhã, 16.03.06.

ombrear de igual para igual ainda na primeira década deste século. Tudo o mais é demagogia primária e disparatada."

A decisão de concentrar salas de partos data do final dos anos oitenta, sendo Ministra Leonor Beleza e Secretário de Estado Albino Aroso. Existindo cerca de 200 locais onde se realizavam partos, o então governo maioritário do PSD decidiu encerrar aqueles onde o número de partos era tão baixo que não permitia uma prática obstétrica de qualidade. Desta forma deixaram de se realizar partos em cerca de 150 pequenas maternidades. O governo minoritário do PS, em 1996 e 1997 encerrou a maternidade de Ovar e procedeu à concentração dos partos do Médio Tejo (Torres Novas, Abrantes e Tomar) em Abrantes. Em 1994, o governo do PSD inaugurou o renovado Hospital de Elvas sem reabrir a maternidade[152] e em Outubro de 2004 chegou a anunciar o encerramento de várias maternidades no Norte e Centro do País, de acordo com nova recomendação da Comissão Nacional da Saúde Materno-Neonatal, sem nunca ter concretizado a sua intenção.

Estas decisões de racionalização da rede de cuidados estão necessariamente associadas à redução da mortalidade infantil e à perinatal, entre 1989 e 2005 de, respectivamente 19 para 3,3 e de 14 para 5, colocando-nos ao nível dos melhores valores europeus. Se na mortalidade infantil, entre 1990 e 2004, a baixa para 426 óbitos de menos de um ano de vida foi notável, nos mortos perinatais (entre a 28.ª semana de gravidez e a primeira semana de vida) continuamos ainda com 500 óbitos, 150 a 200 dos quais podem ser evitados com melhor assistência no fim da gravidez e no parto. É essa a razão essencial da política de concentração iniciada em 1990 e que agora se impunha completar.

O XVII governo, tendo conhecimento de um novo relatório da Comissão Nacional da Saúde Materno-Neonatal, que recomendava uma operação de concentração de locais de parto, não podia ficar indiferente às boas recomendações. Assim, foi elaborado o despacho n.° 7495/2006, de 14 de Março que determinava ao longo desse ano, a concentração das seguintes salas de partos: Chaves em Vila Real, assim que a nova auto-estrada ligasse as duas cidades, Mirandela em Bragança, Barcelos em Braga, Amarante no Centro Hospitalar do Vale do Sousa, Póvoa de Var-

---

[152] O que, curiosamente, veio a ser feito no governo seguinte, de maioria relativa do PS.

zim na ULS de Matosinhos, Santo Tirso em Famalicão, Oliveira de Aze-méis em Vila da Feira, Figueira da Foz em Coimbra, Lamego em Vila Real e Viseu. Guarda, Castelo-Branco e Covilhã concentrar-se-iam em duas maternidades quando fosse criado o correspondente centro hospitalar. Este programa foi cumprido ao longo de 2006 e finalizado em Dezembro de 2007, no caso de Chaves. Não tendo sido criado o centro hospitalar da Beira Baixa, não foi ainda realizada a correspondente concentração de salas de partos.

Apesar da anterior unanimidade, o desagrado das populações locais conduziu a contradições no seio da oposição. Se a oposição à esquerda do governo se mobiliza contra qualquer medida de concentração de meios para ganhar eficiência e sobretudo qualidade vendo nelas, sempre, uma redução do papel do Estado e a diminuição de emprego público protegido, a oposição de direita acabou, neste caso, por acompanhar o comboio do descontentamento tentando capitalizar no desagrado conjuntural.

Assim, em Maio de 2006, o PSD mudou da posição anterior, pas-sando a contestar o encerramento das maternidades[153]. Acusou o Governo de se reger por critérios "puramente economicistas", de utilizar "argu-mentos de terror", de "pôr em causa a competência dos médicos e demais profissionais" e de "não existir nenhuma justificação objectiva". Em duas autarquias de presidência PSD, os municípios organizaram manifesta-ções, deslocações confessadamente financiadas pelo erário público, com milhares de munícipes munidos de camisolas, bonés e dísticos. Em um desses municípios (Barcelos), era veiculada na opinião pública a informa-ção de que um tribunal teria suspenso, irreversivelmente, a medida do Governo[154]. O que não correspondia à verdade.

Poucos dias depois, no programa "Prós e Contras" (RTP1), o PSD deu sinais de nova mudança de posição. Já não se pronunciava contra a decisão técnica da concentração das salas de partos[155]. Apenas contra o encerramento da sala de partos da Maternidade de Elvas, com o argumento do "irrenunciável direito de as mulheres portuguesas terem todos os seus

---

[153] Comunicação do porta-voz do PSD, Miguel Macedo, em 9 de Maio de 2006.

[154] Foram apresentadas e rebatidas nove providências cautelares por iniciativa de vários municípios e associações. Em todas elas os tribunais deram razão ao Ministério. População e autarcas entenderam a fundamentação da decisão e a situação estabilizou.

[155] Deputado Fernando Negrão, intervenção no Programa "Prós e Contras", da RTP, de 16 de Maio de 2006.

filhos em Portugal"; tendo dúvidas quanto a Barcelos. Afirmava que "até concordava com a medida, mas discordava do processo". Nas demais localizações não opinava ou calava-se, consentindo. Quanto a Elvas, a oposição de direita foi acompanhada de algumas figuras do partido do governo com base nos mesmos argumentos, atribuindo mais valor ao simbolismo do patriótico que à qualidade da assistência médica às populações. O argumento da cooperação trans-fronteiriça, tão comum na Europa das regiões do centro, foi simplesmente ignorado.

Ficaram conhecidos os inúmeros protestos comandados por autarcas; alguns desses protestos tiveram forte expressão mediática como nos casos de Barcelos, Mirandela e Elvas. As populações desses municípios que protestavam contra uma medida de imperioso rigor técnico, destinada a melhor as servir, hesitaram, de início, em confiar nas soluções dos especialistas. O governo, todavia, incentivou os estabelecimentos a investir, para os adaptar à nova procura de cuidados: a cirurgia ambulatória, a reumatologia, a medicina física e de reabilitação, os cuidados a doentes convalescentes e idosos. Serviria também de investimento compensatório em áreas de cobertura deficitária.

Nas primeiras avaliações qualitativas realizadas em Barcelos e Elvas por iniciativa dos órgãos da comunicação social, as mães declaravam-se mais satisfeitas e seguras. Em avaliação oficial, observou-se uma subida de 27 para 100% da prática da anestesia epidural. Em Santo Tirso e Barcelos reduziu-se em 27 e 29%, respectivamente, o número de partos realizado em estabelecimentos privados; 50 % das grávidas consideravam "boa" e 45% "muito boa", a qualidade dos serviços nos novos locais de parto. A reorganização havia ainda permitido libertar pessoal de enfermagem para a preparação do parto psico-profiláctico, através de cooperação entre o hospital e o centro de saúde. Alargou-se o acesso à preparação psico-profilática para o parto, bem como à analgesia epidural, as quais passaram de 0% para 50% e de 70% para 80%, respectivamente. A lista de espera para cirurgia em ginecologia reduziu-se em dias de espera, (menos 42% em Braga e Famalicão, menos 8% dias em Bragança e Vila Real, menos 67% em Mirandela). As transferências entre hospitais dos recém-nascidos necessitados de cuidados intensivos neonatais, indicador robusto da segurança e da qualidade (garantir baixa mortalidade e prevenir complicações) foram reduzidas em 25%. Tal se explica pela melhoria de assistência neonatal nos hospitais de concentração. Nos hospitais da Região Norte a acessibilidade a serviços de ginecologia aumentou, reali-

VII. Três reformas controversas...

zaram-se cerca de mais 15% primeiras consultas e mais 15 a 20% cirurgias programadas[156].

A reorganização em Elvas, com 270 partos realizados em Badajoz, nos primeiros 10 meses após a mudança, saldou-se pela redução da taxa de cesarianas de 45% para 24%[157].

Ao longo do processo de concentração de salas de partos, foi lançada na opinião pública, a ideia de que, devido a maior distância a percorrer pela grávida antes do parto, estariam a verificar-se mais partos em ambulância. Nada de mais falso. Existem dados do INE que registam os partos ocorridos em "outro local" que não seja a sala de partos, pública ou privada. Podem ocorrer em hospitais sem maternidades, no domicílio, em outro local e, também, em ambulância ou táxi. A verdade é que esses valores têm vindo a reduzir-se consistentemente. Foram 126 em 2004, 85 em 2005 e 81 em 2006[158], o que deita por terra as especulações mediatizadas sobre este tema.

Requalificação das urgências hospitalares

No que respeita ao processo de requalificação das urgências, a evidência sobre a sua necessidade e a opinião existente entre os profissionais de saúde, embora dominante, era ainda recente. Para o estudo completo do problema foi criada uma Comissão Técnica de Apoio ao Processo de Requalificação da Rede de Urgência Geral (CTAPRU) que apresentou ao governo a sua proposta final quanto aos pontos de rede, em Janeiro de 2007. O objectivo essencial de uma rede de urgência geral consistia em reduzir de 450 mil para 60 mil o número de portugueses a mais de sessenta minutos de um serviço que o possa assistir em condições de qualidade. A proposta representava já uma ligeira revisão da versão inicial colocada em discussão pública em Setembro do ano anterior. À proposta final da CTAPRU seguiu-se um período de discussão com as autarquias envolvidas, o qual demorou cerca de um ano, tendo sido consagrada a

---

[156] Avaliação realizada pela ARS do Norte, no final dos primeiros três meses de execução da medida.

[157] Informação veiculada na imprensa nacional pelos responsáveis do Hospital de Badajoz que passou a acolher as parturientes que antes acorriam à Maternidade de Elvas.

[158] Informação do Alto Comissariado para a Saúde, 2007.

nova rede pelo despacho n.º 5414/2008, de 28 de Janeiro. O número total de unidades de urgência propostas atinge 89, sendo 14 polivalentes (SUP), 30 médico-cirúrgicas (SUMC) e 45 básicas (SUB). Seguir-se-ia a requalificação dos pontos de rede através de obras, equipamentos, formação e dotação em pessoal, procedendo-se à progressiva entrada em funcionamento à medida que estivessem reunidos os meios indispensáveis. Mas vamos à história.

Após estudo técnico aprofundado e submetido a discussão pública, a Comissão Técnica de Apoio ao Processo de Requalificação da Rede de Urgência Geral (CTAPRU) apresentou ao Governo, no início de 2007, a sua proposta final quanto aos pontos da Rede Nacional dos Serviços de Urgência. A definição, em concreto, desses pontos deveria ter em conta o contributo de quem localmente conhece as populações, designadamente as suas necessidades, anseios, angústias e expectativas, ou seja, dos municípios.

Com o objectivo de alcançar soluções que melhor servissem os cidadãos, entendeu-se celebrar protocolos entre as administrações regionais de saúde e a maioria dos municípios onde existiam situações de discordância sobre a localização e características dos pontos da rede. Outros se seguiriam, calendarizando um importante trabalho de parceria entre a administração central e a autárquica, com vista a dotar o País de uma moderna rede nacional, que iria reduzir para um oitavo do valor anterior, o número de Portugueses a mais de sessenta minutos de um serviço de urgência. Seguir-se-iam as operações de qualificação, onde fossem necessárias, das unidades integradas na rede. Este trabalho teve início em Setembro de 2006. Mais tarde, foram ouvidas directamente por membros do governo, 47 câmaras municipais. Foram recebidos e tratados comentários ou reclamações de 232 instituições ou personalidades.

Em todo este processo, o governo manifestou sempre uma postura assente em dois pilares: a) ampla abertura, sem perder a correcção dos conceitos e a clareza dos objectivos de levar mais e melhor saúde aos Portugueses, garantindo melhores níveis de equidade territorial; b) cada alteração a introduzir deveria conduzir sempre a melhorias na prestação dos cuidados de saúde no Serviço Nacional de Saúde.

O Governo desejava contar com a cooperação da Associação Nacional de Municípios Portugueses (ANMP). A ANMP acolheu, na sua sede, uma primeira reunião informativa organizada pela CTAPRU, na qual participaram mais de três dezenas de municípios. Diversos contac-

VII. Três reformas controversas... 261

tos informais foram sendo realizados neste período de tempo, com mútua vantagem[159].

O calendário de implementação da Rede Nacional dos Serviços de Urgência apontava para o seu funcionamento, em pleno, até ao final do primeiro semestre de 2008, com referenciação definida, equipamentos fixos e móveis, centro de atendimento telefónico "Saúde 24" e pessoal devidamente formado e operacional. O País ficaria então dotado de uma rede nacional de modernos serviços de urgência e de emergência pré-hospitalar, garantindo a segurança e a tranquilidade das populações mais isoladas e, sobretudo, melhorando a qualidade e a equidade territorial do actual atendimento, ampliando os ganhos em saúde. A clarificação de conceitos sobre os pontos da rede e as suas funções evitaria situações pouco claras ou até ambíguas, relativas ao correcto acesso dos utentes e permitiria conviver melhor com a especificidade de cada situação, tirando o melhor partido das condições locais.

Estabelecimentos de pequeno porte, como um bom número de pequenos hospitais distritais, ditos de nível I, passaram a ter a sua anterior missão sob escrutínio. Abandonados do ponto de vista conceptual, apesar de dotados de muitos e dispersos meios, foram sobrevivendo sem dimensão, nem escala para garantir a excelência, a qualidade, a segurança exigíveis no século XXI. Prestam um serviço estimável, de presença, mas sem condições para garantir uso eficiente de recursos. Sem casuística para promover e assegurar adestramento. Com um elevado registo de frequência em cuidados básicos, mas quase sempre desperdiçando talentos e especialistas.

Durante as últimas três décadas estes pequenos hospitais ficaram esquecidos, continuando a pensar-se neles como hospitais-miniatura. Sem condições para desenvolverem espírito crítico, com escasso estímulo, sem *"bench-marking"*, eles subsistiram ao sabor do impulso dos recursos reunidos, das personalidades influentes, das dependências e articulações com os vizinhos mais poderosos. Quase todos dispunham de uma "porta aberta", a que se chamava "urgência" sem o ser, atendendo

---

[159] A celebração em Lisboa dos primeiros protocolos com alguns municípios, em Fevereiro de 2007, embora sem a participação institucional da ANMP, reflectia já um espírito de cooperação que poderia levar a bom entendimento entre o Ministério da Saúde e a Associação. Infelizmente, por razões alheias ao Ministério da Saúde, não foi possível contar com a continuação deste espírito de cooperação por parte da ANMP.

diariamente cerca de uma centena de doentes em consultas de clínica geral, internando poucos, referindo ainda menos para o escalão superior, conferindo alta imediata às patologias ligeiras que os procuravam. Quase todos tinham ou tiveram cirurgia programada, em pequena dimensão, mas nenhum dispunha de verdadeira cirurgia ambulatória. Por razões ligadas à evolução demográfica natural, quase todos acolhiam doentes crónicos, idosos e dependentes, sem estarem aptos para o fazer em boas condições. Acolhiam patologias de acidentes vasculares cerebrais, mas nenhum deles dispunha de uma unidade dedicada a acidentes vasculares cerebrais (AVC) e poucos articulavam de imediato o termo do episódio agudo com o início da reabilitação física e funcional do doente. Um enorme esforço de redefinição de missão seria necessário para cada um destes hospitais.

A instabilidade gerada pelas incertezas da requalificação destes pequenos hospitais, o risco de verem abalada a parte mais visível da sua missão perante a comunidade, isto é, a porta aberta de presença nocturna, se potenciavam uma crise, criavam também uma oportunidade única para serem valorizados. As alternativas passavam, ou por se associarem entre si e com outros mais bem dotados, em centros hospitalares, ganhando escala, qualidade, resolutividade e eficiência, ou então em se manterem como estavam, deixando que a sua degradação qualitativa acompanhasse a perda progressiva do número de médicos especialistas dos respectivos quadros.

Não foi difícil chegar a algumas unanimidades: necessidade de se ampliar a oferta em consultas de especialidade; de organizarem cirurgia de dia em oferta permanente, não programada; de reconverterem parte dos leitos de cirurgia em leitos de convalescença ou de cuidados de média duração; de transformarem leitos de medicina em pequenas unidades de AVC. Por outras palavras, substituir-se o modelo "hospital de miniatura" pelo modelo de hospital de proximidade, com respostas mais ajustadas aos problemas dominantes da população que serviam.

Impossível seria persistir em modelos ultrapassados, dispendiosos, inseguros para o cidadão e sobretudo enganadores na falsa disponibilidade. Um sistema hospitalar com especialidades e urgências ao pé da porta de cada cidadão simplesmente não existe. Propô-lo era irresponsável, perpetuá-lo seria hipotecar o futuro. Nada mudar, seria uma covardia que os cidadãos não tolerariam quando se apercebessem da dimensão do logro.

VII. Três reformas controversas...

A solução agregadora de unidades hospitalares em centros não é uma originalidade nacional. É usada em todos os países, muito antes de nós o estarmos a fazer, como forma de concentrar recursos, ganhar qualidade, melhorar o serviço e prestar cuidados iguais para iguais necessidades. Ninguém nos perdoaria se, consciente ou levianamente, para fugirmos à impopularidade do curto prazo, tolerássemos a mais cínica das desigualdades: a desigualdade da qualidade, sob a capa da aparente proximidade.

Em saúde, quase nunca o que é mais próximo é o melhor. O melhor é quase sempre o mais seguro, o mais definitivo, ainda que mais distante. A distância, sendo requisito de qualidade, não é impedimento da acessibilidade. Vence-se hoje com mais facilidade que a qualidade se improvisa. Daí a importância do investimento em transportes adequados para doentes, tal como se vinha a fazer desde há anos. Viaturas medicalizadas (VMER), viaturas com meios de suporte imediato de vida (SIV), ambulâncias regulares e até helicópteros passaram a estar na agenda desta importante reforma.

Todas as propostas de reorganização da rede de serviços de urgência que a Comissão Técnica Nacional elaborou, com elevada capacidade e rigoroso sentido de dever, estiveram em análise até à sua aprovação final, já em Janeiro de 2008. Desde sempre havíamos afirmado que as orientações eram passíveis dos ajustamentos que a realidade dos factos políticos irrefutáveis viesse a aconselhar. Nada do que viesse a ser adoptado seria absolutamente imutável. Mudassem os meios viários, as tecnologias, a natureza da demanda, e a disponibilidade de meios humanos e aí teríamos bons motivos para o aperfeiçoamento. Mudar por mudar não nos seduziria. Mudar por razões sólidas de mudança não é inconstância, é perseverança.

Em Fevereiro de 2007 foi possível subscrever os primeiros protocolos de cooperação com seis municípios (Espinho, Montijo, Fundão, Vila do Conde, Fafe e Cantanhede) que permitiram resolver, a contento de todos, um conjunto de problemas na reorganização da rede das urgências. Os protocolos definiam o modelo ou a tipologia do serviço adoptado em cada localidade, e sobretudo a respectiva situação de transição entre o momento presente e o momento próximo futuro na dinâmica da reorganização. Não se tratava apenas de identificar os atributos de cada localização e aplicar uma tipologia. Era mais do que isso: ia-se ao âmago da missão do hospital, de cada hospital.

A estes protocolos outros se seguiram no Norte do País. O movimento ampliou-se, acabando por ser celebrados protocolos com os municípios-séde de catorze dos novos locais. Embora se tratasse de realidade diferente, foi ainda possível acordar com seis municípios onde foram ou vão ser substituídas as unidades de atendimento permanente, a disponibilização de outros meios, nomeadamente unidades de saúde familiares, consulta aberta até às 22:00 ou 24:00 horas e meios de socorro do INEM. Apenas em dois casos – Peso da Régua e Anadia – não foi possível chegar a acordo.

Serviços de atendimento permanente (SAP)

Uma vez requalificadas as urgências e constituída uma rede coerente, tornava-se necessário reanalisar um dispositivo ainda em vigor, constituído por 79 serviços de atendimento permanente (SAP) instalados nalguns centros de saúde, a funcionarem em regime de 24 horas diárias. Este dispositivo foi construído ao longo dos anos oitenta e noventa, com o objectivo primário de facultar consultas de recurso, de dia ou de noite, essencialmente a cidadãos sem médico de família ou aos que não puderam ser atendidos, em tempo útil, pelo seu médico, durante o horário normal do centro de saúde. O objectivo implícito era o de assegurar o acesso a uma consulta de cuidados primários para quem dela necessitasse e o encaminhamento para um serviço de urgência, quando tal se justificasse. O SAP nunca foi, nem poderia ser, um dispositivo da rede de urgências.

Funcionou com qualidade sofrível, devido ao facto de estar dotado de apenas um médico e um enfermeiro sem formação especializada para situações urgentes ou emergentes e um funcionário administrativo. Não dispunha de meios de diagnóstico analítico e de imagem e estava desligado da rede de transporte de doentes. Se durante o dia ele permitia o atendimento, ainda que sem relação personalizada entre o médico de família e o utente, o seu funcionamento durante a noite criava uma pretensa sensação de segurança. Com efeito, bastaria que o doente se apresentasse no SAP em estado que inspirasse alguns cuidados, para ser imediatamente remetido a um serviço de urgência hospitalar, com perda desnecessária de tempo que tão útil seria, em muitos casos, para salvar vidas em circunstâncias limite. Caso fosse necessário estabilizar o doente para, em seguida,

VII. *Três reformas controversas...* 265

o enviar a uma verdadeira urgência, o único médico disponível no SAP via-se perante o dilema de ficar para atender quem aparecesse, ou acompanhar o doente na viatura de transporte de urgência, caso o estado deste exigisse assistência médica permanente durante o percurso.

Mas o fenómeno SAP gerou uma perversão mais grave no SNS. Devido à carência de médicos de família no nosso País, os períodos nocturnos passaram a ser assegurados pelos próprios médicos do centro de saúde, os quais, na manhã após uma noite de serviço, ficavam normalmente dispensados de prestar assistência.

Este fenómeno perverteu, aos poucos, à relação personalizada entre médico e doente, fundamental para a qualidade da prestação de cuidados. Mesmo em centros de saúde onde existia uma confortável dotação de médicos de família, começou a verificar-se um crescendo de consultas de recurso em SAP, por vezes atingindo quase metade do total, em simultâneo com a redução, ou baixo crescimento, das consultas no horário regular do centro de saúde.

Nas consultas de recurso nos SAP, o doente era normalmente visto por um médico que não o seu, estando este ocupado a ver doentes que não são os seus. Esta situação só não se traduzia em mais grave perda de qualidade, por a relação entre o número de utentes e o número de médicos ser muito favorável em distritos no interior do País, chegando aos 1 200 utentes por médico. No entanto, nas zonas urbanas do litoral, aumentava a penúria de médicos de família, atingindo a lista de muitos deles os 2 500 utentes e, em paralelo, milhares de cidadãos não dispunham de acesso a médico de família.

O atendimento, no período nocturno das 24h00 às 08h00, reflectia esta situação. Ele era generalizadamente baixo e muito reduzido nas regiões do interior. Segundo valores de 2005, as regiões Norte e Centro tinham sempre médias de atendimento nocturno muito abaixo da média nacional: 2,4 na primeira e 2,6 na segunda, para 6,6 na região de Lisboa e Vale do Tejo, 4,8 no Alentejo e 16,2 no Algarve. Dentro da região Norte, os distritos onde havia mais médicos por habitante, como Vila Real e Bragança, eram aqueles onde acorriam menos doentes no período nocturno, respectivamente 2,3 e 1,2. O mesmo fenómeno acontecia na região Centro, onde Castelo Branco registava 2,2 episódios nocturnos e a Guarda apenas 1,5. Em nenhuma destas localizações os atendimentos nocturnos em SAP estavam relacionados com a acessibilidade ou a inferior utilização. Pelo contrário, a utilização total de consultas médicas por habitante era pelo menos igual, ou até superior, nesses distritos, às médias nacionais.

Estávamos perante uma visível ineficiência no uso de recursos escassos: muitas consultas de recurso nos SAP; diminuta personalização e, consequentemente, reduzida qualidade do serviço prestado em período regular, elevado dispêndio para escassa e, muitas vezes, desnecessária procura nocturna. Em contexto onde ninguém se poderia queixar de falta de médicos. Infelizmente, no litoral, em particular nas grandes áreas metropolitanas, o fenómeno era o inverso: falta de médicos de família e acorrência desnecessária às urgências dos grandes hospitais, com muitos cidadãos sem médico de família.

Com o tempo, a população tinha vindo a utilizar cada vez menos os SAP, por não reconhecer neles um serviço com a qualidade necessária. O declínio foi visível entre 2005 e 2006, de 5.775 para 5.355 milhões, ou seja menos 7% num só ano. Em compensação, no período de 2004 a 2006, aumentaram regularmente as consultas no horário programado dos centros de saúde (mais 2,3%), bem como as primeiras consultas (mais 3,4%, indicador de maior acessibilidade ao SNS). Sinais de que o sistema se tinha vindo a aperfeiçoar e a autocorrigir, embora a custo elevado e a ritmo lento.

A solução para os problemas nos cuidados de saúde primários havia sido encontrada, experimentada e estava a ser generalizada. Tratava-se das unidades de saúde familiar (USF). Tratava-se do regresso ao verdadeiro conceito de medicina de família.

Porém, a adesão dos profissionais a este novo sistema estava a ser inversamente proporcional à concentração de médicos. Ela era elevada nas zonas onde os profissionais eram escassos para as necessidades e a mudança se traduzia em ganhos imediatos para os cidadãos que não tinham médico de família. E estava a ser reduzida onde os profissionais eram abundantes e retribuídos de forma desproporcionada em relação ao número efectivo de utentes observados. O que levava a concluir que a mudança seria mais difícil nos segundos que nos primeiros. Todavia, a manutenção da situação tal como ela estava, tinha contra si o envelhecimento dos médicos, maioritariamente pertencentes ao grupo etário 50-54 anos, e que, em breve, deixariam de estar disponíveis para trabalho nocturno, ainda que leve. Tal situação, se não fosse combatida pela criação de USF, conduziria em breve a uma degradação rápida das condições de assistência de saúde a essas populações. Acrescia a insatisfação crescente

VII. *Três reformas controversas...* 267

dos cidadãos que tendiam cada vez mais – os que podiam fazê-lo – a recorrer à medicina privada.

Daí a necessidade de incentivar a criação de unidades de saúde familiar em todo o País, o que, em algumas localidades, apenas seria possível pela substituição da falsa segurança do SAP nocturno pela possibilidade de acesso ao médico de família ou, quando se justificasse, a um serviço da Rede Nacional de Urgência, situado em local de melhor cobertura territorial e populacional e a uma distância aceitável tecnicamente, a vencer com meios de transporte disponíveis e qualificados.

O problema mais delicado a resolver nesta complexa equação residia na calendarização das diversas operações. Na verdade, haveria que criar condições para que o escasso número de consultas nocturnas em SAP fosse progressivamente absorvido pelo melhor funcionamento dos centros de saúde, quer através da constituição de USF, quer através do alargamento do seu período de funcionamento, quando tal se justificasse. Havia que requalificar os serviços de urgência da Rede Nacional, que reforçar os meios móveis de emergência pré-hospitalar, que dispor do centro de atendimento telefónico do SNS ("Saúde 24")[160] já em pleno funcionamento, para correcto apoio e encaminhamento do cidadão. Uma operação de sincronia delicada. Mas indispensável.

Se nada se fizesse, tudo pioraria: os médicos de família envelheceriam, reduzindo o seu contributo em tempo, as lacunas seriam cobertas com médicos muitas vezes contratados à hora, caso existissem, sem ligação com a comunidade e as famílias; os centros de saúde continuariam com demoras inaceitáveis no atendimento e, sobretudo, na periferia dos grandes centros urbanos continuaria a ser quase impossível acabar com o inaceitável número de utentes sem médico de família. A qualidade dos cuidados de saúde prestados no SNS, neste cenário, pioraria ainda mais depressa que a equidade.

A mudança era indispensável e tornar-se-ia mais fácil se fosse devidamente concertada entre a administração do SNS e os representantes legítimos da população, os municípios. Tendo em conta esta realidade, foi preocupação do ministério da saúde celebrar acordos com os municípios para progressiva substituição de SAP por outras modalidades de serviço às

---

[160] Em Maio de 2008, foi atribuído ao "Saúde 24" o Prémio Deloitte de Boas Práticas na Administração Pública.

populações. Foram celebrados protocolos com todos os municípios dos distritos de Bragança (13 de Abril de 2007) e com os municípios da Arcos de Valdevez, Caminha, Melgaço, Paredes de Coura e Valença, do distrito de Viana do Castelo (8 de Agosto de 2007) e foi encerrada, no período da noite, a oferta desnecessária dos distritos de Vila Real, parte de Aveiro e de Coimbra, à medida que se criavam alternativas de melhor qualidade, capazes de libertarem tempos médicos para melhor cobertura das populações. Os últimos SAP encerrados nesta fase da reforma foram os de Vila Pouca de Aguiar, Alijó e Murça, no distrito de Vila Real e Vouzela no distrito de Viseu.

Os dados começavam a demonstrar uma associação positiva com os novos serviços oferecidos nos locais onde o SAP nocturno cessou, quer por efeito de consulta regular aberta no Centro de Saúde até mais tarde, quer por efeito das USF. No primeiro caso temos o exemplo frustrado de Vendas Novas. Durante dez dias esteve em funcionamento um novo modelo que, em troca do encerramento no período nocturno, alargava a qualidade e diversidade dos cuidados durante o dia. Comparando a última semana do antigo modelo com a primeira semana do novo modelo, duplicou, no mesmo número de cinco dias, o número de primeiras consultas. O número de consultas não programadas, que tinham sido de 47% em 2006, foi de 18%, na primeira semana do novo modelo. E até as consultas de saúde infantil aumentaram de forma visível[161].

A influência substitutiva de uma maior densidade de unidades de saúde familiar pôde ser comprovada no concelho de Santa Maria da Feira. Nas freguesias onde já existem USF (Lourosa, Mozelos, Nogueira da Regedoura e São Paio de Oleiros), as quatro USF em funcionamento conseguiam assistir localmente mais de 42 mil habitantes, diminuindo o recurso desnecessário à urgência hospitalar. Dando como exemplo a freguesia de Lourosa, em Abril de 2006 haviam recorrido ao Serviço de Urgência 697 utentes, enquanto que no mês homólogo de 2007 recorreram apenas 431 utentes, correspondendo a uma diminuição de quase 40%. A comparação relativa a Maio era ainda mais visível, menos 44%[162].

---

[161] Informação da ARS do Alentejo.
[162] Informação da ARS do Centro.

Conclusão

Tratou-se de decisões difíceis, impopulares, mas necessárias. Concentrar maternidades, requalificar serviços de urgência em locais previamente seleccionados e encerrar SAP no período nocturno, em troca da abertura de novas USF não foi tarefa fácil. Desde logo, pelo sentimento de amputação e de perda nos que se julgam afectados na sua auto-estima autárquica. Depois, pela dificuldade material de sincronizar a abertura e requalificação de serviços com o encerramento de outros. Finalmente, pelos interesses materiais atingidos, sobretudo dos que beneficiavam da ineficiência e desperdício anteriores.

A reforma só teve repercussões traumáticas em duas localidades, os dois únicos concelhos onde não foi possível chegar a acordo em tempo útil, Peso da Régua e Anadia. A história posterior registará a utilidade da medida. A reacção local foi depois mitigada com contemporização parcial, criando consulta aberta que substituía o SAP, em funcionamento até às 24:00 horas, e equipando locais mais afastados com ambulâncias de suporte imediato de vida. Poucos meses após as decisões tomadas, quando entrevistadas pela comunicação social, as populações reconheciam, como a de Anadia, embora sob reserva de anonimato dos entrevistados, que a situação, no que respeitava à qualidade da assistência, havia melhorado consideravelmente para a população[163].

---

[163] *Jornal de Notícias*, 23.03.08, p. 8. O que perdeu e o que ganhou afinal a população de Anadia, Reportagem de Ivete Carneiro e Lisa Soares.

VIII. DIMENSÃO INTERNACIONAL DA SAÚDE

A Presidência Portuguesa no 2.º semestre de 2007

A cooperação internacional na saúde decorreu em termos normais e continuados, dando seguimento a uma tradição de razoável envolvimento internacional, tanto na Europa, como na cooperação entre os países de língua portuguesa (CPLP), como, mais recentemente, em relação a países do continente centro e sul-americano. A maior parte deste esforço de cooperação tem natureza multilateral, através da OMS nos seus diferentes escritórios regionais, pela presença regular de uma representação ministerial nas assembleias mundiais da OMS, em Genebra, onde desde há muitos anos se realiza um encontro anual de ministros da saúde dos países de língua portuguesa.

Durante o triénio que cessou em Março de 2008, Portugal teve papel de relevo no mais alto escalão de representação na OMS, o Comité Executivo, onde esteve representado através de José Pereira Miguel. Essa presença permitiu que exercêssemos um maior protagonismo na cena internacional da saúde. Celebrámos acordos com a OMS-Europa (estratégias de saúde, reforço dos sistemas e políticas, saúde e migrações, ambiente e saúde, prevenção de doenças não transmissíveis) com a OMS-África (dispensa de quadros jovens e especialistas de curta duração para trabalho de cooperação e assistência técnica) e continuámos uma ligação já antiga com a organização da OMS para as Américas (PAHO), tendo o País estado representado em algumas das reuniões dessa organização regional, bem como em duas cimeiras Ibero-Americanas da Saúde, assegurando uma participação activa em redes várias de cooperação na área dos medicamentos, do ensino e investigação em saúde pública, dos transplantes e ainda na política anti-tabágica e na avaliação de políticas públicas.

Foi dado novo impulso político à cooperação luso-espanhola através de reuniões ministeriais em Badajoz e Braga, com assinatura de declarações conjuntas, bem como em reuniões anuais das comissões paritárias de acompanhamento, relativas a cooperação trans-fronteiriça, recursos humanos, nano-tecnologias e inovação terapêutica.

Mas o mais forte investimento deste ciclo governativo de cooperação internacional em saúde consistiu na organização da presidência do conselho de ministros europeus da saúde.

Portugal assegurou a presidência do Conselho da União Europeia no segundo semestre de 2007. Na Saúde colocavam-se problemas importantes, de natureza política. Dois deles adquiriram especial relevo: os trabalhos para uma futura orientação da União Europeia sobre a sua estratégia de saúde e as questões da imigração e seus reflexos na saúde. O primeiro foi herdado, o segundo introduzido totalmente "ex novo" na cena política europeia, tendo depois extravasado para a última Assembleia Mundial da OMS, por iniciativa de Portugal. O desempenho de Portugal foi admirado por todos os países membros e por todas as forças políticas nacionais.

Sentimos o dever de relatar o que se passou na nossa Presidência e de, em primeira mão, o levar à Assembleia da República. A sessão de apresentação desse relatório, uma leitura essencialmente política, estava marcada para o dia em que cessámos funções no XVII Governo, pelo que não pode então ser tornada pública. Sendo nossa a responsabilidade pela condução da Presidência[164], sentimos a obrigação de tornar público o referido relatório[165].

---

[164] É impossível falar da nossa presidência sem referir os três altos funcionários que maior responsabilidade tiveram pelo seu sucesso: José Pereira Miguel, presidente do INSA, que assegurou a coordenação da presidência desde o início, Maria do Céu Machado, alta-comissária para a saúde a quem coube a responsabilidade da organização da mesa redonda sobre estratégias de saúde e que herdou as competência internacionais do Ministério e Maria José Laranjeiro, adjunta do gabinete, "sherpa" insubstituível, sempre presente e sempre activa. Corre-se conscientemente o risco da injustiça, mas foram estes os principais obreiros, tendo sabido apoiar-se em muitos outros que não é possível citar, sem risco de maiores injustiças.

[165] Tendo em conta o facto de se tratar de um documento oficial, ele é integralmente apresentado em itálico.

VIII. Dimensão internacional da saúde

1. *A Presidência Portuguesa na área da Saúde: uma leitura política*

Durante o 2.° semestre de 2007, em que Portugal assumiu a Presidência do Conselho da União Europeia, foi desenvolvido, na área da Saúde, um Programa tendo subjacente uma visão estratégica e a prossecução de alguns objectivos prioritários formulados pela Presidência.
Na base da elaboração desse Programa, estiveram presentes:

– *os compromissos assumidos ao nível comunitário, em particular com a Presidência anterior (Alemã) e com a subsequente (Eslovena), e que visaram a promoção da sustentabilidade e continuidade das políticas da União;*
– *o tema eleito pela Presidência Portuguesa, na área da saúde, "Saúde e Migrações na UE", relativamente ao qual foi realizado um trabalho significativo de construção de consensos, conceptuais e políticos, para o introduzir na agenda europeia e global;*
– *a oportunidade de consolidar as experiências e avançar para um quadro estratégico de referência para os programas e acções na agenda europeia da saúde, traduzida na primeira Estratégia de Saúde da UE;*
– *a determinação em fazer avançar dossiers estratégicos para a agenda de saúde europeia e global.*

O sucesso da concretização do programa foi possível graças à visão e determinação dos dirigentes e ao empenhamento dos quadros que nele trabalharam, bem como ao considerável esforço de coordenação institucional desenvolvido por uma equipa constituída para o efeito. Coube-lhe assegurar a interacção dos diversos serviços do Ministério da Saúde envolvidos na Presidência e a articulação com as estruturas nacionais encarregues da Presidência, bem como coordenar os esforços institucionais de articulação com as instâncias comunitárias e internacionais.

2. *Programa e Prioridades da Saúde na Presidência Portuguesa*

As Presidências Alemã, Portuguesa e Eslovena acordaram, para o período compreendido entre Janeiro de 2007 e Junho de 2008, que, na área da saúde, os temas eleitos e as iniciativas promovidas, por cada uma das três Presidências, teriam subjacente uma abordagem de promoção da saúde, prevenção da doença, acesso aos cuidados, e inovação.

As grandes prioridades da Presidência Portuguesa na área da saúde foram, no essencial, as seguintes:

- Introduzir na agenda europeia e global um tema inovador "Saúde e Migrações"
- Impulsionar e aprovar a Estratégia de Saúde da UE
- Impulsionar a dimensão Saúde no diálogo UE – África
- Assegurar a continuidade de anteriores Presidências e impulsionar dossiers estratégicos tais como:
  - a inovação farmacêutica e a competitividade do sector farmacêutico europeu
  - VIH/SIDA – traduzir princípios em acção
  - a avaliação das políticas públicas em matéria de droga
  - a operacionalização da estratégia europeia de nutrição, excesso de peso e obesidade
  - o desenvolvimento do Quadro Comunitário dos Serviços de Saúde na UE
- Promover o avanço da agenda política, legislativa e não legislativa, em reuniões regulares das instâncias comunitárias
- Promover o debate sobre temas de relevância, através do patrocínio de eventos promovidos por organismos profissionais e da sociedade civil
- Representar e coordenar as posições da UE em eventos internacionais

3. Introduzir na agenda europeia e global um tema inovador "Saúde e Migrações"

Portugal elegeu, na área da Saúde, como tema prioritário para a Presidência do Conselho da UE, "Saúde e Migrações". Foi um tema inovador e actual, escolhido por representar um valor acrescentado a nível da definição das políticas, com relevância para a União e para os seus Estados-Membros.

VIII. Dimensão internacional da saúde

No contexto demográfico Europeu, caracterizado por baixas taxas de fertilidade, envelhecimento da população e fluxos migratórios significativos de países terceiros para a UE, os serviços de saúde defrontam-se com novos e importantes desafios.

As migrações internacionais são um fenómeno crescente em todo o mundo e a UE é hoje o ponto de confluência de inúmeros fluxos migratórios. A saúde é considerada um factor de inclusão e coesão social de sociedades caracterizadas por uma crescente diversidade cultural. A inclusão e a coesão social constituem, por sua vez, um determinante chave da saúde dos migrantes. Neste sentido, as respostas que os sistemas de saúde europeus conseguem dar às necessidades dos migrantes é, por isso, uma reflexão prioritária no momento actual.

A Presidência Portuguesa da UE, tendo por objectivo incentivar o debate e fornecer o impulso político necessário à geração de consensos, desenvolveu, numa fase preparatória da Presidência, um conjunto de trabalhos decisivos para uma compreensão mais alargada sobre esta problemática. Neste sentido:

- *foi solicitado e elaborado um parecer exploratório por parte do Comité Económico e Social Europeu sobre o tema "Saúde e Migrações";*
- *foi criada uma rede de pontos focais sobre Saúde e Migrações na UE, constituída por peritos representantes dos governos dos Estados-Membros e de organizações nacionais e comunitárias, com o objectivo de reforçar a troca e o intercâmbio de experiências, em particular no que respeita às boas práticas no acesso dos migrantes aos serviços de saúde; foram seleccionadas boas práticas de promoção da saúde, acesso aos cuidados e políticas de integração e/ou inclusão social nos Estados-Membros da UE;*
- *foi elaborado um documento de reflexão "Saúde e Migrações na UE: uma visão partilhada para a acção", objecto de consulta pública, e utilizado em diferentes fora para a promoção da ideia e a introdução da dimensão saúde na agenda global das migrações e desenvolvimento;*
- *foram organizadas sessões de debate em sessões paralelas, à margem da Assembleia Mundial da Saúde bem como no Comité Regional da OMS para a Europa.*

*A principal iniciativa da Presidência Portuguesa, a **Conferência "Saúde e Migrações na UE – Melhor saúde para todos numa sociedade inclusiva"**, realizada em Lisboa, nos dias 27 e 28 de Setembro, visou promover uma reflexão e um debate sobre políticas e estratégias de intervenção, com o objectivo de promover a saúde, prevenir a doença e melhorar o acesso aos cuidados de saúde por parte das populações migrantes.*

A participação de ministros e altos responsáveis políticos, representantes de países de vários continentes, e de países de origem/retorno, trânsito e destino, permitiu um debate rico de experiências sobre a saúde e migrações na era da globalização, os valores e princípios e a tradução dos princípios em acções.

A participação da Directora Geral da OMS, bem como do Comissário Europeu responsável pela saúde, constituiu uma manifestação do reconhecimento da relevância e da actualidade do tema e o compromisso político para o incluir nas agendas das respectivas organizações.

Investigadores, responsáveis de programas, representantes da sociedade civil, representantes de países e organizações internacionais, contribuíram para que a conferência proporcionasse a base científica e a reflexão política necessárias para introduzir este tema, tão importante e tão adiado, na agenda europeia e global da saúde. As conclusões da conferência apontam rumos para a acção futura.

Entre os resultados políticos mais visíveis salientam-se:

- *a aprovação pelos 27 Ministros da Saúde de Conclusões sobre Saúde e Migrações, no Conselho EPSCO, Dezembro 2007;*
- *a aprovação de proposta apresentada por Portugal sobre "Saúde dos Migrantes", pelo Conselho Executivo da OMS, Janeiro 2008, significando a introdução de um tema novo na agenda global da Organização, até ao momento limitada à migração de pessoal de saúde;*
- *a contribuição para as conclusões da VIII Reunião dos Ministros de Saúde, Conselho da Europa, Novembro 2007, resultante de um trabalho preparatório coordenado e da apresentação, na Conferência de Bratislava, das Conclusões da Conferência de Lisboa.*

Algumas acções em curso, destinadas a criar condições para a sustentabilidade do processo, incluem, entre outras: a determinação da Comissão Europeia em apoiar a institucionalização da Rede Europeia

VIII. Dimensão internacional da saúde

de pontos focais de Saúde e Migrações; a elaboração pelo Observatório Europeu de Políticas e Sistemas de Saúde, de um estudo, proposto por Portugal, sobre avaliação do impacte das migrações na saúde e nos sistemas de saúde, elemento fundamental para a formulação de políticas baseadas na evidência; o debate e esperada aprovação na Assembleia Mundial da Saúde de 2008 de uma Resolução sobre Saúde dos Migrantes.

4. Impulsionar e aprovar a Estratégia de Saúde da UE

A necessidade de uma Estratégia de Saúde, com um quadro estratégico abrangente, de médio e longo prazo, já há muito se fazia sentir. A UE tem de fazer face a desafios significativos no domínio da saúde, contando-se entre os mais importantes: as diferenças, em termos de estado de saúde das populações, entre os estados membros e no seu seio; a alteração dos padrões de saúde, com crescentes níveis de incidência de doenças crónicas e não transmissíveis; o envelhecimento da população, a mobilidade dos profissionais de saúde e dos doentes, a segurança dos doentes, as novas ameaças para a saúde pública; a globalização da saúde; as rápidas mudanças tecnológicas, e a sustentabilidade dos sistemas de saúde.

A contribuição para a formulação de uma Estratégia de Saúde da UE e, se possível, a sua aprovação, constituiu um dos objectivos prioritários da Presidência Portuguesa na área da Saúde. Este objectivo já havia estado presente na Presidência Portuguesa de 2000, que elegeu os Determinantes da Saúde como o tema prioritário, debatido na Conferência Europeia de Évora que contribuiu decididamente para a formulação do primeiro Programa de Saúde Pública da UE (2001-2007), evoluindo de programas pontuais para uma abordagem integrada de definição de políticas e de procura de soluções para os problemas de saúde a partir das suas raízes, ou seja, através dos factores determinantes da saúde.

Várias presidências contribuíram com as suas reflexões e debates políticos, em reuniões informais de ministros da saúde ou em conferências ligadas às suas iniciativas prioritárias, para a identificação e consolidação de temas que viriam a revelar-se do maior relevo para a formulação futura de uma estratégia da UE no domínio da saúde. São disso exemplo, entre as presidências mais recentes, a Presidência Holandesa com o tema envelhecimento e a sustentabilidade dos sistemas de saúde; a

Inglesa, com as desigualdades em saúde; a Austríaca, com as questões de género e as ameaças à saúde; a Finlandesa com a saúde em todas as políticas e, já no quadro do actual trio de Presidências, a Alemã com a prevenção, a inovação e as novas tecnologias.

Duas consultas públicas lançadas pela Comissão, em 2004 e em 2006, tiveram um papel crucial na promoção da participação dos mais diversos quadrantes da sociedade.

*A realização de uma **Mesa Redonda sobre "Estratégias de Saúde na Europa"**, organizada, em Lisboa, pelo Alto Comissariado da Saúde, no início da Presidência Portuguesa, viria a revelar-se crucial em termos de consolidação dos desenvolvimentos anteriores, de debate científico, e de criação de uma visão e enquadramento estratégico, constituindo as suas conclusões um contributo essencial para a formulação da proposta apresentada pela Comissão e consubstanciada no Livro Branco apresentado ao Conselho.*

A participação, em todas as sessões da Mesa Redonda, de representantes da UE, da OMS e do Conselho da Europa, constituiu um estímulo para a futura sinergia entre as três organizações, à data, com processos em curso, de formulação das respectivas estratégias de saúde.

*Outra das iniciativas da Presidência, com relevo particular para a futura implementação da Estratégia de Saúde da UE e das estratégias nacionais, foi o **Encontro Europeu sobre "Avaliação do Impacte na Saúde e nos Sistemas de Saúde"** organizado pelo Instituto Nacional de Saúde Dr. Ricardo Jorge, em colaboração com o Observatório Europeu de Sistemas e Políticas de Saúde e a Comissão Europeia. O Encontro teve por objectivos impulsionar o desenvolvimento metodológico da avaliação do impacte das outras políticas na saúde e nos sistemas de saúde, melhorar a cooperação intersectorial tendo em vista ganhos em saúde e económicos, e encorajar e alargar a discussão sobre a metodologia em todos os sectores.*

O facto de Portugal presidir ao grupo técnico sobre Avaliação do Impacte em Saúde, ao Grupo de Alto Nível em Serviços de Saúde e Cuidados Médicos, colocou-nos numa posição privilegiada de reunir um grupo de excelência integrando decisores políticos, responsáveis de programas a nível central e local, investigadores e especialistas, cujas conclusões contribuíram para o avanço metodológico e a difusão de instrumentos essenciais para a implementação da Estratégia de Saúde da UE.

VIII. Dimensão internacional da saúde

Como resultado político mais visível salienta-se a aprovação pelos 27 Ministros da Saúde da UE de conclusões do Conselho, consagrando a adopção do Livro Branco da Comissão "Juntos para a Saúde: Uma Abordagem Estratégica para a UE (2008-2013)" como a primeira Estratégia de Saúde da UE.

De sublinhar que:

* *A Estratégia da Saúde da UE proporciona um enquadramento estratégico a um conjunto variado de questões de saúde, à saúde em todas as políticas e à saúde global. A Estratégia baseia-se nos valores e princípios comuns aos Sistemas de Saúde, aprovados pelos 25 Ministros da Saúde no Conselho EPSCO, Junho de 2006, e coloca a ênfase na relação entre saúde e prosperidade económica, considerando a saúde um investimento fundamental para atingir os objectivos da Agenda de Lisboa;*
* *Em termos de financiamento, o Conselho recomenda que, para a sua implementação contribuam, para além do 2.° Programa de Acção Comunitária no domínio da Saúde, outros programas tais como: o 7.° Programa-Quadro de Investigação, os programas financiados no quadro da política regional, a Estratégia de Saúde e Segurança no Trabalho para 2007-2012, e o Plano de Acção Europeu "Envelhecer Bem na Sociedade da Informação".*
* *A implementação requer mais trabalho transversal da Comissão implicando, para além dos serviços responsáveis pela saúde pública, os serviços responsáveis pelas políticas e protecção social, sociedade da informação, empresas, inovação, economia e finanças, criando as condições para uma cooperação mais estruturada entre a Comissão e o Conselho;*
* *O Conselho solicitou à Comissão a apresentação de opções de mecanismos de implementação que assegurem a participação efectiva dos Estados-Membros na implementação da Estratégia, a aprovar na Sessão do Conselho, sob Presidência Eslovena.*

5. *Impulsionar a dimensão Saúde no diálogo UE – África*

No quadro da Cimeira UE-África, foi organizada pelo Ministério da Saúde de Portugal – Alto Comissariado da Saúde, uma sessão paralela *dedicada às "**Dimensões da Saúde da Estratégia UE-África**" que teve como objectivos principais: identificar as lacunas persistentes e explorar caminhos para as ultrapassar, e melhorar a capacidade dos sistemas de saúde – uma necessidade básica para atingir os Objectivos de Desenvolvimento do Milénio (ODM).*

Em Dezembro de 2005, os Chefes de Estado e de Governo da UE adoptaram uma nova estratégia para África, com o título "A UE e África: Em direcção a uma parceria estratégica", que representa o compromisso da UE em apoiar o continente africano nos seus esforços para atingir os ODM.

A União Africana, interlocutora privilegiada no diálogo UE-África, adoptou a Estratégia de Saúde em África: 2007-2015, um documento que reúne e harmoniza todas as estratégias de saúde dos Estados-membros, oferecendo uma direcção estratégica aos esforços africanos na obtenção de melhor saúde para a população. A referida estratégia reconhece o compromisso já assumido pelos Estados-membros em alcançar os objectivos da saúde determinados pelos ODM, nomeadamente a redução da mortalidade infantil (Objectivo 4), a melhoria da saúde materna (Objectivo 5) e o combate ao VIH/sida, malária e outras doenças (Objectivo 6).

O programa do evento e os debates realizados centraram-se em três pontos/questões essenciais: "Prioridades de Saúde para a África"; "Poderá a Europa fazer mais?"; "Uma resposta sustentável para a SIDA?". Foi reconhecida, pelos presentes, a existência de problemas tais como o lento progresso na concretização dos Objectos de Desenvolvimento do Milénio relacionados com a saúde e sublinhada a necessidade de desenvolver esforços para colmatar as lacunas existentes.

Foram identificadas como áreas fundamentais para a acção futura: (i) a melhoria da coordenação das ajudas como meio de evitar acções fragmentadas causadoras de pressão sobre a capacidade nacional, favorecer a apropriação e a capacidade nacional de definição das prioridades; (ii) o reforço dos sistemas de saúde em termos de infra-estruturas, investigação e capital humano (capacidade de formação, retenção e estimulo ao retorno de profissionais de saúde); (iii) a formulação de programas de cooperação para o desenvolvimento com base nas estratégias e prioridades nacionais.

A adopção, em 2007, da Estratégia de Saúde da UE e da Estratégia de Saúde Africana pode proporcionar um quadro estratégico de orientação do trabalho futuro.

6. Assegurar a continuidade de anteriores Presidências e impulsionar dossiers estratégicos

- **Contribuir para o avanço da inovação farmacêutica e a competitividade do sector farmacêutico Europeu**

No quadro das prioridades definidas para a Presidência Portuguesa e do Programa do TRIO das Presidências, a inovação ocupa um lugar cimeiro. A inovação e as novas tecnologias constituem igualmente um dos eixos prioritários da Estratégia de Saúde da UE.

Neste contexto, o INFARMED – Autoridade Nacional do Medicamento e Produtos da Saúde, I.P. organizou uma Conferência subordinada ao tema "Inovação Farmacêutica – Uma Nova Estratégia de I&D na UE", uma das iniciativas da Presidência Portuguesa. A Conferência teve como objectivos gerais promover a discussão sobre as principais questões e os desafios actualmente colocados à inovação farmacêutica, tal como o seu financiamento e a emergência de novas tecnologias, bem como identificar estratégias de implementação das principais acções propostas, visando apoiar a inovação e aumentar a competitividade no sector farmacêutico Europeu.

As conclusões da conferência apontam para a necessidade de a indústria farmacêutica ser reconhecida como um sector essencial da economia europeia, salientando-se a necessidade de melhorar a sua eficiência e os índices de sucesso na área de Investigação e Desenvolvimento.

- **VIH/sida – traduzir princípios em acção**

*A Presidência Portuguesa organizou a primeira **reunião de Coordenadores dos Programas Nacionais VIH/sida da UE – "traduzir princípios em acção"** na Região OMS – Europa e Países Vizinhos. O VIH/sida é uma grande preocupação da UE e requer a existência de estratégias nacionais complementares e consistentes, soluções técnicas e programas em todos os Estados-membros e Países Vizinhos.*

Um dos principais objectivos desta reunião foi discutir o mecanismo formal a adoptar para facilitar a implementação de princípios políticos, técnicos e programáticos acordados pelos Estados-Membros no domínio

282 *Reformas da Saúde – O fio condutor*

do VIH/SIDA. Pretendeu-se também com esta iniciativa facilitar a promoção de consensos sobre definições operacionais, interpretações e prioridades para a implementação de princípios.

A reunião foi organizada em parceria com a Comissão Europeia, a ONUSIDA, a OMS, o Observatório Europeu da Droga e Toxicodependência, a OIM, a OIT, o ECDC e o Fórum da Sociedade Civil.

As Conclusões do evento consubstanciaram-se num relatório intercalar da Presidência apresentado no Conselho EPSCO de 5 e 6 de Dezembro.

- **Avaliar as políticas públicas em matéria de droga**

A Presidência Portuguesa considerou prioritário e oportuno organizar uma conferência sobre a avaliação das políticas públicas em matéria de droga. Este evento, organizado pelo Instituto da Droga e Toxicodependência, teve como principais objectivos: promover o diálogo, a troca de experiências e boas práticas em avaliação de políticas públicas e programas no domínio das drogas. A Conferência inseriu-se no processo de avaliação da Estratégia da UE sobre Drogas 2005-2008 e do Plano de Acção da UE sobre Drogas 2005-2012.

O programa da conferência integrou um conjunto rico de apresentações relativas à situação actual, por parte de representantes dos Estados-Membros e de instituições europeias e internacionais, em matéria de avaliação de políticas públicas e programas na área das drogas.

As conclusões do evento vieram reforçar a importância da avaliação como instrumento promotor de abordagens baseadas na evidência e da aprendizagem organizacional. A avaliação das políticas públicas responsabiliza as autoridades perante os cidadãos e é condição fundamental para a legitimidade e fundamento das iniciativas governamentais.

A Presidência Portuguesa apresentou as conclusões da conferência ao Grupo Horizontal Drogas do Conselho da UE, enquanto contributo para o processo de avaliação do actual Plano de Acção da União Europeia e elaboração do futuro Plano 2009-2012.

VIII. Dimensão internacional da saúde

- **Operacionalizar a Estratégia Europeia de Nutrição, excesso de peso e obesidade**

Na sequência da apresentação do Livro Branco, da Comissão, sobre nutrição, excesso de peso e obesidade, no Conselho EPSCO, sob Presidência Alemã, teve lugar um processo de consulta e debate entre a Comissão e o Conselho que conduziu à preparação e aprovação, na Presidência Portuguesa, de conclusões do Conselho com orientações para o trabalho futuro da Comissão e dos Estados-membros.

A criação de um Grupo de Alto Nível da Nutrição e Actividade Física, composto por representantes dos Estados-Membros, com o objectivo de promover o intercâmbio de boas práticas e reforçar a articulação entre as iniciativas da Plataforma de Acção Europeia em matéria de Regimes Alimentares, Actividade Física e Saúde e as actividades a nível nacional, inscreve-se entre as medidas destinadas a apoiar este processo.

Com os mecanismos inovadores criados no quadro da Plataforma Nacional contra a Obesidade, a experiência portuguesa tem o potencial de vir a constituir uma boa prática de referência a nível europeu.

- **Propiciar o debate entre o Conselho e a Comissão sobre o Quadro Comunitário dos Serviços de Saúde na UE**

Assegurar o acompanhamento pelos Estados-membros do processo conducente à apresentação, pela Comissão Europeia, de uma proposta de directiva sobre a prestação de cuidados de saúde transfronteiriços seguros, de qualidade, e eficientes na UE, foi uma preocupação constante da Presidência Portuguesa.

Neste sentido, a Mesa Redonda, organizada no início da Presidência, integrou uma sessão especializada consagrada ao debate entre a Comissão e os Estados-membros.

Este foi igualmente o tema seleccionado para o almoço informal entre os Ministros da Saúde dos Estados-Membros e o Comissário responsável pela Saúde, organizado por ocasião do Conselho EPSCO – Saúde, em 6 de Dezembro de 2007. O debate nele realizado inseriu-se num processo que conduziu ao adiamento da discussão em Colégio de Comissários, por a versão proposta para aprovação da Comissão conter disposições contrárias, ou conducentes a um risco potencial da autonomia para a organização dos sistemas de saúde, por parte dos Estados-Membros, bem como dos valores e princípios aprovados no Conselho, Junho de 2006, pelos 25 Ministros da Saúde da UE, em particular o princípio da equidade.

7. Promover o avanço da agenda política, legislativa e não legislativa, em reuniões regulares das instâncias comunitárias

Para além das reuniões regulares, quinzenais ou mensais, em Bruxelas, dos Grupos do Conselho – Grupo Saúde Pública, Grupo Medicamentos e Dispositivos Médicos e Grupo Horizontal Droga, foram organizadas, em Portugal reuniões de carácter regular.

Estas reuniões, têm por objectivo promover, através de uma linguagem comum, a troca de experiências e discussão de boas práticas, partilha de conhecimentos e experiências e o debate de estratégias.

*Destacam-se, entre estas, as reuniões do Comité de Alto Nível de Saúde Pública, órgão consultivo informal dos serviços da Comissão Europeia, composto por altos funcionários de saúde, que sob coordenação da Direcção-Geral da Saúde, debateram a futura Estratégia da Saúde bem como temas específicos como o **papel da política de coesão e dos fundos estruturais na saúde** e o seu papel chave na redução de problemas como as desigualdades em saúde na Europa e **trabalho e saúde**, considerando-se o trabalho, além de um importante determinante da saúde, um contexto privilegiado de promoção da saúde.*

*A **saúde pública, a inovação e as novas tecnologias** bem como a visão prospectiva da saúde pública foi objecto de debate entre os directores-gerais da saúde.*

*O **papel da enfermagem nos sistemas de saúde da UE** foi debatido pelos responsáveis nacionais de enfermagem. Os responsáveis da saúde oral procederam ao debate sobre **estratégias de promoção da saúde oral na UE**.*

*A **investigação em saúde pública** foi objecto de debate entre os responsáveis máximos dos institutos nacionais de saúde pública da UE que debateram também prioridades e estratégias de intervenção comuns aos diversos Institutos.*

*A **emergência médica extra-hospitalar** foi objecto de debate entre coordenadores nacionais tendo sido debatidos temas como a definição de* *indicadores de nível europeu, a problemática da especialização, a nível europeu, em medicina de urgência, a análise e comparação sobre a psicologia de intervenção em crise, no âmbito das equipas de emergência, e o estudo de formas de cooperação entre os estados membros em caso de catástrofe, no que respeita ao apoio médico.*

*O reforço da **cooperação em matéria de droga e toxicodependência** e a concentração de esforços na implementação do Plano de Acção da UE em Matéria de Luta Contra a Droga (2005-2008) foi objecto de debate entre os coordenadores das instâncias nacionais e europeias e estados membros.*

*Na área do **medicamento e dispositivos médicos**, foram realizadas, sob coordenação do INFARMED – Autoridade Nacional do Medicamento e Produtos da Saúde, I.P, debates sobre os métodos de trabalho para uma abordagem comum e harmonizada na monitorização do mercado no domínio dos dispositivos médicos, para a melhoria do sistema de regulamentação Europeia e a monitorização do desenvolvimento de novas e emergentes tecnologias médicas em reuniões das autoridades competentes dos dispositivos médicos. A coordenação futura entre agências nacionais do medicamento foi objecto de debate entre os directores de agências de medicamentos, os quais aprovaram as prioridades para 2007-2013 na implementação dos projectos telemáticos e de sistemas de informação a nível comunitário.*

Ao nível técnico foram debatidas questões relativas ao combate à contrafacção de medicamentos, à farmacovigilância, às abordagens baseadas na evidência aplicada à medicina tradicional, à base de plantas medicinais, bem como problemas de fronteira entre medicamentos e novos alimentos, e entre produtos cosméticos e de higiene corporal. Foram analisados os aspectos regulamentares e científicos na avaliação da qualidade e segurança de medicamentos homeopáticos na UE. Foram ainda objecto de debate os aspectos jurídicos do acesso aos medicamentos e do acesso à informação.

Foi ainda debatido, no âmbito de um Seminário organizado para o efeito, um documento de orientação europeia relativa aos medicamentos à base de células humanas, entre os diferentes parceiros da indústria, reguladores e academia. O trabalho desenvolvido foi um importante contributo para a conclusão do documento e o início do processo de implementação.

8. Promover o debate sobre temas de relevância através do patrocínio de eventos promovidos por organismos profissionais e da sociedade civil

- *Investigação em Segurança dos Doentes*, *tema debatido no quadro de uma Conferência Internacional promovida pelo Departamento de Saúde Pública do Reino Unido, a Universidade de Londres e a Aliança Mundial da OMS para a Segurança dos Doentes, com o apoio da Comissão Europeia e da Direcção- -Geral da Saúde, teve como objectivos promover a cooperação, a nível internacional, na investigação sobre segurança dos doentes, promover a segurança dos doentes nos serviços de saúde e definir a agenda para o apoio à investigação nos Estados-membros da UE.*

- *Doenças Raras objecto de debate na 4.ª Conferência Europeia sobre esta temática, organizada pela EURORDIS (Organização Europeia de Doenças Raras), com o apoio ala Comissão Europeia e com a colaboração da DG Saúde e do INFARMED, representou uma oportunidade para o debate sobre políticas e acções essenciais para melhorar a vida dos portadores de doenças raras bem como temas da actualidade relacionados com estas doenças tais como terapias avançadas e mobilidade dos doentes no espaço europeu, tendo sido enfatizado o facto de as doenças raras requererem acções e iniciativas que necessitam de uma dimensão europeia.*

- *A Saúde dos Homens numa Perspectiva Epidemiológica debatida no 5.º Congresso Nacional de Epidemiologia, organizado pela Associação Portuguesa de Epidemiologia, cujas conclusões salientam que o desenvolvimento de políticas de saúde pública relacionadas com a saúde dos homens requer uma forte fundamentação na informação resultante da investigação, nomeadamente a epidemiológica.*

- *Famílias, Estilos de Vida e Drogas*, *tema debatido no quadro de uma Conferência organizada pelo Grupo Pompidou (Conselho da Europa), com o apoio do IDT, teve por objectivo desenvolver novas formas de prevenir a toxicodependência com o envolvimento das famílias e partilhar boas práticas e experiências nesta área. O marketing social e a sua aplicação no trabalho de prevenção, o desenvolvimento de novos formatos de programas televisivos e a prevenção do uso de drogas em locais de lazer salientam-se entre os domínios de maior relevância numa abordagem prospectiva do trabalho nesta área.*

- **Atender uma Chamada sobre Cannabis – A Resposta das Linhas Telefónicas de Ajuda** *– tema objecto de debate em Conferência organizada pela FESAT (Fundação Europeia de Linhas Telefónicas de Ajuda) com o apoio do IDT e do Observatório Europeu das Drogas e Toxicodependência, o qual se revelou da maior relevância e actualidade tendo em conta o facto de a cannabis ser a substância ilegal mais consumida na Europa, principalmente entre os jovens.*

- **Experiências Nacionais na Identificação e Abordagem de Problemas dos Recursos Humanos na Saúde** *debatidas no quadro de um Simpósio organizado pelo Instituto de Higiene e Medicina Tropical, pela Associação para o Desenvolvimento e Cooperação Garcia de Orta, pelo Centre de Sociologie et de Démographie Médicales e pela OMS, visou procurar formas de melhorar o desempenho dos recursos humanos da saúde de forma adequar os cuidados às necessidades e expectativas das populações.*

- **Profissionais de Saúde Transpondo Fronteiras**, *tema objecto de debate no Encontro promovido pela Ordem dos Enfermeiros, em colaboração com as Ordens dos Médicos, dos Médicos Dentistas e dos Farmacêuticos, teve como objectivo promover a colaboração entre entidades reguladoras europeias e desenvolver abordagens conducentes à criação de condições para garantir a qualidade e a segurança na mobilidade de profissionais de saúde no espaço europeu.*

- **Pobreza, Saúde e Nutrição**, *tema debatido no quadro da 2.ª Conferência Internacional sobre este tema, organizada pelo Instituto de Medicina Preventiva da Faculdade de Medicina de Lisboa, tendo sido discutidas questões como a integração dos direitos humanos nas estratégias de redução da pobreza, a segurança alimentar e o desenvolvimento sustentável, bem como o compromisso para a realização dos Objectivos de Desenvolvimento do Milénio.*

9. Outros eventos internacionais requerendo coordenação da UE

A Presidência Portuguesa coordenou as posições dos Estados Membros da UE em vários eventos internacionais, entre os quais se destacam:

- A **Segunda Conferência das Partes da Convenção -- Quadro da OMS sobre Controle do Tabaco** teve lugar em Banguecoque, de 30 de Junho a 6 de Julho. Apresentou uma agenda para os próximos dois anos da Convenção e recomendou a adopção de directrizes, de forma a assistir os Governos na implementação de uma legislação mais efectiva para a protecção dos cidadãos do fumo do tabaco. Foi igualmente discutida a regulação do produto e o tráfico ilícito.

- O **Comité Regional da OMS para a Europa** teve lugar em Belgrado, de 17 a 20 de Setembro. As posições da UE, em relação aos principais temas da agenda, foram coordenadas e apresentadas pela Presidência Portuguesa. A delegação portuguesa apresentou a sua iniciativa da Presidência sobre "Saúde e Migrações" e anunciou a sua intenção de apresentar uma proposta de Resolução ao Conselho Executivo da OMS, em Janeiro de 2008.

- O **10.º Forum Gastein**, "10 Years Gastein: Shaping the Future of Health", teve lugar em Gastein, de 3 a 6 de Outubro, tendo Portugal participado, ao nível político e técnico, na qualidade de Presidência do Conselho da UE. A participação incluiu uma intervenção política em Sessão Plenária, a participação em Sessão Paralela de Alto Nível sobre sustentabilidade dos sistemas de saúde e, a apresentação e debate em Seminário dedicado ao Programa das Três Presidências, Alemanha – Portugal – Eslovénia.

- O **Grupo de Trabalho Intergovernamental em Saúde Pública, Inovação e Propriedade Intelectual**, reuniu em Genebra, de 5 a 10 de Novembro, para discutir a estratégia mundial e plano de acção, propostos pelo Secretariado da OMS, para o combate às doenças que, de forma desproporcionada, afectam os países em desenvolvimento. Portugal coordenou as posições da UE num processo de difícil consenso em particular no que se refere à propriedade intelectual. Foram conseguidos progressos tanto ao

VIII. Dimensão internacional da saúde   289

nível dos princípios do plano de acção, como das suas componentes devendo o processo prosseguir em 2008 sob Presidência Eslovena.

- *A **Reunião Intergovernamental da OMS sobre a partilha de vírus e o acesso às vacinas, em caso de gripe pandémica**, foi promovida pela OMS, em Genebra, de 20 a 23 de Novembro. Foi possível o consenso sobre uma declaração da UE, graças à intervenção da Presidência junto dos Estados-membros da UE, e em negociações com países terceiros, relativamente à abrangência do Regulamento Sanitário Internacional e à necessidade de a partilha de vírus e amostras se fazer dentro do sistema da OMS, de forma consistente com as leis e regulamentos nacionais. O debate deverá prosseguir em 2008.*

- *A **Conferência Ministerial de Nova Deli sobre gripe aviária e pandémica** foi organizada pelo Governo da Índia em coordenação com a Parceria Internacional sobre Gripe Aviária e Pandémica, A União Europeia, o Banco Mundial e várias agências das Nações Unidas. Participaram na Conferência 117 países e 28 organizações internacionais tendo Portugal participado na qualidade de Presidente do Conselho da União Europeia, a qual constitui o segundo maior contribuidor ao nível global. A Conferência produziu um roteiro sobre gripe aviária para 2008, definiu as bases para um quadro estratégico global plurianual e mobilizou um volume significativo de financiamentos.*

- *A preparação da **122.ª Sessão do Conselho Executivo da OMS**, realizada em Genebra, Janeiro de 2008, já sob Presidência Eslovena, foi realizada em Dezembro de 2007, no exercício da Presidência Portuguesa. Entre os temas debatidos destacam-se o Regulamento Sanitário Internacional, a partilha de vírus e o acesso às vacinas o impacte na saúde das alterações climáticas, a saúde pública e a propriedade intelectual, a migração de profissionais de saúde e a saúde dos migrantes. Na qualidade de Membro do Conselho Executivo, Portugal apresentou uma proposta de resolução sobre "Saúde dos Migrantes", a qual viria a ser aprovada no dia 24 de Janeiro de 2008 e irá ser proposta à Assembleia Mundial da Saúde em Maio de 2008.*

IX. O QUARTO PODER NA GOVERNAÇÃO

O quarto poder e a governação

O capítulo final deste livro é dedicado às relações entre o quarto poder – os órgãos de comunicação social ou media – e a governação. Não seria possível relatar uma experiência de governo de quase três anos, sem uma referência mais ou menos extensa ao poder mediático. Essa referência poderia ser pluri-ocasional e muito concreta, caso por caso, ou concentrada e genérica. A primeira opção correria sempre o risco de a forma ofuscar o conteúdo, o ruído disfarçar a decisão, a versão dos factos distor-cer os próprios factos. E seria provavelmente influenciável pela emoção do momento: seria difícil lutar contra a tendência de os factos serem sobre-valorizados se a versão fosse favorável ao poder e desvalorizados, secundarizados, ou até diluídos, se a versão lhe fosse desfavorável.

Daí a opção por um modelo global e genérico sobre as relações entre os media e o poder, neste caso, entre a comunicação social e o ocasional governo da saúde, durante o período de responsabilidade do autor. Será sempre aliciante tentar encontrar, em cada abordagem genérica, o caso ou as circunstâncias que a motivaram. Mas a margem de erro será grande para o leitor. Não que o autor o pretenda iludir, seduzir, ou mesmo enganar. Mas sim pelo esforço de objectividade e análise descomprometida, sempre tentadas, mesmo que ocasionalmente não alcançadas.

Procurou-se realizar um trabalho de análise externa tão independente e distanciada quanto o permitem meio ano de visão retrospectiva sobre factos vividos. Fez-se um esforço de equilíbrio, analisando virtudes e defeitos, tanto dos media como do poder. E escreveu-se sobre isso.

Corre-se o risco de este último capítulo ser visto como um corpo estranho no livro. Nada de mais errado. Este capítulo é outro "fio condutor". "Ensarta as pérolas", brancas e luzentes, com as favas secas, escuras e pouco atraentes. O livro fica assim mais completo. Mesmo que tenhamos deixado um pouco de mistério, onde alguns gostariam de ver factos, críticas, acusações, impropérios. Ainda bem. Significa que lográmos sublimar o ressentimento.

O quarto poder na Constituição

Em Portugal, os meios de comunicação social, ou media, têm direito a referência expressa na Constituição da República. São, na realidade, o quarto poder. As garantias da sua independência e liberdade de expressão são tão grandes que por vezes são transmudados de garantidos em actores.

A profissão de jornalista, da imprensa escrita, falada ou de TV, é tão prestigiada em Portugal que figura no topo da classificação das aspirações dos adolescentes, em termos de carreira. As universidades que ensinam comunicação social têm em geral uma elevada procura de alunos e podem seleccionar os futuros diplomados de entre bons candidatos no fim do ensino secundário. Os salários dos melhores jornalistas estiveram, durante anos, ao nível dos gestores profissionais, embora a estabilidade de emprego possa ser um problema, devido à alta rotação de criação e extinção de empresas nesta área.

A longa permanência de um regime ditatorial durante cinquenta anos, banindo a liberdade de imprensa, limitando a criação de jornais, instituindo um sistema de censura prévia e reprimindo com a prisão os simples delitos de opinião, tornou tão aguda a percepção dos Portugueses acerca da associação entre o regime ditatorial e a falta de livre opinião que o texto constitucional aprovado em 1976 dedicou uma grande atenção à liberdade de imprensa.

Assim, com base na Constituição, os jornalistas têm em Portugal inúmeros direitos profissionais criados para defender a sua independência. Está garantida a sua liberdade de expressão e de criação, a liberdade de orientar editorialmente os órgãos a que pertencem, salvo quando estes pertencerem directamente ao Estado, ou tiverem natureza doutrinária ou confessional. Podem livremente fundar jornais e outras publicações sem autorização administrativa, caução monetária ou habilitação prévias. Têm o direito de eleger conselhos de redacção nos órgãos onde trabalhem.

IX. O quarto poder na governação 293

Os órgãos de comunicação social têm assegurada pelo Estado, ao menos teoricamente, a sua independência perante o poder político e económico, e àquele incumbe evitar a concentração destas empresas.

Mesmo os media pertencentes ao sector público, hoje muito poucos, têm o dever constitucional de salvaguardar a sua independência perante o governo, a administração e os demais poderes públicos, assegurando a expressão e confronto das diversas correntes de opinião.

A garantia destes direitos é assegurada pela Alta Autoridade para a Comunicação Social, um colégio regulador independente, com representação do governo, do parlamento e de outros interesses do sector, como a opinião pública, a comunicação social e a cultura. As decisões deste órgão são vinculativas, com efeitos semelhantes aos dos tribunais.

Nenhuma outra profissão dispõe de tamanhos direitos, com formulação e garantia constitucional, como é o caso dos profissionais da comunicação social em Portugal. Os médicos não dispõem do direito de orientar os hospitais, aos cientistas não é concedido o direito de omitir os métodos de recolha de informação, nem aos engenheiros o direito de não produzirem os cálculos das suas edificações, nem aos polícias o direito de ignorarem a origem da informação sobre suspeitos de actividades ilícitas. Nem os trabalhadores dispõem do direito de constituir conselhos de direcção do seu trabalho profissional, nem o Estado tem o dever de se opor à concentração vertical ou horizontal das actividades económicas, ou de prevenir participações cruzadas, da forma como o procura fazer em relação às empresas de comunicação. Nenhuma outra actividade do sector público, como os hospitais, as escolas, as prisões ou as forças armadas tem o poder de salvaguardar a sua independência perante o governo e a administração, como acontece com os órgãos de comunicação social.

Todo este conjunto de poderes se deve à particular relevância de formação de opinião e através dela de conformação do voto e de acesso ao poder que pode caber à comunicação social. Num estado de direito, as garantias de prevenção da manipulação da opinião pública e do eleitorado têm que ser de tal modo fortes que garantam a pluralidade e afastem qualquer tentação totalitária.

No exercício da sua actividade, os profissionais de comunicação social têm direito de acesso às fontes de informação e de protecção da independência e do sigilo profissionais. Estas disposições permitem-lhes investigar todas as informações, recusar identificar as fontes e, naturalmente, conseguir que todos os responsáveis se pronunciem. Os únicos limites são os da conduta ética individual.

O poder e os media

As relações entre o poder e os media são hoje uma fonte inesgotável de material para análise política. Sendo os media o quarto poder, adicionado à trilogia de Montesquieu, o que está essencialmente em causa são as relações entre media e poder executivo (governo), ou as relações entre governo e media. Parlamento e tribunais não escapam a esta geração de relacionamentos. Apenas a sua frequência está dessincronizada com os media. Sem tirar importância a cada um, os primeiros deliberam de forma genérica, não executam e detêm-se em descrições qualitativas que interessam aos media como factos passados. Os segundos sentenciam, decidem ou dirimem litígios, quase sempre em ritmo temporal deslocado da realidade. O que conduz a que nestes dois casos a notícia não seja tanto o conteúdo factual como o que e como sobre ele se votou ou decidiu. Ora os governos têm por obrigação corrente decidir e actuar todos os dias e a toda a hora. Os media noticiam a cada minuto, podem praticar a análise de qualquer pequeno segmento informativo, mesmo fragmentário e desligado do contexto, pela obrigação que têm de chamar a atenção do destinatário. Daí que a mensagem possa tender para o mais visível, mais insólito, inesperado, desagradável, censurável, ruidoso.

A relação entre o primeiro e o quarto poder é sempre desigual, sobretudo nas armas. O quarto poder analisa o primeiro; este não pode actuar de forma recíproca. Tem apenas que governar: congregar e afastar, construir e desmontar, reformar e conservar, premiar e punir, projectar e improvisar. Funções diferentes, quase opostas. Armas ainda mais diferentes: o quarto poder analisa, disseca, critica; em caso extremo, corrói e destrói o primeiro; raramente o felicita. O primeiro não pode responder com estas armas. Apenas se defende como pode e quando pode, e resta-lhe ir em frente, continuando na sua missão de intérprete do interesse público para cumprir a missão e o mandato recebido.

Analisemos algumas das características que melhor descrevem esta relação.

Sedução e repulsão

O poder tende a seduzir os media. Com mais ou menos habilidade, com mais ou menos elegância, a tentação permanente do poder é seduzir. Certamente visa seduzir o cidadão, destinatário último, mas para tal tem que passar pelos media. Alimentá-los com exclusivos, "apaparicá-los" com simpatia, seduzi-los com uma dança contínua, cheia de floreados, voltejando sobre eles como um par de dançarinos numa dança sul-americana em que um seduz o outro e este se deixa seduzir para por vezes esbracejar uma recusa. Duas aves em duelo encantatório. A fase da sedução e da dança à volta do requestado pode ser longa, tem recuos, amuos, recidivas e reinvestidas. Por vezes, muitas vezes, termina na repulsão, quando as personalidades são fortes, incontornáveis, cada uma se julgando detentora última de toda a razão. Sedução e repulsa não são sempre obrigatórias, sobretudo a segunda. É possível o sedutor conquistar parcialmente o seduzido, ou alcançar-se um empate técnico. Será a solução ideal, mas também a mais difícil.

A política tem horror ao vazio. Os media ocupam-no

Em sociedades baseadas, desde há mais de duzentos anos, no estado de direito, todo o poder tende a gerar o seu contra poder. Toda a acusação ou afirmação tem o seu contraditório. Toda a informação relatada tem a sua outra face da verdade. Todo o poder tem a sua oposição, no exacto contexto em que aquele se exerce, seja no parlamento, seja na sociedade, seja nos corpos sociais organizados. Quando a oposição enfraquece, nem sempre o poder se agiganta de forma dominante. São muitas vezes os media que exercem a oposição. O vazio é preenchido. Nestas circunstâncias cresce o poder dos media de forma inesperada. São eles a oposição mais organizada e mais persistente. Com frequência diária podem atacar fragilidades do poder, fender a sua unidade, corroer a sua energia, denunciar os seus erros mais frequentes e contribuir para o derrubar. Em alguns casos, poucos, o êxito pode toldar-lhes a razão. Convencerem-se de que foram eles os autores do derrube; esquecerem a sociedade, os corpos sociais organizados, as forças da economia, a própria oposição instituída e, sobretudo, os erros do poder. Nada de grave nesta presunção. Tal como na água benta, "cada qual toma a que quer". Por vezes pode acontecer quedarem-se surpresos, com a ineficácia da sua oposição, sem entenderem a diferença entre o pequeno círculo mediático e o grande fogo circular da cidadania. Porém, o menos positivo neste horror ao vazio será a retirada de espaço à progressão das oposições, enfraquecendo-as, mesmo não o desejando.

Conteúdos e comunicação

A escolha de conteúdos é o grande terreiro de liberdade dos media. Inquestionável por definição. Mas ela própria fica prisioneira da lógica de afirmação mediática. Boas notícias para o país, para os cidadãos, para a economia, para a sociedade, para a cidade, para a cidadania são notícias sem interesse mediático. Não vendem. Quando muito, poderão combinar-se com algumas más notícias. Que o crescimento se tenha afirmado, o desemprego reduzido, a criminalidade sido controlada, a cidade se torne mais apelativa, pouco isso interessa. Pelo contrário, a estagnação económica, o desemprego, o caso social individual, o crime avulso, a poluição à vista, serão sempre notícia. Mesmo que a estagnação seja conjuntural, o desemprego passageiro, o facto individual meramente episódico, o crime continue a baixar e a poluição a ser controlada. O conteúdo, quando bem relatado, deve referir o contexto, mas a lógica simplificadora dos títulos prejudica conteúdo e objectividade, atribuível a uma chefia longínqua e por vezes anónima, a qual não redige a notícia, nem pode escrutinar o seu conteúdo. Se só a má notícia vende, jovens redactores podem tender a competir pela negativa, aspirando à chamada à primeira página. Se for este o critério base para premiar os juniores, a tendência para a tabloidização será inevitável.

Erros de paralaxe

Poder e media poucas vezes partilham uma observação desapaixonada, um sobre o outro. O poder tende a ver os media como adversário, confundindo análise crítica com más vontades, omissão de boas notícias com ciúme institucional, comentário áspero com conspiração organizada.

Os media tendem a ver propaganda em alguns dos êxitos do poder, demagogia em alguma redistribuição pró-activa, recuo em toda a paragem negocial. Consoante o ponto de observação, a realidade é vista de forma fracturada, enganadora. Os media tendem a considerar os governos manipuladores incorrigíveis; os governos tendem a lamentar-se como sendo perseguidos pelos media. A vitimização dos primeiros é apenas mais visível, por ser ampliada pelos segundos. A manipulação de que os media tendem a acusar os governos só é visível no círculo dos iniciados, não passa facilmente aos cidadãos. Uma estratégia simétrica, que evolui sempre em duas espirais separadas. A quebra destas dinâmicas separadas não é possível sem novo ajuste de contas político, novas eleições. Aí, um deles terá razão sobre o outro. As sondagens periódicas, sempre incompletas e ilusórias, mais ampliam os erros de paralaxe. Se é o poder que sai em queda, os media tendem a rejubilar; se sai em alta, tendem a atribui-la a conjuntura favorável e sempre precária. Uma forma cada vez mais explícita de constatar estas diferenças de apreciação consiste na colocação e nos títulos sobre sondagens. Torna-se difícil encontrar um padrão consistente. À medida que o ciclo legislativo avança no tempo, as sondagens favoráveis ao poder tendem a ficar pelas páginas interiores e as desfavoráveis a terem chamada de primeira página. A onda desfavorável a quem governa pode assim tornar-se cada vez menos objectiva. Tal como a desculpa do poder pelas más sondagens tende a ser desvalorizada.

A dimensão temporal da notícia torna-a irreversível

São mais frequentes do que deveriam ser as falsas notícias: erros de interpretação, omissões ou até falsidades involuntárias geradas pelo produtor da primeira informação. Uma notícia falsa, uma interpretação abusiva, uma frase menos defensiva retirada ao contexto têm sempre honras de circulação prioritária. Surgindo nos noticiários radiofónicos das 7:00 horas é repercutida em várias estações do audiovisual ao longo do dia. Se não for desmentida nos quinze minutos imediatos, passa a ser uma verdade inquestionável. Se o poder só acordar a meio do dia, publicando um desmentido, o "governo cedeu". Como ensinava um antigo Primeiro-Ministro, a notícia inicial, de falsa passou a verdadeira; a sua correcção passou a ser uma mudança de orientação política, um recuo.

Claro que a rectificação é sempre mais curta, menos audível, mais frágil que a falsa notícia. Passadas 24 horas, ou no fim-de-semana, alguns comentadores que só ouviram a falsa notícia, tomam-na por verdadeira e sobre ela opinam com desenvoltura. De nada vale desmentir à esquerda e à direita. A notícia saiu, alguém a tomou por boa, sem por tal ser responsável.

Esta situação qualifica-se como uma das maiores desigualdades entre poderes e media. Os primeiros lutam indefesos neste campo, os segundos, quando tolerantes, poderão admitir o erro, mas sempre com relutância. A fábula do lobo e do cordeiro, tantas vezes revisitada, aplica-se aqui: "se não foste tu que me turvaste a água, foi teu pai!".

Dir-se-á que para corrigir desigualdades e injustiças existe o recurso aos tribunais. Creio que hoje, em Portugal, esta alternativa é vista como um desejo pio.

Os custos da democratização da informação

Todos observamos o notável progresso no acesso à informação. Há hoje muito mais leitores de jornais (directos, indirectos e via net), muito mais tele-espectadores, muito mais rádio-ouvintes que há dez anos atrás. Mesmo fora das horas de noticiários, a presença diária de cidadãos frente ao pequeno écran é incomensuravelmente mais demorada que quando existiam apenas os canais e as rádios públicos. Mais leitores, ouvintes e tele-espectadores e mais tempo de audição ou visão implicaram a adaptação de conteúdos para ajuste cultural, de gosto, de interesse, de necessidade de vida. Os conteúdos foram-se alterando, adquirindo o gosto global e as regras de financiamento, reservando enorme papel à publicidade, geraram uma interacção forte entre conteúdos de notícia, conteúdos de anúncio e conteúdos de diversão. Quase sempre em detrimento de conteúdos educativos. Estes refugiam-se em canais temáticos e em horas tardias, deixando o espaço nobre, as primeiras páginas e as páginas ímpares para o que retenha mais leitores ou espectadores. Daqui decorrem dois efeitos perversos: (a) a menor qualidade informativa, com o predomínio do facto avulso, o drama isolado, próximo da nossa casa, da nossa rua, a queixa directa à estação televisiva; (b) o mimetismo da cultura e do gosto com o gosto do receptor. Alguns passos escatológicos tinham de ser vencidos e já o foram. A telenovela pode ser educativa, como no Brasil e já por vezes entre nós. Mas a verdade é que a natureza do conteúdo afinará sempre pelo padrão médio da cultura do destinatário.

Que tem isto a ver com a relação poder-media? Aparentemente muito, na realidade muito menos que os promotores pensam. Quando possa parecer visível uma associação entre conteúdos críticos ao poder e uma militância activa contra o governo em funções, a realidade dos momentos eleitorais não tem confirmado esta associação. Seria possível, entre nós, eleger um presidente ou um governo, através de uma cadeia de media, como se considera ter acontecido num país do continente americano?

A blogosfera: anonimato, autenticidade e catarse

A blogosfera, fenómeno novo, perturbou a "pax mediatica" instalada. Após as primeiras erupções, desordenadas e voluntaristas, começaram a instalar-se "blogs" de boa qualidade, servidos por voluntários identificados ou anónimos, mas respeitados, que oferecem um espaço de grande liberdade, apenas recusado à crítica escatológica e ao desforço insultuoso. O "blog" é um local de catarse, por vezes de insulto, propiciado pelo anonimato. Mas é cada vez menos frequente a recusa por consenso não imposto. Existem "blogs" que combinam anonimato e autoria com assinatura, pequenos comentários, com longos estudos quase doutrinários. A possibilidade de reproduzir com facilidade texto e imagem permite analisar o conteúdo dos artigos de comentadores regulares dos media. Nessa tarefa será a primeira vez que os comentadores são escrutináveis. O efeito do escrutínio é limitado aos leitores habituais do "blog", um pequeno clube de centenas. Mas por vezes a crítica escapa da rede virtual e chegará ao autor da crónica, ou da notícia, lembrando-lhe que não está só neste mundo, olhos atentos seguem o que escreveu e não se coíbem de o comentar. É ainda cedo para se antecipar o que virá a acontecer nesta matéria. Pode bem continuar a haver uma quase completa separação de águas entre blogosfera e os media tradicionais. Mas é mais provável que ambos mutuamente se influenciem.

Dir-se-á que não estamos em situação diferente das "cartas ao director", onde de todos os lados podem surgir comentários a comentadores. A diferença está em que "cartas ao director" são objecto de selecção e podem nem sempre representar a opinião maioritária daqueles leitores que reagem escrevendo. Enquanto o "blog" quase nunca é seleccionado nem censurado. A autenticidade do comentário ao comentador tem agora condições para melhorar em conteúdo. Mas também em oportunidade e temporalidade. O "blog" reage quase "on line". É escrito e colocado na rede às horas mais insólitas do dia ou da noite. A este respeito é uma reacção mais pura.

Até que ponto virão, no futuro, os "blog" a condicionar os "fazedores de opinião" é matéria de futurologia. Apenas se pode garantir que eles influenciam, informando melhor, o decisor político.

Diferença de poderes

Regressemos onde havíamos começado. A grande fragilidade do quarto poder, pelo menos entre nós, reside na ausência de poder moderador sobre ele. A menos que consideremos moderador o condicionamento que o poder político (o executivo) e o poder económico (as empresas) inexoravelmente tentarão exercer sobre os media. Mas não é esta a moderação necessária, não é este o escrutínio útil e aperfeiçoador. Não. Destes poderes se podem libertar os media com maior ou menor facilidade. Existem órgãos totalmente dependentes, outros que gerem bem as suas dependências, outros ainda completamente independentes. Poucos, é certo, por isso desfrutando de imenso prestígio e implícito poder. Mas quanto mais independentes forem, maior será a sua responsabilidade e mais viva a necessidade de responderem, a sua *accountability*.

Se o poder executivo é controlado pelo parlamento, se o parlamento é controlado e reconstituído por eleições legislativas, se os tribunais são controlados por uma hierarquia estrita, pela independência, pela lei e pelo contraditório, o quarto poder não tem "checks and balances" que sobre ele se exerçam. Nesta grave assimetria entre direito e dever reside uma das maiores fragilidades potenciais dos media.

Portugal, país excepcional?

O quadro que aqui se esboça sobre as relações entre o primeiro e o quarto poder levanta a questão da originalidade lusitana. Será esta uma situação atípica no panorama internacional, mais uma originalidade, fruto

IX. O quarto poder na governação 301

da conjuntura e de uma rápida democratização da sociedade? Ou será apenas uma réplica do que existe em outros países?

Não há resposta linear a estas perguntas. O que se passa em Portugal tem muito de comum com outros países, mas também registará algumas especificidades. Para as conhecermos teremos de descer ao pormenor. Para o efeito, na secção seguinte tentaremos analisar as falhas mais comuns de cada um dos poderes: as falhas do primeiro poder, os seus tiques de autoridade, e as falhas do quarto poder, os seus potenciais abusos.

Os pecados do poder

O poder executivo tem sempre uma relação difícil com os media. Mesmo quando apregoa o contrário, ou quando se esforça para isso. Nenhum poder gosta do contra-poder, quando muito tolera-o. O poder executivo tende a considerar-se, sempre, como injustamente tratado. Vejamos algumas explicações.

Assimetria informativa

O poder dispõe de informação global actual e futura. Os media só dispõem de informação passada e de parte da presente. É legítimo que se queixem de não entenderem políticas nem políticos. Por seu turno, o poder nunca pode revelar a totalidade da informação de que dispõe. Receia o ataque por antecipação, as dificuldades em gerir alterações imprevisíveis, e sobretudo gosta da surpresa pelos seus efeitos mediáticos. Os media reagem com a informação que têm e pressupondo que algo lhes é escondido, tendem a adivinhar ou a descrer, pela falta de confiança de que são vítimas. Esta assimetria de informação é o factor mais forte na tradicional desconfiança dos media face ao poder.

A questão é insolúvel: muitas vezes o poder não pode revelar aquilo que ainda não existe, uma mera intenção. E reconhece que tem de manter os media em *"black-out"* informativo parcial. Esta é a primeira e mais importante razão para a falta de confiança. A consequência consiste em os media afirmarem "este governo, este sector, não tem uma política, revela-se incapaz de gerar pensamento estratégico". Ora não há pior ofensa a um governo que dizer-se-lhe que não tem uma política. Daqui até à tentativa de colocar os media entre parêntesis vai um pequeno passo. Muitos de nós recordamos a ingénua decisão do inicial assessor de imprensa de Clinton, Stephanopoulos, o qual às primeiras dificuldades com os correspondentes acreditados na Casa Branca, ameaçou que a Presidência passaria a dirigir-se directamente ao povo americano, dispensando os media. Onde pára Stephanopulos?

Tomar a parte pelo todo

O poder tende a considerar os media como uma só pessoa, uma empresa única, que actua com unidade de pensamento e de acção. Um agravo recebido de um órgão é rapidamente considerado como uma atitude da comunicação social, em bloco. Esta generalização absurda conduz à culpabilização de todos os media, de todos os profissionais, pelas ofensas, erros, ataques ou vitupérios recebidos apenas de alguns. A incapacidade de distinguir pessoas dentro deste suposto adversário global é um primeiro sintoma de complexo persecutório.

Ora os media não são uma soma algébrica de jornalistas. São um conjunto não uniforme e não amalgamado de pessoas e instituições que produzem informação diferente e segregam reacções muitas vezes contraditórias. A visão dos media como um fantasma disforme, composta por todos os que dizem mal do poder é o pensamento mais pueril que pode ocorrer a um governante. Por definição os media têm interesses contraditórios, os seus jornalistas têm opiniões muito diversas entre si. Tratá-los como um todo, além de erro primário, desrespeita a sua identidade e transforma os indiferentes em ásperos oponentes.

A teoria da conspiração

A fase seguinte consiste em pensar que todo o mundo está contra nós, políticos, não pelo que fazemos ou fizemos, mas por efeito de uma conspiração geral contra o governo que apoiamos. A visão conspirativa é explicada por diversos factores: (a) tenderam a relatar a verdade "à maneira deles" e não como nós a vemos; (b) darem sinais avulsos de não acredita-

IX. O quarto poder na governação 303

rem nas nossas versões da realidade, nos nossos números, nas nossas mensagens; (c) aparecerem com versões cada vez mais concordantes entre si e mais críticas do poder; (d) serem incapazes de comentar positivamente o que de bem fazemos e ao invés, tenderem a denegrir mesmo as "nossas" mais generosas intenções. O mundo mediático cruel organizou-se todo contra nós!

É evidente que a teoria da conspiração perturba as mentes, mesmo as mais desenvoltas; perdem sentido crítico e independência. Sobretudo quando a conspiração ocupa o imaginário sem deixar espaço para a comezinha realidade. Talvez as coisas não sejam exactamente como receamos. Cabeça fria precisa-se!

A agressão aos media

O passo seguinte à teoria da conspiração consiste na agressão aos media. "Estes senhores precisam de uma lição que lhes chame a atenção para a sua incompetência". "Só noticiam o que querem, estão a soldo de interesses contrários ao bem público que denodadamente encarnamos". Nesta altura é grande a proximidade da alienação do espírito. Perdido o bom-senso, a distância, a tolerância, o respeito pelas opiniões contrárias, aproxima-se o fim da relação. "A partir de agora só por escrito".

Felizmente, esta fase patológica reverte-se com facilidade. A realidade se encarrega de mostrar ao poder que esta recusa de diálogo não leva a nada e só prejudica quem governa. Normalmente a fase termina com o arrependimento do poder, com ou sem a complacência dos media. Todos a bordo, sem ambas as partes não haverá viagem, o barco não avança com cada um remando em sentido contrário. Daí que os media tendam a contemporizar e o poder, aprendendo à custa própria, rodará sobre si e aparecerá disponível para novas viagens.

Incomunicabilidade

Outro tipo de relação do poder pode consistir em "entrar em birra", não responder, não esclarecer, nada dizer. Convencendo-se que as suas palavras são distorcidas, as explicações deturpadas, as mudanças de opinião vistas sempre como derrota, o poder cria uma situação de incomunicabilidade com os media. Pretende gerir o silêncio. Mera ilusão. Quando muito, ela durará uma semana. A relação de amor-ódio implica a necessidade de renovação constante. Cada um não pode viver sem o outro. Na verdade a solução não está em não comunicar. Pelo contrário, em comunicar sempre.

A síndrome do peito aberto às balas

Quando em "stress", o poder tende para o heroísmo: oferecer o peito às balas dos media. "Morro, mas morro com a Pátria" frase atribuída ao grande épico e certamente repetida, desde então, centenas de vezes em ocasiões de solene entrega. Esta síndrome traduz-se na concentração da mensagem em uma só pessoa, no afunilamento da reacção, no executar sozinho as funções de todos os assessores, no confiar enormemente em si por se ser sério e autêntico. Nada de mais frustrante.

O heroísmo é puramente doméstico e egocêntrico. Doméstico, pois só no círculo íntimo ele é entendido. Egocêntrico, por representar a falência da colegialidade e da competência delegada. Quando se pensa que ninguém redige melhor uma nota de imprensa que o próprio visado, cai-se em puro engano, o tempo gasto para redigir a nota escasseia para pensar e governar. Na prática a mensagem empobrece, apesar do vigor e da entrega genuína. Com a repetição pode tornar-se patética.

Diferentes culturas, humores e idades

Um dos erros mais comuns do poder reside na presunção de que os media têm a mesma cultura, humores, idades e vivência que os actores do poder. Em primeiro lugar há enormes diferenças culturais e educativas. Os governantes foram treinados para sintetizar e decidir, as pessoas dos media para inquirir e analisar. Daqui decorre um sentido de humor completamente diferente[166]. A diferença de idades entre representantes do

---

[166] Um governante quando faz humor é para curso restrito (lembremos a célebre anedota do alumínio no abastecimento de água a Évora) e os media, mesmo sem querer, transformam-no rapidamente em insulto. Uma informação objectiva para explicar parte da

poder e dos media pode em Portugal oscilar entre 20 e 30 anos, gerando interpretações incompreensíveis ou até absurdas. As "histórias" que o poder conta nada dizem a um ou uma jovem estagiários, nascidos depois de 1974. Destes desencontros nascem equívocos que perturbam a comunicação. O erro será muitas vezes do poder. Claro que a contenção do discurso é redutora, empobrece a mensagem. Mas não há outra alternativa.

O poder absoluto dos media

É agora altura de analisarmos como se comportam os media face ao poder executivo. Como se verá, podem estar por vezes mais próximos do poder absoluto do que o próprio poder que visam controlar.

Acima do erro

Tal como está organizado o poder dos media, eles estão acima do erro. Nunca erram e quando o erro é tão grande que se torna evidente, a confissão tarda, resiste sempre aos apelos dos queixosos, sendo acompanhada de nota editorial onde se ganha em retórica o que se perde em razão. Poder com fraca contradita tende a ser absoluto.

Transfiguração do poder: de demónio a anjo

Em escassas semanas ou até dias, os media podem mudar de opinião sem reconhecerem a contradição. O que antes era bom, saudável, recomendável, pode passar rapidamente a mau. O que era desastroso, mudadas as circunstâncias, pode passar a glorioso, em rápido volte face[167]. De um

---

redução de mortes na estrada em 2006, atribuível ao aumento de preço dos combustíveis foi interpretada por um jornalista da imprensa escrita como uma piada de mau gosto.

[167] Após a remodelação ministerial de Fevereiro de 2008, o que antes era negativo, odioso e "sinistro"na gestão da saúde ("o sinistro Correia de Campos", Baptista Bastos, *Jornal de Negócios*, 29.02.08), passou de repente a formidável, quase divino, em diferentes comentadores, naturalmente. Todas as semanas os media noticiavam mortes de crian-

registo comunicacional hostil, passa-se ao elogio sem reservas. As mudanças podem ser igualmente visíveis na apreciação sobre o conteúdo das políticas[168].

Quando a opinião não cede, endurece-se a linguagem

É comum observarem-se mudanças no estilo e na linguagem, à medida que começam a notar-se alguns efeitos da usura do poder. Quando se aproxima o final de um mandato ou quando aumentam as probabilidades de queda de governos minoritários, a opinião publicada muda e adopta linguagem agressiva, às vezes escatológica. Assim começou há anos atrás, e mais tarde, quando terminava o primeiro mandato de um governo e mais claramente em 2001-2002 quando passaram a ser visíveis as fragilidades de um governo não maioritário. Tal como no final de 2004. Os media também mudam de registo. A agressividade contra o poder passa a ser a regra e o benefício da dúvida de todo desaparece. Costuma acontecer na segunda parte do mandato dos governos. Substituindo-se à oposição partidária, olham com simpatia desvelada os movimentos sociais, mesmo que influenciados por interesses sectoriais, tendendo a considerá-los como a verdadeira oposição. Por outro lado, em aparente contradição, uma parte dos media tenderá a criticar o poder por não realizar as "reformas necessárias".

ças a caminho de hospitais longínquos ou à sua porta; idosos caíam de macas, desatendidos nas urgências; familiares de defuntos clamavam pela equipa de emergência para os ressuscitar, protestando pelo atraso; crianças teimavam em nascer em ambulâncias a caminho de maternidades longínquas. Passado um mês, nenhum facto destes passou a notícia. A realidade mudou, ou apenas a sua representação mediática?

[168] Uma credenciada jornalista de opinião, meio ano depois dos factos, perguntava pelos "indignados das urgências hospitalares". "É sem dúvida um dos grandes mistérios da actualidade (...) o desaparecimento de piquetes que esperavam Correia de Campos (CC) à porta de qualquer hospital. Morria um centenário numa qualquer urgência hospitalar e de imediato se perguntava a CC como era possível. Agora a indignação acabou (...). Curiosamente ninguém se indigna e muito menos chegam aos jornais as gravações das conversas telefónicas entre o INEM e os bombeiros" (Helena Matos, *Público*, 01.07.08, p. 43).

Reacção desproporcionada

Como qualquer julgador, os media cometem erros de julgamento. Um deles é a desproporção e desequilíbrio com que aparecem em público comentários negativos contra algumas reformas. As reformas da saúde descritas neste livro são um bom exemplo da excessiva e irracional animosidade que por vezes suscitavam em parte da comunicação social, mesmo da mais respeitada[169].

Vejamos também o caso da lei que baniu o uso do tabaco em espaços fechados, como forma de proteger a saúde dos fumadores passivos, compelidos a aí trabalharem ou a frequentá-los.

Um observador externo que lesse os jornais, ouvisse as rádios e seguisse os noticiários televisivos do início da entrada em vigor da legislação, Janeiro de 2008, ficaria convencido de que Portugal era um país de fumadores e que a legislação anti-tabágica violentava grosseiramente direitos, liberdades e garantias. Ora, em várias sondagens de opinião, antes e depois da lei, a prevalência do hábito de fumar entre pessoas de mais de dezoito anos, não atingia os 30% e a percentagem dos que apoiavam a legislação situava-se sempre acima dos 70%. A lei permite a cada estabelecimento escolher se opta por aceitar ou não o hábito de fumar. Caso aceite, terá que dispor de convenientes meios de exaustão do ar para defesa dos trabalhadores expostos ao fumo passivo. Uma parte dos mais respeitados comentadores da imprensa escrita pronunciou-se vincadamente contra a lei, dando dessa opinião publicada uma imagem que não se ajusta ao consenso nacional observado nesta matéria.

---

[169] "(...) Se não é difícil encontrar os *papagaios* de Sócrates, mais fácil ainda é descobrir os empenhados em fazer com que a rosa murche. São menos hábeis, por vezes tacanhos e merecem que a máquina de propaganda ao serviço do poder retire impacto às suas campanhas de destruição em massa. Como a miserável perseguição feita ao ministro Correia de Campos, defendendo para isso hospitais e maternidades de treta, com bons profissionais e maravilhosas paredes, mas onde se morria por falta de qualidade técnica no socorro. Eles sabiam que mentiam e mentiram" (Alexandre Pais, Sabem que mentem, *Sábado* 21.02.08, p. 87).

O confuso sabor da vitória

Media e poder tendem a extremar posições à medida que o desentendimento surge e a guerrilha de palavras campeia. Guerrilha em que as armas de arremesso estão quase todas de um só lado, restando ao poder seguir em frente, esquecendo agravos e lambendo feridas. A linguagem adoptada reflecte, ainda que de forma não intencional, este ambiente de luta. O poder, quando decide, mostra-se "arrogante", mesmo que a decisão seja partilhada por muitos. O poder quando negoceia "hesita" e apresenta-se "fragilizado". E quando da negociação resulta mútuo entendimento, o poder "recua".

A expressão "recuo do governo" hoje abundantemente utilizada em títulos de comunicação social, nunca é vista como o produto final de uma negociação. É sempre tomada como derrota do governo. Ora a negociação é feita de recuos, avanços cautelosos, correcções de orientação, ao fim e ao cabo de manobra táctica dentro de uma estratégia. A estratégia é deliberadamente ignorada, embora possa parte dessa ignorância ser atribuível a omissão do poder.

Trata-se de supostas "derrotas" às quais não correspondem quaisquer "vitórias". Uma boa parte destas "derrotas" do poder pode ser, na verdade, verdadeira derrota para o País, quando as reformas são embargadas, destruídas ou adiadas. Este prazer quase sádico em declarar a derrota não poderia ser mais bem caracterizado que numa frase lapidar de Vasco Pulido Valente "(…) Portugal sempre gostou muito pouco de si próprio"[170].

Conclusão

Trinta e quatro anos depois do acesso do País à democracia o panorama da comunicação social alterou-se na sua estrutura mas os direitos reforçaram-se de forma continuada. Em meados da década de setenta, quase todos os jornais e estações de rádio e televisão eram públicos, tendo sido nacionalizados directa ou indirectamente, logo após a revolução,

---

[170] Vasco Pulido Valente, *Público*, 29.02.08.

IX. O quarto poder na governação 309

devido às participações cruzadas de empresas que detinham o seu capital. A imprensa escrita foi privatizada, surgiram duas novas cadeias de televisão generalista e um conjunto mais vasto de canais por cabo, centenas de rádios locais foram criadas e o acesso à Internet não tem qualquer limitação.

Apesar de se caminhar para uma concentração de meios ao arrepio da Constituição (imprensa, rádio, televisão e indústria de conteúdos), não tem havido motivos para grandes preocupações quanto ao pluralismo da comunicação. Mesmo quando economicamente concentrados, os media têm mantido independência, quer dos governos e oposições, quer da administração, quer mesmo dos grandes grupos económicos que os sustentam. Uma das razões para tal consiste no elevado clima de competição em que vivem e na permanente instabilidade económica em que têm funcionado. A qualidade informativa tem sempre prevalecido sobre a potencial manipulação por parte do poder político ou económico.

Para este resultado tem certamente contribuído o estatuto de enorme liberdade de que gozam os profissionais. Um bom jornalista dificilmente é penalizado hoje pela liberdade das suas opiniões, bem pelo contrário, é tanto mais considerado quanto mais independente se revelar. O preço pago pelos profissionais por esta independência tem sido alguma instabilidade de emprego, cremos que sem degradação salarial. Bem pelo contrário, cada novo órgão de comunicação que recruta pessoal experiente, recorre a salários relativamente elevados, embora não possa garantir longa permanência de emprego.

A liberdade profissional dos media não tem sido isenta de riscos. O mais grave é o da inimputabilidade e irresponsabilidade de algumas práticas jornalistas. Quer a legislação relativa a delitos de opinião, quer a prática dos tribunais têm sido genericamente protectoras dos profissionais. São muito raras as condenações de jornalistas e de jornais, mesmo que possam ser numerosas as acções judiciais. Muitas vezes a apresentação da acção judicial pelos ofendidos não visa senão a publicitação de uma postura activa de defesa da honra, sem grandes esperanças que a decisão judicial seja proferida em tempo e condições suficientes para reparar o dano de imagem.

Esta realidade, que representa uma distorção dos objectivos de equilíbrio dos legisladores que restauraram a democracia em Portugal, é naturalmente injusta e tem riscos de poder criar impunidade de reais delitos de agressão de honra e imagem de indivíduos e instituições. Em certos momentos pode até tornar-se aparentemente concertada contra o poder executivo, ou um dado governante.

Todavia, os riscos de agressão grave têm sido as mais das vezes controlados ou tolerados. Os factores que têm facultado tal controlo ou tolerância são reais práticas democráticas, como reacções legítimas dos agredidos, sondagens de opinião com resultado contrário ao da opinião publicada, ou outras opiniões de líderes e jornalistas que o sistema aberto permite exprimir com liberdade.

O sistema tem funcionado razoavelmente, apesar de casos pontuais de agressões e excessos. Tem revelado alguma capacidade de auto-contenção, embora não sejam explícitos, antes difusos, os mecanismos de correcção e controlo.

Ninguém pode honestamente prever como vai evoluir em Portugal, a ética e a qualidade da comunicação, no seu papel indispensável de consciência crítica do estado. Certamente que há registo dos excessos permitidos por uma legislação porventura garantística dos direitos dos profissionais de informação. Mas é quase certo que se tais garantias não existissem, a qualidade da democracia portuguesa teria sido afectada. Razão para prudência em grandes reformas nesta matéria.